天皇の歴史 5

天皇と天下人

藤井讓治

講談社学術文庫

目次

天皇と天下人

天皇の歴史　5

天皇と天下人

地図・図版作成
さくら工芸社

プロローグ——正親町天皇のキリシタン禁令

永禄八年（一五六五）七月五日、正親町天皇は、女房奉書をもって「大うすはらい」を命じた。女房奉書は、天皇の命を側近くに仕える女官が奉じて伝えた仮名書きの文書である。「大うす」とは、「デウス」が訛ったもので、キリスト教のことであり、この女房奉書によってキリシタン追放が命じられたのである。これまであまり注目されてこなかったが、日本で最初に出されたキリシタン禁令である。ちなみに豊臣秀吉がキリシタン禁令を出したのは、この二二年後の天正十五年（一五八七）のことである。

この一件は、日本側の史料では、宮中の女官が記録した日記である『御湯殿上日記』の同日条に「大うすはらひたるよし、みよし（三好義継）申」とみえるのと、公家の一人である山科言継の日記に「今日左京（三好義継）大夫禁裏女房奉書出、大ウス逐払云々」とみえるだけで、その背景はほとんど知りえないが、この時、京都を掌握していた三好義継の申し出を受けて、正親町天皇が女房奉書をもって三好義継に「大うす」すなわちキリシタン追放を命じたのである。

この追放については、宣教師のルイス・フロイスの『日本史』から、詳細な様子を知ることができる。主にフロイスの『日本史』によりながら、前後の展開をみておこう。天文十八年（一五四九）、鹿児島に上陸したフランシスコ・ザビエルは、布教の許可を求めて京都に来るが、天皇に会うこともできず、後事をトルレスに託し、京都を去った。トルレスは京都での布教許可を求め比叡山と交渉を進めるが、うまくいかなかった。しかし永禄三年にガスパル・ヴィレラが将軍足利義輝に謁見し、布教の許可を獲得した。さらに当時、京都を抑えていた三好長慶からも布教の許可を得、京都での布教が開始された。

永禄六年、比叡山は、三好長慶の家臣である松永久秀に、宣教師が神仏を廃そうとしていると訴え、宣教師の京都からの追放を要求したが、久秀はそれには応じなかった。翌永禄七年、三好長慶が没し、永禄八年五月には将軍義輝も三好義継・松永久秀等に殺されたため、キリシタンはその庇護者を失った。

こうした事態のなか、キリシタン追放の女房奉書が出されたのである。フロイスによれば、この女房奉書は、法華宗徒であり、将軍義輝の執奏によって公家に加えられていた竹内季治兄弟が、同じ法華宗徒であった松永久秀を説得し、出させたものであるとしている。

この結果、宣教師たちは、京都から堺に落ちのび、その後は帰京のためにさまざま画策するが、しばらくはうまくいかなかった。

永禄十年八月十二日、三好長逸・篠原長房・三好政康の三人から、中納言勧修寺晴右を介して、「はてれい(伴天連)御わひ(詑)事」があった。おそらく布教の許可を求めてのことだったと思われる。しかし、それに対し正親町天皇は「中〱のとりもあけられ候はぬよし」と受け入れられない旨の返事をしている。

状況の転換は、織田信長の上洛によってもたらされた。信長上洛の翌年永禄十二年、和田惟政の尽力によってフロイスは上京し、信長ついで将軍足利義昭に謁した。そして四月八日に信長から京都での布教を認められ、ついで将軍義昭からも許可の制札を得た。

ところが同年四月二十五日、正親町天皇は、ふたたび宣教師追放を命じる綸旨を出し、その執行を将軍足利義昭に求めた。このことは『御湯殿上日記』の同日条に「はてれんけふりんしいたされて、むろまちとのへ申され候」とあることで確認される。なお、綸旨とは天皇の命を側近の者が奉じて伝えた文書である。

再度のキリシタン追放の背後には、朝廷に近く信長からも信頼されていた法華僧朝山日乗がいたとされる。日乗は、この綸旨を義昭のもとに届け、宣教師の追放を求めるが、義昭は、京都居住の許可や追放の権限は天皇には属さず将軍のものであると答えた。そこで日乗は岐阜の信長のもとに行き、許可をもとめると、信長は「すべてを全日本の君であられる内裏に御一任する」と答えた。

しかし追放撤回のために、信長の本拠岐阜を訪れたフロイスとロレンソは、信長からは「内裏も公方様も気にするには及ばぬ、すべては予の権力の下にあり、予が述べることのみを行い、汝は欲するところにいるがよい」との返答を引き出した。そして元亀二年（一五七一）にはオルガンティーノを京都に迎え、さらに天正三年（一五七五）には信長の援助を得て教会を京都に建設した。

女房奉書や綸旨によって示されたキリシタンを京都から追放しようとする正親町天皇の意志は、ほんの一時だけ効力を発したが、強制力を持たない正親町天皇のキリシタン追放は、将軍義昭や信長によって無視されてしまった。

この一件は、キリシタン禁令を出す天皇、それを天皇の権限でないとする将軍義昭、さらにそれを無視し超越するがごとき態度をとった信長、それぞれが自己主張をしつつも、決定的な対立にいたらない、この時期の三者の微妙な力のバランスを良く示している。

以下、三者のあり様と歴史の展開とを、できるだけ天皇を主人公としつつ、具体的にみていこう。

第一章　義昭・信長の入京

1　義昭・信長入京以前

室町幕府一四代将軍義栄

永禄八年（一五六五）五月十九日、室町幕府一三代将軍足利義輝が、三好長慶の跡を襲った三好義継と松永久秀等に、白昼、京の将軍邸に攻められ、殺害された。これを聞いた公家の山科言継は、その日記に「不可説、不可説、先代未聞之儀也」と、その驚きを隠していない。そしてそれに続けて「阿州の武家(足利義栄)御上洛あるべき故と云々」と、三好氏の本拠阿波に逼塞していた「武家」すなわち一四代将軍となる足利義栄の上洛がその理由として取り沙汰されていたことを記している。ちなみに、義栄は、一一代将軍義澄の孫で、義輝とは従兄弟の関係にある。

さて時の天皇、正親町天皇の様子といえば、その動向を最も身近で記録した『御湯殿上日記』のこの日の条に、

みよし(三好)ふけ(武家)をとりまき(取り巻き)て、ふけ(将軍義輝)もうちしに(討ち死に)にて、あと(跡)をやき、くろつち(黒土)になし候、

と三好による義輝襲撃と、屋形が焼き払われたことが記されたのに続いて「ちかころ〳〵ことのはもなき事にて候」と、茫然自失の感が記されている。

しかし正親町天皇の対応は素早いものがあった。翌々二十一日、三好三人衆（三好長逸・岩成友通・三好政康）の一人である三好長逸が、義継に代わって「御見舞」として参内すると、天皇は、長逸に対し小御所の庭で「御酒」を下賜した。そこには大納言万里小路惟房・中納言山科言継等、主に禁裏小番を勤める多くの公家たちが侍した。将軍の正式な参内とは異なるものの、三好長逸への丁重な応対は、京都支配の実権を掌握した者へすぐさますり寄りそれを取り込もうとする天皇・禁裏側がその安穏を確保するためにとった素早い対応であった。

このあと、しばらくの間、京都は三好三人衆と松永久秀の勢力下にあった。そして彼らは、三好氏の本拠阿波に逼塞していた義栄を担ぎ出し、次期将軍に据えようと画策し始める。永禄九年六月十一日には義栄の先鋒として篠原長房が阿波から摂津兵庫に上陸、七月十三日には摂津越水城を落としそこに入った。同月十七日には三好三人衆の一人である三好長逸が、樽代一〇〇疋、美物三種、雁二、鮎一折を正親町天皇に献上した。それに対し正親町天皇は、前回同様小御所の庭で長逸にふたたび「御酒」を下賜した。

実際、長逸は、朝廷の領地である御料所の違乱を止めたり、禁中を回覧するが、これをみた公家達は「御修理申し付くべき存分歟」と噂した。これらの行為は、正親町天皇をはじめ禁裏側が、「武家」に期待した行為であった。

こうした状況のもと、十月十一日、前大納言勧修寺尹豊が義栄の居城となっていた摂津越水城に下向し、朝廷と義栄との折衝が始まった。同年十二月五日、義栄は摂津越水城から同国総持寺に、ついで普門寺へと居を移した。そして義栄からの申し出を受けて、正親町天皇は、同年十二月二十八日付で義栄を従五位下左馬頭に叙任した。

その後も朝廷と義栄側との交渉は進められ、義栄は、永禄十年十一月十六日、伊勢貞助を朝廷に遣わし、将軍宣下されんことを申し出るが、朝廷側からは、禁裏に万疋（銭一〇〇貫

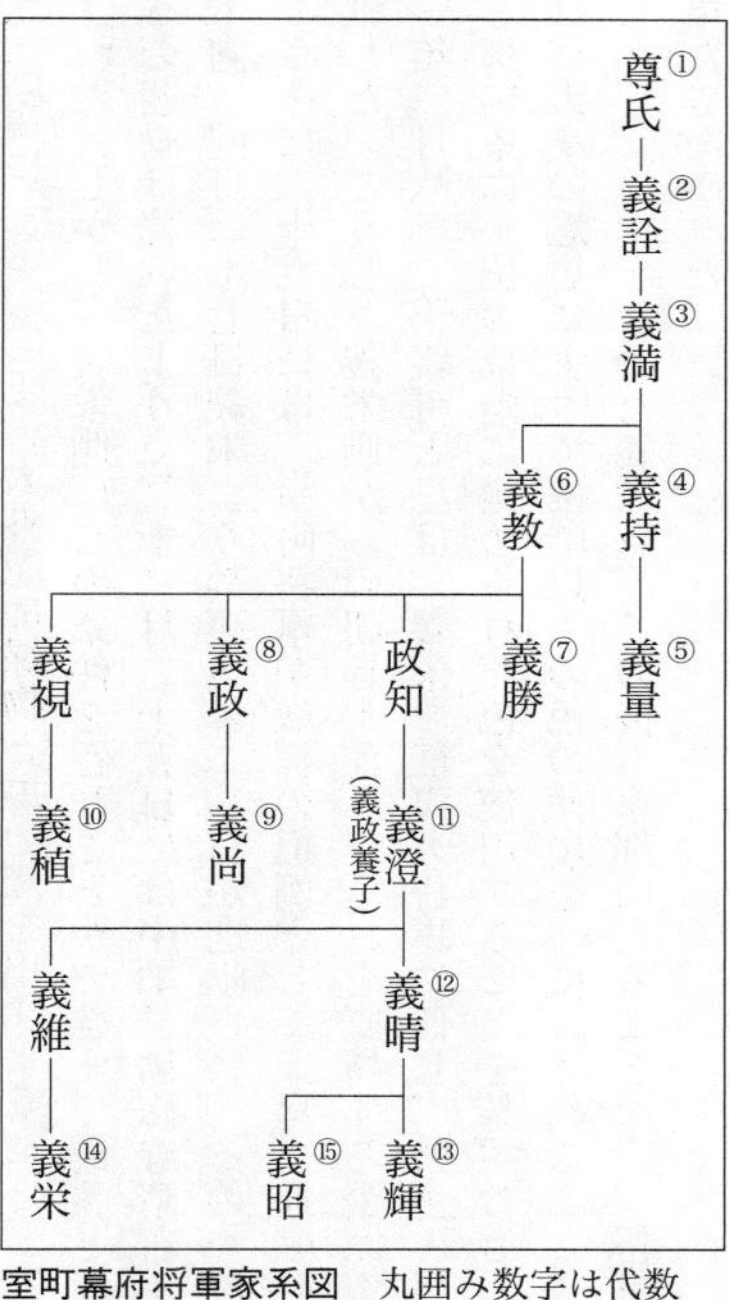

室町幕府将軍家系図　丸囲み数字は代数

文）、伝奏に一〇〇〇疋、大外記に禄物と馬一疋を出すようにと、宣下にあたっての条件が示された。しかし、義栄側はこの条件を呑むことができず、破談となった。その後も将軍宣下への運動は続いたようで、十二月二十五日には中納言勧修寺晴右が摂津富田の義栄のもとに下向、同月二十七日義栄より禁裏へ米二〇石が進献され、その一部が公家衆にも下賜された。さらに二十九日には、室町将軍が歳暮の恒例として天皇に進献してきた玉毬打を義栄が進献した。こうした義栄側からの朝廷工作と、それを支持する公家衆の動きのなかで、永禄十一年二月八日、正親町天皇は、義栄を征夷大将軍に任じ、禁色・昇殿を許した。なお、禁色とは装束に上位の位階に定められた色を使用することを禁ずるもので、禁色を許すというのは、天皇の恩恵によって位階以上の色の使用を特に許されることである。

　しかし、将軍となった義栄は、この後も京都に入ることなく、将軍としての実質はほとんど果たさなかった。

室町幕府一五代将軍義昭

　この時期の正親町天皇の目に、義栄しか入っていなかった訳ではない。正親町天皇が、この後一五代将軍となる、義輝の舎弟で当時大和興福寺一乗院に入り覚慶と称していた義昭の動静を最初に把握したのは、義輝襲撃事件から二ヵ月あまりたったころと思われる。正親町天皇の厚い信頼を得ていた中納言山科言継は、永禄八年（一五六五）七月二十九日の日記に「南都一乗院光源院（義輝）殿御舎弟去夜亥刻御逐電の由必定と云々」と、松永久秀等によって幽閉されていた義昭が奈良を脱出したことを記している。恐らくこの情報は正親町天皇の耳にも入っていたと思われる。

奈良を脱出した覚慶は、義輝の「御供衆」の一人であった細川藤孝、越前守護の朝倉義景らの協力を得て、近江甲賀の国人であり義輝の「御供衆」でもあった和田惟政のもとに身を隠し、同年十一月近江野洲郡矢島に移った。その後、越後の上杉謙信等に室町幕府の再興と自身の上洛を助けるよう求めつづける。

そして翌永禄九年二月十七日、覚慶は還俗して名を義秋と改め（永禄十一年に義昭と改名）、近江矢島より正親町天皇に太刀・馬代を献じ、その存在を朝廷に印象づけた。それに応えるかのように、正親町天皇は、同年四月二十一日、義昭を従五位下左馬頭に叙任した。義栄の従五位下左馬頭叙任に先立つこと九ヵ月前のことである。すなわちこの時点では次期将軍候補としては義昭が義栄に一歩先んじていたことになる。

しかし、義昭の思う通りには事は進まず、義昭は、八月二十九日、有力守護であった若狭の守護武田義統のもとに身を寄せるが、義統親子の内紛で頼るすべを失い、間もなく越前の朝倉義景を頼って越前一乗谷に下った。

このようにこの時期の正親町天皇は、居所である京都の平安を念頭に置きつつ、義昭・義栄の両将軍候補を天秤にかけていたのである。

義昭四品任官を勅許せず

永禄十一年（一五六八）三月二十四日、越前の朝倉氏のもとにあった義昭側から、山科言継に、元服にあたって「四品」と「禁色」の勅許を斡旋するよう求めてきた。即日、言継は、長橋局（天皇への取り次ぎをつかさどる内侍の第一位の者。勾当内侍）にそれを申し入れた。それに対する正親町天皇の回答は、元服はともかく、それ以前に「四品」とすることは宜しからずというものであった。その理由に、これまでの例に照らして如何というものであった。

この回答を翌日聞いた言継は、義昭に対しすぐさま返答の書状を送った。そこには、元服にあたって「四品」を望むことを披露したところ、天皇の答えは「別儀」はないとのことである、ただし元服以前の「四品」は普広院殿（足利義教）・円修院殿（義嗣）両代の例では宜しくないようだが、如何であろうかというものであった、それでもよければ宣下できなくはないとのことなので、ひとまず注進する、と記されていた。本来の天皇の回答と言継の返事には、明らかにズレがあり、言継が義昭との関係を悪化させないための方便がそこにはみられる。

古今無双之名将

これより少し前の永禄十年（一五六七）十一月九日、正親町天皇は、織田信長の美濃攻略を祝して信長を「古今無双之名将」と褒めちぎった綸旨を出した。この年の八月十五日、信長は、美濃稲葉山城を落とし、斎藤氏との七年に及ぶ抗争に終止符を打ち、その城下井ノ口を岐阜と改め、ここを新たな天下統一の拠点とした。ちなみに、信長が「天下布武」の印章を使い始めるのはこのときである。「天下に武を布く」とは、武力によって天下を支配する意である。

十一月九日の綸旨は、こうした動きを京都において鋭敏につかんだ正親町天皇が発したものである。その全文をあげておこう。

今度国々属本意由、尤　武勇之長上、天道之感応、古今無双之名将、弥可被乗勝之条
為勿論、就中両国御料所且被出御目録之条、厳重被申付者、可為神妙旨、綸命
如此、悉之以状、

永禄十年十一月九日　右中弁(勧修寺晴豊)（花押）
晴豊

織田尾張守(信長)殿

綸旨の冒頭「今度国々本意に属す由」とあるのは、信長による美濃攻略がなり、信長の領国が尾張・美濃に大きく拡大したことをさし、それを「武勇之長上」であり、それは「天道」が応えたものであり、まさに信長は「古今無双之名将」で、いよいよ勝ちに乗じることは勿論であるとし、信長を褒めちぎる。しかし、綸旨はこれで終わるのではなく、それに続

いて、「両国」尾張・美濃の御料所（朝廷の領地）について、目録も作成し遣わしたので、それに従って年貢等を禁裏に納めるよう厳しく申し付けるならば、誠に神妙である、と天皇側の希望が述べられている。すなわちこの綸旨では、誉め言葉だけではなく、尾張・美濃の御料所回復が求められているのである。それに信長はすぐさま応えた訳ではないが、この綸旨によって天下一統へと踏み出すための正当性の一端を信長は手にすることとなった。

織田信長「天下布武」印

親王元服費用の申沙汰

同じ日、正親町天皇は、女房奉書（にょうぼうほうしょ）をもって信長に誠仁（さねひと）親王の元服の費用を拠出するよう求めた。この元服に関する永禄十年十一月九日の女房奉書の写しが、京都御所内に置かれた皇室の文庫である東山御文庫（ひがしやまごぶんこ）の御物（ごもつ）のなかに正親町天皇の宸筆（しんぴつ）として残されている。

宮の御かた御げんふく（元服）の事、いそがれたくおぼしめされ候、おわり（尾張）の守（織田信長）ちそう（馳走）候やうに申くだされ候へ、せん（先）年だん正の忠（弾正忠）（織田信秀）も、この御所の御事、ちそうた（他）にことなる御事にて候つる、あいかわらず、一かど申さた（沙汰）候やうに、御心え候て、おほせ下され候べく候よし、能々（よくよく）申とて候、かしく、御物には宛名を欠くが、同文の写しが「経元卿御教書案」に残されており、宛名が「まで（万里小路）のこう寺大納言とのへ」であったことが分かる。ここでは誠仁親王の元服を正親町天皇が急いでおられ、「おわりの守」織田信長へその馳走（走り回って世話をする）を依頼するように命じられた、先年は信長の父「だん正の忠」信秀も御所の普請に馳走された、変わることなく一廉に「申さた」する（取り計らう）よう信長に万里小路惟房から伝えるように、との内容である。

さらに、この綸旨と女房奉書の添状として出されたのが、次にあげる織田信長宛の万里小路惟房の書状である。

今般、隣国早速御理運に属し、諸人崇仰の由奇特、誠に以て漢家・本朝当代無弐の籌策、武運長久の基、併せて御幸名隠れなく候、それについて勅裁なさるうえは、別忠を存ぜられ、毎端御馳走肝要に候、御料所等の儀かつ御目録を出され候、仍この紅衫（紅色の単衣）下し進め候、なお立入左京亮申すべく候、謹言、

十一月九日　惟房（万里小路）

織田尾張守（信長）殿

若宮（誠仁親王）御方御元服の事、申沙汰せられ候様、内々申すべき旨候、女房奉書斯くの如くに候、

なおこの者申し含め候、謹言、

十一月九日　惟房（万里小路）

織田尾張守殿（信長）

前者の惟房の書状は、今般隣国すなわち美濃国が信長の思いどおりとなり、諸人が「崇仰」とのこと奇特である、誠に漢家（中国）本朝（日本）当代では二つとない「籌策」（計略）であり、武運長久の基、あわせて「御幸名」は隠れない、それについて勅裁をなされた以上、別して忠を存じ、あらゆることにおいて「馳走」することが肝要である、「御料所」等についてはその目録を出されたのでよろしく、というものである。後者は、若宮誠仁親王の元服の「申沙汰」を重ねて伝えたものである。

確かにこの綸旨と女房奉書は、信長にとっては天下一統への足がかりとなったが、正親町天皇の側からすれば美濃の攻略を契機に、それを誉めちぎることで、誠仁親王の元服費用と「御料所」の回復を目論んだものであり、一方通行の関係ではなく、天皇側からすれば御料所回復を求める後者にこそ意味があったといえよう。

こうした正親町天皇からの攻勢に対して、信長は、同年十二月五日付で次のように返事をした。

綸旨・女房奉書、殊に紅衫下され候、すなわち頂戴致し、忝なき事斜めならず候、随て

仰せ出ださるる条々、先ず以て意得存じ奉り候、かたがた是より言上致すべく候、恐惶敬白、

（永禄十年）十二月五日　信長（朱印）

（惟房）万里小路大納言殿

人々御中

綸旨や女房奉書が出されたことに礼を述べるものの、仰せ出された条々については、まず以て心得たと、その内容は、素っ気ないものであった。

2　義昭・信長の入京

義昭・信長の入京前夜

永禄十一年（一五六八）九月二十六日、織田信長は、足利義昭とともに入京する。信長の動きが、公家の山科言継の耳に最初に入ったのは、九月十日のことである。信長が岐阜を発った七日からわずか三日目のことである。言継は、その日記に「尾州織田上総介」が近江中郡へ「出張」ってきた（攻めてきた）との噂であり、それに呼応して、三好三人衆の一人である岩成友通が近江坂本まで兵を出したと記している。

ここからはしばらく公家山科言継の日記によりながら、公家の側から信長の動きと京都の

様子をみていこう。

十一日の言継の日記には、近江において信長方と三好方の間で合戦があり、双方に討ち死にの者が出たが、信長はひとまず国に帰ったとのことである、如何なることか、岩成友通もひとまずは京都に帰ってきた、とある。これは明らかに誤報である。信長は、八日は近江の高宮に着陣し十日まで逗留、九日十日ごろに討ち死にが出るような合戦はなく、十一日に愛知川まで陣を進め、十二日からは六角（ろっかく）氏の観音寺城・箕作城（みつくりじょう）攻めを始めており、岐阜に帰ってはいない。信長の先鋒と岩成の軍勢との衝突があったのか。

十三日の言継の日記には、近江へ信長が入り、昨日箕作城を攻め落とし、観音寺城も夜半ばかりに落ちた、「自焼（じやき）」であり、長光寺の城など十一、二城が落ちたとの報を記している。この報は、ほぼ真実を伝えている。

十四日には六角承禎（ろっかくじょうてい）の城、すなわち観音寺城が完全に落ち、近江はことごとく焼かれた、そして六角氏の有力家臣である後藤・長田・進藤・永原・池田・平井・九里の七人が「敵」（信長）に同心したとの報を記し、それが伝わった京中は「大騒動」となった。言継は自身も大概のものを禁裏の内侍所（ないしどころ）に避難した。そして新たに尾張衆が明朝には京に入ってくるとの噂を聞いて、言継は残りの雑具をさらに内侍所の台所へ運び込んだ。内侍所への物の避難は、内侍所のある禁裏が京中にあって戦禍が及ばぬ特別の所であったからである。その日は終夜「京中騒動」と記されている。近江がことごとく焼かれたとするのはかなり過大で、また尾張衆の入京の噂は誤報であるが、それ以外の情報はほぼ確かである。注意したいのは、この段階では言継にとって信長は「敵」であったことである。

敵から味方へ

十五日から十九日まで言継の日記には信長に関わる記事はみられないが、二十日の日記には、「織田出張、日々洛中洛外騒動也、一両日中の由申す、今朝なお騒動也」また「織田明朝出張必定の由これあり、騒動以の外、暁天に及ぶ也」とみえ、信長入京を控えて京中が大騒動となっている様子を知ることができる。

さらに二十一日の日記には、今日の信長の入京は延期となったが、二十四日には「必定」とする。二十三日の日記では、「織田弾正忠」信長が近江三井寺に入ったことを記し、二十五日には信長から「禁裏御近所」の警固については堅く申し付けるとの断りがあったことが記されている。恐らく、この時点で言継にとって信長は「敵」から「味方」に変わったのである。なお注意すべきは、信長の官途（官職）がこれまで公家達が使用してきた「上総介」からこの日初めて信長自身が当時使用していた「弾正忠」に変わった点である。

二十六日、信長入京の日の日記は、朝早く、「尾州衆」が入京し山科を通って南方へ向かったとし、つぎに「武家」（足利義昭）が清水寺に、信長が東寺に入ったこと、山科で放火があり、久我では戦があり、岩成友通の城である勝龍寺城でも合戦があったことを記している。この日、はじめて義昭の姿が公家の前に現れている。

二十七日には、義昭が東寺へ陣を移し、さらに西岡へと軍勢を進め、勝龍寺城が堅固であり、「和睦」が調うのではとの噂を記している。さらに公家の東坊城盛長が言継のところへやってきて武家＝義昭への「御礼」に出向くことを談合し、義昭の陣所が確定した時点で「御礼」に行くことを決めた。数日前まで「敵」であったものが、「御礼」の対象へと変化している。

禁裏警固の綸旨

禁中の日記である『御湯殿上日記』には、二十一日まで義昭・信長入京に関わる記事は見られない。翌二十二日には、「ひかしより（東）」足利義昭と織田信長が入京せんとするの報をえて禁中は騒ぎとなり、正親町天皇は、山科・上賀茂・下鴨のものに禁裏の添番を命じ、さらに翌日には禁裏小番の公家衆である中山孝親・山科言継・勧修寺晴右・庭田重保・五辻為仲らに命じて禁中を警戒するよう指示した。またこれらに先立つ二十一日から三日の間、正親町天皇は、「天下の御きたう（祈禱）」のために内侍所での臨時の祈禱を行っている。

ところで、信長入京が間近ということで京中が騒動し始めた同月十四日の日付で、正親町天皇は、信長に対し次のような綸旨を出した。

> 入洛の由、既に叡聞に達し、それについて京都の儀、諸勢乱逆なきの様下知を加えらるべし、禁中において陣下者、召し進め警固せしむべきの旨、天気（天皇の思い）によつて執達件のごとし、

九月十四日　　　　左中弁経元（甘露寺）
織田弾正忠（信長）殿

内容は、信長が入洛することはすでに天皇の耳に入っている、ついては京都で諸勢が「乱逆」に及ばないよう下知し、禁中においては警固のものを出すようにとの、天皇の命令であるので、これを申し伝えるというものである。京都なかんずく禁裏が戦禍に巻き込まれないために出されたものであるが、命令とはいえ事実上は信長への懇願といっていいものである。この時同時に大納言万里小路（までのこうじ）惟房（これふさ）は、この綸旨に添えて信長に宛て書状を出している。内容は、「御出張」すなわち京都への軍勢派遣は珍重なことであり、それについて綸旨が出された、京都そして禁中の警固を堅く申し付けられるならば、悦ばしいことと天皇からの仰せである、詳細は信長の右筆（ゆうひつ）である明院良政（よういんりょうせい）から申されるであろう、というものである。

この綸旨が出されたのは、宛名が「弾正忠」となっていること、信長入京を伝える記事が『御湯殿上日記』に見られないこと、さらに先にあげた山科言継の日記では二十五日に信長から「禁裏御近所」警固の約束がなされたとされることから、十四日よりもう少し後のことであったと思われる。ともあれ、二十五日には「一てうゐん（一乗院）のふけ（武家）（義昭）」より初雁が献上され、翌二十六日には清水寺に陣した義昭から三淵（みつぶち）兵部大夫が使者として派遣され、信長に禁裏警固を堅く申し付けたとの報が禁裏にもたらされた。

義栄方公家の出奔

従来、応仁の乱以降、経済的に困窮した公家達は、自らの所領支配のために、また各地の戦国大名たちの援助を受けるために、在国したといわれてきた。確かにそうした側面を見落とすことはできないが、信長の上洛前後には、それとは異なる理由、政治的な理由で京都を離れた公家たちが多くなる。

永禄十一年（一五六八）九月、義昭・信長の入京にあたって、時の関白近衛前久が京都を出奔し大坂の石山本願寺に逃れた。これは、足利義昭の敵である松永久秀と深い関係を持っていたことが「佞人の所行」と義昭から糾弾されたことによるもので、『公卿補任』は「武命を違えらる」とその理由を記している。この時、前久の屋敷は義昭によって闕所とされた。この前久の在国は、天正三年（一五七五）の帰洛まで七ヵ年に及ぶが、その間、最初は大坂ついで丹波にあって、反信長包囲網構築に助力した。

前久同様、「武命」に違ったものたちがいた。その一人である中納言勧修寺晴右は蟄居、参議高倉永相・永孝父子は大坂に、参議水無瀬親氏は三好三人衆の本拠阿波へと出奔した。いずれも三好三人衆らが擁立した一四代将軍義栄の将軍宣下に深く関わったためである。

ちなみに、室町幕府一四代将軍義栄は、山城阿弥陀寺に禁制（軍勢の乱暴狼藉等を禁止した文書）を掲げるなどするものの、いちどの上洛も果たすことなく、義昭・信長が入京した九月に、滞在先の摂津富田で死去した。しかしこのことは、『御湯殿上日記』にも、公家たちの日記にも全く記されていない。一四代将軍義栄の存在は、義昭・信長の入京によって、

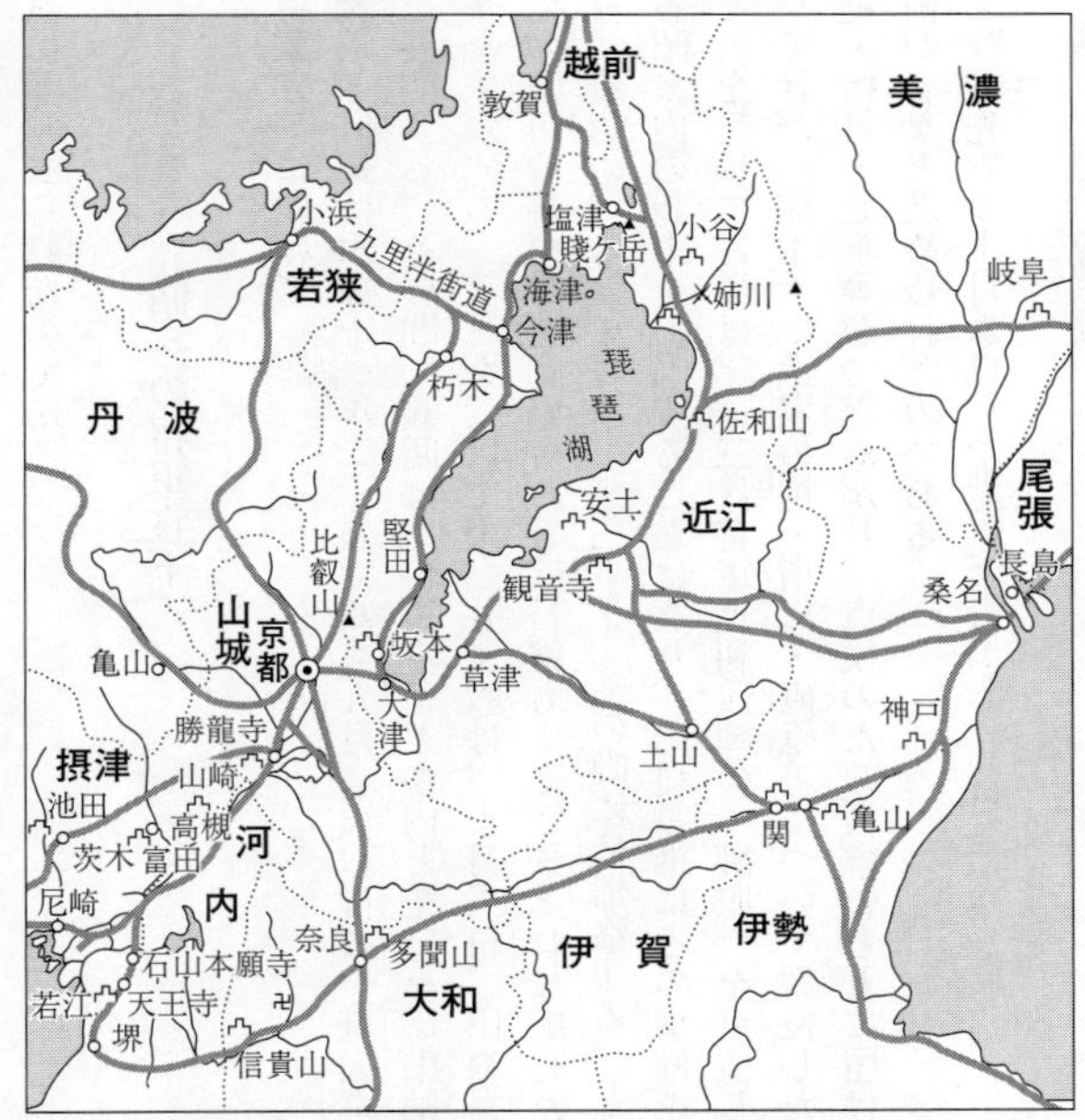

信長期の京都周辺図　京・畿内から東国、北陸などに通じる街道が張り巡らされている。池上裕子『日本の歴史15　織豊政権と江戸幕府』をもとに作成

一気に葬り去られたのである。

3　義昭への将軍宣下

将軍宣下に向けて

義昭と信長は永禄十一年（一五六八）九月二十六日に入京し、その後、摂津方面へと軍を展開する。その間、義昭は、将軍宣下と参内とを望み、中納言飛鳥井雅教にそのための調査を依頼する。それを受けて飛鳥井雅教は、十月三日、山科言継に将軍宣下や参内にあたっての費用や装束等を問い合わせ、言継もすぐさまそれに応えた。その返事を得た飛鳥井は翌日、義昭のいる摂津芥川城に下り、その晩には帰洛する。と同時に信長の家臣村井貞勝が義昭参内の装束を担当することになり、山科言継にその準備を命じる奉書が届いた。

それを受けて言継は、一三代将軍足利義輝の「御服」を点検し、十日には村井貞勝がともなってきた「織手」に武家の袍・指貫・直垂等について教授した。将軍宣下の前日の十七日に袍・指貫・直垂等ができあがり、点検のため言継のもとに届けられた。義昭の将軍宣下の準備が着々と進められたのである。

これに先立つ十月六日、『御湯殿上日記』同日条に、

一てういん（一乗院）のふけ（武家）（義昭）あくた（芥）川に御ちん（陣）すへられ候とて、この御所よりめてたきとの御つかい（使）

まいらせられ候、くわんしゆ寺(勧修寺)くわんらく(歓楽あるいは冠落〈病気の意〉)とて、右中弁の宰相(万里小路輔房)まいらせられ候、ふけへ御たち(太刀)まいる、おハり(尾張)のをた(織田)に十かう(合)十か(荷)くたさるゝ、これも御つかい右中弁との、

とあるように、この日、正親町天皇は、義昭が摂津芥川城に陣を据えたことを「めてたき」として、勅使を派遣した。勅使には、一四代将軍義栄の将軍宣下に肩入れし「武命」すなわち義昭の意向によって蟄居を命じられた中納言勧修寺晴右(かじゅうじはれすけ)を病気を表向きの理由として代え、参議万里小路輔房(までのこうじすけふさ)が遣わされた。また、正親町天皇は、義昭には太刀(たち)を、信長には一〇合一〇荷（酒と品物）を、同じく万里小路輔房を使いとして贈り、両者との関係強化をはかり始めた。

これを受けてのことと思われるが、信長側からは、二日後の八日、「禁裏御不弁(ごふべん)の由(よし)」を聞き及んだとして、内々に銭一万疋が献上された。

将軍宣下

十月十八日、朝廷では、足利義昭を征夷大将軍・参議・左近衛権中将(さこんえのごんちゅうじょう)に任じ、従四位下(じゅしいのげ)に叙し、禁色(きんじき)・昇殿を許した。陣儀(じんのぎ)（禁裏陣座(じんのざ)における公卿の会議）の上卿(しょうけい)は中納言庭田重保(にわたしげやす)、執筆(しゅひつ)は右大弁参議万里小路輔房、奉行職事(しきじ)は頭弁(とうのべん)甘露寺経元(かんろじつねもと)が務めた。義栄が将軍となった折には、消息宣下（天皇の命を職事が口頭で伝え、それをうけて上卿が文書を作成する形式）であったのに対し、義昭の場合は、正式に陣儀が執り行われた。宣下が出たのは戌(いぬ)

の刻（午後八時）である。これに対し、義昭からは「こんれう千疋」と「せん下の御れい百疋」が献上された。

そして翌十九日、正親町天皇は、将軍宣下のあったことを「めてたき」とて、伝奏を使者として義昭に太刀を贈った。それに対し義昭からは「祝着」の旨が伝えられた。

二十二日には義昭が将軍宣下の御礼として参内する。正親町天皇は、常御所に出御、その場に将軍義昭が座し、誠仁親王・准后二条晴良の二人が相伴として加わった。献の儀が執り行われ、三献の時、天酌（天皇自ら酒をつぐこと）があった。三献までは参会の公家達にも酒が順次振る舞われる「御通」があった。四献目に緞子、五献目に馬・太刀、六献目に唐糸、七献目に太刀が、義昭より正親町天皇に献じられた。

さらに翌日には正親町天皇から義昭に参内「めてたき」とて再度太刀が贈られ、義昭からは返礼があった。二十五日には、義昭から生きた白鳥が献上され、また二十六日には参内の御礼として義昭より「百疋」が進上された。

こうして正親町天皇は、将軍足利義昭を臣下として位置づけた。ただし、この点は、これまでの歴代将軍と特に変わるものではなかった。いいかえれば正親町天皇にとっては、従来と異ならない、将軍の交替に過ぎなかったといえる。

義昭を縛る「殿中御掟」

義昭の将軍としての船出は、順調であるかにみえた。ところが、将軍宣下を受けた翌年の永禄十二年正月五日、摂津方面で息を吹き返した三好三人衆は、信長不在の間隙をついて義昭の居所六条本圀寺（ほんこくじ）を攻めた。この報を岐阜で聞いた信長は、わずか数騎を従え急遽上洛するが、信長が京に着いたときには、奉公衆・三好義継（よしつぐ）等の奮戦によって三好三人衆は撃退されていた。

三好三人衆らによる本圀寺襲撃から二日後の七日、正親町天皇は、義昭のもとに中納言万里小路輔房を勅使として送り、「世の事」すなわち世の情勢を問いただした。これに対し義昭は、万里小路輔房に「いけた（池田）、みよし（三好）なとうたれ（討）たるよし」と摂津池田城主池田勝正（かつまさ）や三好勢が討ち取られ、三好三人衆が京都から撤退したことを伝えた。

こうした状況を踏まえ、上洛した信長は、同月十四日に「殿中御掟（でんちゅうおんおきて）」九ヵ条を、十六日に「追加」七ヵ条を定め、義昭の行動をしばった。「殿中御掟」九ヵ条は信長が判物（はんもつ）（花押を据えた武家文書）で箇条を示し、将軍義昭がその袖に花押（かおう）を据えることでそれを承認する形をとった。

その内容は、幕府殿中での規範を定めたもので、日常召しつかう者、公家衆、惣番衆の出仕・祗候（しこう）の仕方、また公事訴訟の手順を決めたものである。「追加」七ヵ条は、寺社本所が現在知行している土地は理由なく押領することの禁止、喧嘩・口論の停止、将軍への直訴の停止、訴訟は奉行人を経て行うことなどが盛り込まれていたが、その第五条で「公事篇内奏、御停止之事」と定め、義昭が訴訟の案件を信長に断ることなく天皇に内奏することを禁じた。信長が、この時期、天皇・義昭・信長、三者の関係をどのようにしようとしていたかが窺える規定であるが、これ自体は現実には多く義昭によって無視され、実効性を持つものではなかった。

信長、副将軍拒否

信長を副将軍にしようとする構想は、義昭が将軍宣下を受けた直後にまずみられる。義昭は、恩賞として信長に副将軍でも管領（かんれい）（将軍を補佐する室町幕府の職）でも望み次第に就けようと持ちかけたが、信長はそれを固辞し、堺・草津・大津に代官を置くことを求め、早々に京都を発って岐阜へと帰った。副将軍や管領となることで将軍義昭の下位に位置づけられることを信長は嫌ったのであろう。

副将軍の構想が、ふたたび持ち上がるのは、永禄十二年（一五六九）三月のことで、それは正親町天皇の側から持ち出された。同月二日、正親町天皇は大納言万里小路惟房と右少弁（うしょうべん）広橋兼勝（ひろはしかねかつ）とを勅使として、信長が在京中の宿所としていた妙覚寺（みょうかくじ）に派遣し、「副将軍」を仰せつけたいと伝えた。ちょうどこの時、信長は将軍義昭のための二条第（二条城）を禁裏の南西、勘解由小路（かでのこうじ）室町の地に造営中であった。

当時の勅使の多くが正装でなかったのに対し、この時の勅使を正親町天皇が、正装の衣冠姿で信長のもとへ派遣したのは、副将軍推任への正親町天皇の強い意志をそれに表し、副将軍就任を信長にぜひ受け入れさせようとしたためかも知れない。しかし、信長は、それに何の返答もせず、事実上無視した。正親町天皇や朝廷からの誘いに対し、返事をしないという対応は、信長が死去する天正十年（一五八二）にいたるまで、重要な局面で信長がしばしばとった特徴ある行動であり、戦術である。

信長にとっては、副将軍就任が正親町天皇の意向であっても、先と同様に義昭の下に位置づけられることを嫌ったものと思われる。そのこと自体は正親町天皇自身も理解していなかった訳ではなかったと思われるが、この時期の不明確な上下関係や諸権限の所在を、信長を副将軍に就任させることで明確にし、より扱い易い義昭を通じて自らの思いを実現しようと正親町天皇は目論んだと思われる。後述するように、この時期、正親町天皇・朝廷側から武家側に所領回復をはじめとするさまざまな訴訟をしようとしても、その受け手が、義昭なのか信長なのかが必ずしも明確ではなかった。

禁裏の修造

先に述べたように、入京以前の永禄十年（一五六七）十一月、正親町天皇は信長に対し綸旨と女房奉書を出し、美濃の攻略を祝うとともに、親王の元服費用の拠出、尾張・美濃両国の御料所の回復とともに、それらには明記されていなかった禁裏の修造を求めていた。

入京の翌年、永禄十二年正月から近隣の大名にも役を賦課し完成を急いでいた義昭のための二条第の築造が終わると、同年四月、信長は、朝山日乗と村井貞勝を奉行に禁裏修造を開始した。この修造は大規模なものであったようで、元亀二年（一五七一）まで続いた。修造対象となった主な箇所は、紫宸殿の屋根、東門、四足門、唐門、北門、紫宸殿と記録所間の廊下、一の対、内侍所の屋根、常御所の屋根などであり、その修造は広範に及んだ。

この修造については、言継がその日記に「織田弾正忠(信長)奇特の沙汰、都鄙貴賤男女言語道断、不可説々々」と記したように、公家たちにも評価されたと同時に世間からも十分注目され、信長の都における評価は大いに高まった。

禁裏修造の工事が進展するさなかの永禄十三年正月二十三日、信長は、再度、義昭に条書を突きつけるとともに、二月、「禁中御修理、武家御用、その外天下いよいよ静謐」のために、北伊勢の北畠具教、三河・遠江の徳川家康、飛驒の姉小路嗣頼など二一ヵ国の大名小名に上洛し将軍に臣礼をとるよう求めた。もちろんこの要請に応えるものもいたが、これに従わないものも多くあった。しかし、「禁中御修理、武家御用、その外天下いよいよ静謐」のためを掲げて諸大名に上洛を求めることで、信長は、これに従わないものを追討する名目を手にしたことになる。そしてそれは、越前朝倉攻めとして具体化されていく。

誠仁親王の元服

誠仁親王の元服は、義昭・信長上京後の永禄十一年（一五六八）十二月十九日に執行された。誠仁親王は、天文二十一年（一五五二）四月二十三日、正親町天皇の第一皇子として誕生した。母は万里小路秀房の女である。元服に先立つ十二月十五日、親王宣下があり、名を誠仁と定められた。

十八日の宵には、明日若宮（第一皇子の呼称）が元服するということで、「御ちこおしみ(稚児惜しみ)」の盃が、関係の公家・女中の馳走として執り行われ、十九日宵、子供から大人への儀式である元服が執行されたのである。伝奏は誠仁親王にとっては伯父にあたる大納言万里小路惟房、奉行は頭弁甘露寺経元、加冠は関白二条晴良、理髪は甘露寺経元、着座は万里小路輔房と参議四辻公遠(よつつじきんとお)であった。そのあと御所で祝いの盃などがあった。

翌二十日は、将軍義昭から「御けんふく(元服)めてたき」として、誠仁親王だけでなく正親町天皇にも馬・太刀が贈られた。

誠仁親王の元服については、先にあげた永禄十年十一月に正親町天皇が事実上信長に宛てた女房奉書で、その費用を出すよう求めていたように、一年以上前から課題となっていたものであった。さらに義昭・信長入京の直前には元服に向けた準備が始まっていたが、執行にはいたらず、信長からの銭三〇〇貫の進上があってようやく実現したのである。すなわち武家側からの援助なくしては、こうした朝廷儀礼は執行不可能であったのである。ただ、この時、信長の進上した銭三〇〇貫の品質が良くなかったため「一向悪物也」と酷評された。事実、御寮織手(おりて)が銭の「悪物」を理由にそれを受け取らず、織手を改めて補任したり、掛かる費用を七掛けで配分してこれに対応している。恐らく、これについては元服費用を進上したにもかかわらず、信長の評判はあまり芳しくはなかったであろう。

4　領地等の回復

義昭・信長入京直後から正親町天皇は、退転（衰えすたれること）あるいは押領された御料所だけでなく公家や寺社の領地の回復を、義昭・信長の両者に盛んに求めた。まずそのいくつかを紹介しよう。

将軍宣下直後の三件の要請

義昭へ将軍宣下がなされた二日後の十月二十日、正親町天皇は、三通の女房奉書を出した。

その内二通は、公家の山科家が領しこの時点では押領されていた山城国山科大宅・野村・西山の領有回復についてのものである。その内一通は前大納言広橋国光（ひろはしくにみつ）と中納言飛鳥井雅教に宛てられたもので、山科家領の回復を「むろまちとの」すなわち将軍義昭へ伝えるよう指示したものである。他の一通は、飛鳥井雅教に宛てられ、ほぼ同文の文面で、「をたのたん正」織田信長にその還保（元にもどすこと）に別して尽力するよう伝えることを求めたものである。西山等に関する義昭宛の最初の女房奉書は使者をもって義昭の家臣上野中務大夫（うえのなかつかさだいぶ）に、信長へのものは信長の臣飯田某に渡された。しかし、この山科家の領地回復には、義昭・信長ともに容易に応じようとしなかったが、十一月二十七日になって再度、義昭に女房奉書が出され、翌日ようやく「宜（うべ）」の返事を言継は受け取った。

三通目の女房奉書は、女官の帥（そち）中納言に宛てられたもので、京へ入る口に設けられた関所から上がる収入である「そつふん（率分）」の確保を義昭より信長に命じるよう、帥中納言から伝えるようにとの内容であった。そこでは、この率分が退転しては、おのおのの禁裏への奉公もなりたたないと、その確保を強く求めている。将軍宣下の見返りと表向きにはいわないが、実質的にはそのようなものである。また、この要請が将軍義昭と同時に信長になされたことは、それを実現する力を持っているのは将軍義昭ではなく、信長であることを天皇の側が十分承知していたことを示している。

この女房奉書は山科言継が使者となり一色藤長（いっしきふじなが）を介して八ヵ条の目録とともに義昭に披露された。義昭は、これについてはすぐさま「聊（いささ）かもつて御疎略（そりゃく）あるまじく」と返答した。その返事を得た言継は、すぐさま長橋局（ながはしのつぼね）を通じてそれを天皇に伝えた。これに対し、天皇は、さらに対応を早急に出すよう求めたため、言継は翌二十一日早朝、義昭のもとにふたたび出向き申し入れたところ、将軍義昭より、上下京中宛に「禁裏御料所諸役等」を無沙汰（ぶさた）する（おろそかにする）ものは成敗するとの奉行人連署奉書が出され、また信長からは次のような朱印状が出された。

禁裏御料所諸役等の儀、先規ごとく御当知行の旨に任せられ、御直務（じきむ）として仰せ付けらるの状、件（くだん）のごとし、

永禄十一　　織田弾正忠
十月廿二日　　　信長　朱印
諸本所
雑掌中

すなわち禁裏御料所の諸役については当知行（現時点で知行していること）に従って直務を命じたので、そのように心得よというのである。朝廷は、将軍義昭と信長から、禁裏御料所支配の保証を取り付けたのである。この信長の朱印状で、その後の信長の安堵(あんど)政策の基本要件である「当知行」を安堵の根拠としている点は、相手が朝廷であっても適用されており注目される。

宝菩提院領の訴訟

永禄十三年（一五七〇）三月十八日、山城西岡にある宝菩提院(ほうぼだいいん)から、使者が山科言継のもとに来て、信長の家臣福地某に押領された所領の回復を、当院が勅願所(ちょくがんしょ)であることを理由に、正親町天皇から信長に命じるようにと頼みこんできた。二十二日、言継は勅使として在京中の信長のもとに出向くが、信長は出会わず、勅使の言継に会おうともしなかった。二十四日にも言継は信長のもとに出かけ、宝菩提院のことを信長の京都奉行である村井貞勝に申し入れるが、無案内なので糺明のうえ申し付けるとの返答であった。

しかし、一向に埒があかず、四月三日、正親町天皇の女房奉書を得て交渉にあたることになった。五日に出された女房奉書には、宝菩提院が勅願所であり、福地の押領によって寺が退転しかねないので、きっと別儀のないように申し付けてくれるならば、正親町天皇にとってよろこびである、よくよく信長に申し調えるよう、山科言継から申し伝えよ、というものであった。

その日のうちに言継は、信長のもとを訪れるが会ってもらえず、また翌日も翌々日もさらに翌々々日も出かけるが、信長に会うことはできなかった。この間、七日には宝菩提院が紀伊粉川寺の末寺であることから、言継は、内々の叡慮として、この件を粉川寺から将軍義昭に申し上げ実現をはかるよう働きかけている。そしてその後も言継は、この件で信長のもとへ十三日、十四日、十六日と出向くが、会うこともできなかった。この一件の結果は、分からないが、おそらく寺領還付の望みは実現しなかったのだろう。

ここでも正親町天皇の女房奉書は、事実上、信長によって無視されたのである。

延暦寺領の還付を命ず

永禄十三年(一五七〇)四月、浅井長政が朝倉義景の側につき信長に叛旗を翻すまでは、近江北四郡(坂田郡・浅井郡・伊香郡・高島郡)は、信長と同盟関係にあった浅井氏が支配し、六角氏を追った後の南の諸郡は基本的には信長の支配下に入っていた。ところがこの地域は中世以来、比叡山延暦寺の勢力が強く及んだところで、その所領も多く存在した。そこに信長の支配が浸透していくことで、信長方と叡山方とがそこかしこで衝突した。

こうした情勢を受けて、当時天台座主であった応胤法親王は、永禄十二年四月十四日、参内、長橋局まで行き、信長の家臣らによる近江の山門領の押領について、山門三塔（東塔、西塔、横川）では衆議を催し、いまや嗷訴する状況にいたっているので、事が大きくならないうちに、綸旨を信長に出して、領地の返還を命じるよう、正親町天皇への取り次ぎを求めた。しかし、この求めに対し正親町天皇は、様子見をして、それには容易に応えようとしなかった。その背景には、この直前に出したバテレン追放の綸旨が信長によって無視されたこともあったと思われる。

こうした正親町天皇の対応に対して応胤法親王は、同月二十五日にふたたび参内し「いかようにも、綸旨出され候よう」正親町天皇に強く求めてきた。そしてその折、応胤法親王は、山門三塔の衆徒らに託された訴状を提出した。正親町天皇は、山門衆の要求に屈するかたちで、次のような綸旨を信長宛に出した。

延暦寺領勘落事、三院衆徒山訴を企て、牒状斯くのごとし、台嶺破滅に及ばば、朝廷忽ち退転の条、歎き思し召すところ也、且つは国家安寧のため、且つは武運長久のため、早く還補せしめ者、神妙たるべきの由、天気候ところ也、よつて執達件のごとし、

十月廿六日　右大弁（甘露寺）経元

織田弾正忠（信長）殿

内容は、延暦寺領が信長側に押し取られていることについて、山門三塔の衆徒が山訴を企てており、三塔からの別紙のような訴状が出されている、台嶺すなわち延暦寺が破滅に及ぶことになれば、朝廷も忽ち退転してしまうので、天皇は歎かわしくお思いである、ついては国家安寧のため、また武運長久のため、速やかに返還されるならば神妙であるとの天皇のご意向であるので、それを申し伝える、というものである。

信長の側近の一人である朝山日乗に渡されたこの綸旨は、この時点でこの地域の支配に関わっていた佐久間信盛・村井貞勝・丹羽長秀・森可成の四人の信長奉行衆のもとで検討された。その結果は、朝山日乗から「山門三執行代」宛に報じられた。そこでは、四人の奉行で検討の結果、「御請之勅答」をした、しかし善悪の糺明が必要とのことであるので、いよいよ相談したうえで調うことになろうから安心されたいというものであった。実質的には返還の引き延ばしをはかる内容といってよい。

義昭、天皇の意向に反論

永禄十三年（一五七〇）三月二十日、正親町天皇は、勧修寺晴右の訴えを受けて、二条晴良が押領した勧修寺家領加賀国井家庄を勧修寺家に還付するようにとの女房奉書を発した。その女房奉書には、加賀国井家庄は勧修寺家が当知行しているもので、代々の御判物や下知状もあり理運にかなったものである、二条殿がなお競望するようであれば糺明を遂げる、この知行が確保されないようであれば、今後の奉公に支障がでるとのことで、捨て置くこともできず仰せ出された、このことをよくこころえ室町殿すなわち将軍義昭によくよく申すようにと、山科言継に命じた。

この女房奉書を勧修寺晴右から受け取った言継は、翌二十一日、義昭のもとに行き取り次ぎの摂津晴門と飯川肥後守にそれを渡し、義昭に披露してもらった。この正親町天皇が示した意向に義昭が従い、二条晴良の押領が止められ、勧修寺家領の回復がなされたのであれば、事が済んだのであるが、そのようには進展しなかった。

届けられた女房奉書に対する義昭の返事は、勧修寺晴右は、一四代将軍となった「冨王之武家」(足利義栄)に別して馳走しており、けしからぬことである、それに対し二条晴良は越前に下り義昭のために尽力してくれたので、この件は理非を云々するようなことではない、いくど正親町天皇が仰せ出されたとしても、叡慮には応じがたいので、その旨を正親町天皇に申し上げるようにというものであった。正親町天皇の意向が、義昭によって真っ向から拒否されたのである。

この返事を聞いた言継は、長橋局へ出向き、この返事を伝えるとともに、勧修寺家へも出向き、この由を申し聞かせた。

要求が思うように実現したかは別に、義昭・信長の入京、義昭の将軍宣下を契機に、正親町天皇は、義昭・信長に御料所の回復をもとめ、また公家・門跡たちも天皇に頼み込むことで所領の回復を策した。それに対し、幕府も信長も、少なくとも表向きには「当知行」を根拠にその領有を承認した。

ただ、正親町天皇の女房奉書をもっての所領回復の動きは、信長に支えられた義昭が将軍となったことで一気に始まったことではない。京都を支配する者が代わると、そのたびに天皇・朝廷はその支配者にほぼ同様の要求をしており、こうした対応は、天皇・朝廷側からすれば、特段変わった行動ではなかった。

5　禁裏費用の確保

四方拝をはじめとする禁裏の儀礼を執行するのに必要な費用は、幕府が基本的に負担していたが、即位礼、親王の元服・宣下、禁裏の修復や法会など規模の大きなものは、その都度、多くは幕府が、またそれが叶わないときには有力な大名からの献金によって賄われており、この費用支弁の構造は、義昭・信長入京後も基本的には変化していない。

有力大名の献金

弘治三年（一五五七）十月二十七日、後奈良天皇の跡を受け践祚した正親町天皇は、費用の調達ができず、即位礼を践祚直後に行うことができなかった。永禄二年（一五五九）二月七日、正親町天皇は、大納言勧修寺尹豊と大納言万里小路惟房の二人を即位伝奏に、同月九日に前大納言柳原資定を禁裏修理奉行に命じ、ついで十六日には即位費用を大内氏を滅ぼし大きく版図を拡大していた安芸の毛利元就等に依頼した。

この時の費用拠出に応じた大名とその額は、越前の朝倉義景が一〇〇貫、毛利元就が二〇〇貫、伊勢の北畠具教が二〇貫、三好長慶が一〇〇貫であった。こうして永禄三年五月二十七日に無事即位礼が執行された。正親町天皇は、こうした献金に対して、朝倉義景を従四位下に、毛利元就を陸奥守に、子息隆元を大膳大夫に、三好長慶を修理大夫に叙任することをもって応えた。

この他、永禄九年三月十日には、常陸国の結城政村が、禁裏御料所常陸国中郡からの運上を朝廷に進献したのに対し、正親町天皇は女房奉書を遣わし、その行為を「神妙」と賞し、兵部大輔政村を伊勢守に、子息政久を兵部大輔に推任し、口宣案（叙位、任官などの勅命を伝える文書）を発給した。

また、永禄十年正月三日には、関白近衛前久を通して徳川家康が叙爵の希望を申し出たのに応え三河守に任じるが、その時には、年頭の四方拝の費用を支弁するよう、女房奉書をもって申し付けている。ここでも順序は異なるが官位と費用とがバーターされているのである。

後奈良天皇十三回忌法会財源を家康に求む

義昭・信長入京後も、数は少なくなるが、正親町天皇の側から禁裏行事の費用を義昭・信長以外にも求めることがあった。一例をあげよう。

永禄十二年（一五六九）七月、正親町天皇は、後奈良天皇十三回忌の法会の財源を得るため、山科言継を三河の徳川家康のもとに派遣した。途中、言継は、岐阜で信長に対面、その用件を聞いた信長は、驚き、「老足」「極暑」のうえ、家康は現在、駿河（するが）境に在陣しているので、別の用件がなければ三河行きは無用であり、信長から飛脚をもってこの件を伝えるので、その間岐阜に逗留（とうりゅう）するよう、もし家康による費用調達が不調の場合は信長が一、二万疋を進上すると内々申し出てきた。そこで言継は、岐阜に逗留し、家康からの返事を待つが、まもなく家康からは二万疋が進上された。

九月に後奈良天皇十三回忌の法会が無事すむと、十一月五日、正親町天皇は、家康が費用を進上してくれたことへの礼を述べた女房奉書を山科言継宛に出した。その文言は、つぎのようなものである。

九月の御ほうし（法事）につきて、とく（徳）川さ京の大夫（左京大夫）（徳川家康）二万疋しん（進）上候、神へう（妙）におほしめし候、御せんほうかうする（懺法講）〳〵とおこなはれ候、よろこひ覚しめし候、のふなか（信長）にもおほせ（仰）いたされ候まゝ、さためて申わたし候へく候、又このとんす（緞子）御ほんつかわされ候よし、いゑやす（家康）に申つたへられ候へく候よし、心え候て申とて候、かしく、

端書　又過し四はうはい（方拝）の御そうよう（物用）、やかてまいり候やうに申とゝのへらるへく候、

仰（永禄十二　十一五）

山しなの大納言（言継）とのへ

内容は、後奈良天皇十三回忌の法会について家康からの二万疋の進上のあったことを「神妙」とし、懺法講(せんぼうこう)が恙(つつが)なく執り行われたことを天皇がよろこんでいること、またこの件では信長にも申したので、信長からも家康に申し渡されたことであろうこと、またこの緞子五反を遣わすので、そのことを言継から家康に申し伝えるようにとのこと、さらに端書で正月の四方拝の「御惣用」をやがて調えられるようにと申している。四方拝の惣用は、かつて永禄十年に家康が、徳川への改姓と三河守任官に際して正親町天皇側から申し出られたものであり、それを今年も出すようにというもので、序(つい)でながらとはいえ、相当厚かましい依頼である。

この女房奉書で、もう一つ注目したいのは、家康のことを「左京大夫(さきょうのだいぶ)」と呼んでいることである。「左京大夫」は、武田・北条(ほうじょう)・伊達(だて)など殊(こと)に東国の有力武将が競って望んだ官途(かんと)であったことからすれば、これは正親町天皇が家康を「左京大夫」に任官させることで、ことをうまく進めようと、正親町天皇から持ちかけたものと思われる。かつての信長への「尾張守」任官も同様のものとみることができよう。

さらに注目したいのは、正親町天皇は、義昭・信長による京都掌握がなされて以降も、朝廷の費用の捻出にあたっては、この二人だけを頼ることなく、他の戦国大名や有力武将への手蔓(てづる)を求め、保持しようとしていたのである。いいかえれば、武家の任官は、武家側からの要求によってのみ成り立っていたのではなく、それ以上に禁裏側からの財政的要請が大きく関与していたのである。

永禄からの改元難航

永禄十二年（一五六九）四月二十四日、武家、将軍義昭から朝廷に対し、七月の改元が奏され、正親町天皇は大納言中山孝親を伝奏に、蔵人頭甘露寺経元を奉行に任じた。しかし、この時には改元にはいたらず、永禄十三年を迎えた。

正月二十日、義昭側の意向を帯びた久我愚庵は、山科言継に、将軍義昭の参内と改元の件について内々に相談するため書状を送った。その書状を受け取った言継は、すぐさま久我愚庵のもとに出かけ、この件につき相談し、言継は、四日後の二十四日に長橋局まで出向き、この件を奏上する。その足で、大納言三条西実澄（後、実枝）のところに行くと、そこで「武家参内」と来月の「改元」の「惣用」費用の目途がたったとの情報を得た。さらに久我愚庵からも使者が来て、武家参内・改元の「惣用」が調ったので、明日受け取りに行くと言ってきた。そこで言継は、参内し長橋局にその件を申し伝えた。

翌日、これらの「惣用」を受け取るため長橋局から雑掌（雑務担当の役人）が、久我愚庵の使者をともなって「御倉正実坊」（禁裏の御倉職）へ向かうと、いま取り乱して渡せないというので、受け取らず空しく帰った。そして未の刻（午後二時）、長橋局から案内があり、「惣用」の一部一五〇〇疋だけが「御倉」から渡された。

なお、「惣用」の調達に十分目途がたたないなか、正親町天皇は、二月三日、甘露寺経元に改元の勘者の宣下をし、仗儀（陣儀の場で政務を審議すること、またその人）に参仕するものを定めた。しかし、一五〇〇疋では武家参内と改元の「惣用」を賄うことができなかったのか、この時には、二月二日に将軍義昭の参内だけがなされ、改元は沙汰止みとなった。

ようやく費用が調ったのか、四月十三日になって改元の勘文（諸事執行の日時や年号の候補などの諮問に対して答申した文書）が高辻長雅と五条貞長から提出され、翌日にはその勘文について一条内基・菊亭晴季・九条兼孝等に勅問があり、その返答を踏まえて、二十三日、永禄から元亀へと改元が行われた。

金がなければ、それも武家をあてにしなければ、朝儀は調わなかったのであり、改元の決定と執行という正親町天皇の意向は、武家、将軍義昭からの「惣用」支出がなされなかったことで、事実上無視されたのである。

義昭へ援助を求む

元亀元年（一五七〇）七月ごろ、禁裏では、収入が思うに任せず、日常の賄いにも支障が出てきたようである。元亀元年七月九日、正親町天皇は、大納言山科言継と中納言飛鳥井雅教を勅使として義昭のもとに送った。言継等は、義昭のもとに行く前、まず長橋局へ行き、用件を聞いた。そこでは、禁裏御料所から年貢が進上されず、諸事「御不弁」であるので「御惣用」を進献してくれれば悦ばしく思うとの、正親町天皇の意向が示された。言継・雅教の二人は、義昭のもとに行き、このことを飯川肥後守を介して伝えると、義昭からは、事情は察した、このままでは「疎略」同様であるので、多少によらず進上したいとの返事があった。言継等は、それを長橋局まで行き、申し入れた。

そして、翌十日、義昭から「禁裏御惣用」として一万疋が進献され、言継もそのお裾分けとして一〇〇疋を拝領した。義昭にしてはめずらしく素早い対応であった。

元亀からの改元延期

元亀三年（一五七二）、改元の儀が持ちあがった。この時の改元は、武家からの申し出ではなく、信長からの内々の意向を受けて正親町天皇自身が強く望んでのことである。

同年二月八日、正親町天皇は、諸寺社に命じ「天変地妖」について祈願させた。また三月二十三日には「宿願」のために内侍所に「御百度」を行い「神楽」を奏させた。何事か正親町天皇に不安が高じてきていたと思われる。

そして正親町天皇は、改元すべく、三月二十八日にその奉行を頭中将庭田重通に命じ、伝奏を中納言勧修寺晴右に命じた。晴右は、なかなかそれに応じなかったが、重ねての仰せを受けようやく承知した。公家たちは、この改元にそれほど乗り気ではなかったようである。その理由は、恐らく政治的なものではなく、その費用が十分に調達可能かどうかを疑ったためと思われる。

翌二十九日、天皇は飛鳥井雅敦・日野輝資・朝山日乗を使いとして、将軍義昭と信長に改元の意向を告げた。改元の費用拠出のためである。同じ日、改元奉行となった庭田重通から改元の儀が公家衆へ触れられたが、いずれの公家も故障を申し立て応じないので、天皇はなお触れるようにと指示をした。

四月九日にようやく改元の勘者の宣下がなされ、菅原盛長が勘者となり、改元なるかに思われたが、二十日、改元の費用を拠出する準備が調ったかを天皇側から義昭に尋ねると、義昭からはいまだ調わないとの返事があり、結局、この度の改元は延引、事実上中止された。

この改元については、同年九月に信長が将軍義昭の失政を咎めて出した一七ヵ条の異見書の一ヵ条に、

元亀の年号不吉に候間、改元しかるべきの由、天下の沙汰に付いて申し上げ候、禁中にも御催の由候処、聊かの雑用仰せ付けられず、今に遅々候、是は天下の御為に候処、御油断しかるべからず存候事、

とあることから、信長が強く望み、将軍義昭へ改元しかるべしと上申していたことがわかる。さらに、ここで信長は、朝廷でも改元のための準備がなされていたが、義昭がそのためのわずかの費用を出さなかったために、いまに改元がなされていないと、改元延期となった事情を述べるとともに、改元は天下のためのものであるのに、なされないのは「御油断」(怠慢)だと義昭を弾劾している。

6　戦争と天皇

越前朝倉攻めと正親町天皇

永禄十三年（一五七〇）二月、禁裏普請が進められるなか、信長は二一ヵ国におよぶ大名達に、「禁裏御修理」と「武家御用」を理由に上洛するよう求めた。この上洛要請に応えた大名・武将もあったが、そのなかにあって越前の朝倉義景はそれを拒んだ。それに対し信長は、同年四月二十日、朝倉義景を攻めるため京を発した。ところが若狭を通り越前敦賀に兵を進めたところで、北近江の小谷城に拠る浅井長政が信長に背き、朝倉に味方した。妹の市を嫁がせ、同盟関係を築いたと思っていた信長にとっては、思いもよらぬ展開となった。信長は、やむなく、しんがりを木下秀吉に任せ、若狭から朽木谷を経てどうにか京都まで逃げ帰った。

この出陣に先立ち、信長は、禁裏修理の見舞いとして禁裏へ行くと、正親町天皇は自ら調合した薫香を下賜した。

四月二十五日、正親町天皇は、「御心願の事」のため内侍所で千度祓いを執行した。この千度祓いの目的を直接知ることはできないが、四月二十八日に正親町天皇が石清水八幡宮で雅楽「五常楽急」百遍の法楽（和歌、芸能を神仏に奉納すること）執行を命じ、その目的が山科言継によれば「信長御祈禱歟」と書き留められたことからすれば、信長の戦勝祈願であった可能性は高い。しかし、橋本政宣氏がいうようにこれが信長の出陣の正当性の根拠になったと解するよりも、正親町天皇の信長への期待を表したものとみるほうが良いのではなかろうか。

ともあれ、石清水八幡宮で法楽が執行された同じ日に、「のふなか（信長）ゑちせん（越前）にてのかせん（合戦）わろきよしさた（沙汰）あり」と越前での戦況が悪いとの報が京都にももたらされた。そして三十日には一〇人ばかりの供連れで信長は京都に戻ってきた。そこで、五月一日には義昭に礼をし、その晩に禁裏普請場を見たあと、九日には、近江の戦線を立て直すために出陣するが、それにあたって正親町天皇は山科言継を使者として信長のもとに遣わし、「今日出陣の由聞こし召され、やがて本意に属し、上洛待ち思し召しの由」と、信長の戦勝と上洛とを期待する言葉を伝えさせた。それに対して信長は、「勅使忝（かたじけ）なき者也」と勅使派遣の礼を述べるとともに、たとえ近江に滞在しようとまた国許美濃に帰っても、現在進めている禁裏修造については奉行たちに堅く申し付けるので、ご安心下さい、やがて上洛します、との言葉を加え、それを言継から正親町天皇に披露するよう求めた。それを受けて言継は、長橋局まで出向き、その由を伝えている。

姉川の戦い

元亀元年（一五七〇）六月十九日、信長は岐阜を出発。二十一日に浅井氏の居城である小谷城の城下に放火した。浅井勢と加勢するために近江に入った朝倉勢は、姉川（あねがわ）を挟んで、家康勢を加えた織田勢と対峙した。二十八日の未明、合戦の火ぶたが切られ、数時間に及ぶ戦いの後、織田軍の圧勝に終わった。いわゆる姉川の戦いである。しかし、この戦いに勝利したからといって、北近江の地が信長の勢力下に入ったわけでもなく、近江浅井氏が滅亡したわけでもなく、長政は依然として北近江の地に勢力を保持し続けた。

元亀元年七月四日、信長は京都に上り、将軍義昭に戦勝を報告する。この戦勝の報を聞いた正親町天皇は、言継を禁裏に召し、信長に「本意に属し早速上洛珍重の由」を伝えさせた。この直後、信長は、いったん岐阜に戻る。

石山本願寺への正親町天皇勅書

元亀元年（一五七〇）八月二十日、信長は、摂津方面で息を吹き返した三好三人衆を攻めるため、岐阜を発し、二十三日京都に入り、二十五日には京都を発し、摂津枚方（ひらかた）に陣取り、翌日、野田・福島の砦攻めを開始した。義昭は同月三十日に京都を出陣、摂津へと向かい中島（なかじま）に陣を置き、ついで両者ともに野田・福島近くに本陣を据え、野田・福島の三好勢を攻め立てた。九月十二日までは、確かに信長方優勢であり、大坂方の野田・福島の三好勢から「無事」（和睦）を懇望してきたが、義昭・信長方はそれには応じなかった。ところが三好勢への総攻撃を目前にした十二日、石山本願寺（いしやまほんがんじ）は、寺内の早鐘（はやがね）をつき、信長方との戦闘の火ぶたを切ったのである。そして翌日には大坂方より天満（てんま）に軍勢が出、両陣営で合戦となり、信長方が劣勢にたたされようとしていた。

義昭・信長軍の防戦のさなかの九月十九日、正親町天皇から山科言継と中納言柳原淳光の二人に召しがあり、二人が出仕したところ、明日大坂に勅使として行くように命じられた。突然のことで二人は迷惑に思ったが、請けた。前々日十七日に大坂から帰ってきた大納言烏丸光康が同道するとのことである。

翌日、言継は、朝食後に柳原とともに長橋局のもとに参って、勅書を受け取った。その文面は次のようなものであった。

今度大樹（将軍義昭）天下静謐のため出陣候、信長同前の処、一揆をおこし敵対のよし其聞え候、不相応の事しかるべからず候、早々干戈を相休め候べき事肝要候、存分候はゝ仰せ出され候べく候、猶両人に仰せ含め候也、

本願寺僧正（顕如）とのへ

内容は、天下静謐のために将軍義昭が出陣している、また信長も同然である、それなのに一揆をおこし敵対しているとのこと、まことに不相応のことである、早々に戦いをやめるように、存分（意見）があれば申せ、というものである。天皇から本願寺に対しての停戦命令といってよいものである。

言継と柳原の二人は午の刻（昼の十二時）に出発しようとしていたところ、浅井・朝倉勢が坂本へ侵攻し、志賀の城の城将森三左衛門が討ち取られ、大津等まで放火されたとの報が

京都に届いた。それを受けて、大坂行きはひとまず延期された。

この勅書が出された背景は、『御湯殿上日記』同年九月十八日条に、

> ふけ(武家)(義昭)よりおさか(大坂)(本願寺)の一き(揆)おこり候はぬやうおほせいたされ候へのよし、一位(烏丸光康)の大納言して申さるゝ、

とあることから、将軍義昭から本願寺が一揆を起こさぬよう、正親町天皇から命じてほしいとの依頼が、大坂に出向いていた烏丸光康をもってなされたのに応えたものである。

さらに、近江では、朝倉・浅井軍が、比叡山・六角氏とも手を結び、湖西から大津、さらには醍醐(だいご)・山科(やましな)・鳥羽(とば)・伏見(ふしみ)へと侵攻し、義昭・信長の掌握下にあった京都を脅かしはじめた。十六日に浅井・朝倉の軍勢が坂本へ押し寄せ、坂本周辺で合戦が始まるが、その報も大坂の信長のもとには翌日か翌々日には届いたはずである。

このように大坂での戦いが思わしくなく、北では朝倉・浅井勢が京都を脅かしかねない状況下に、義昭・信長は、正親町天皇の勅書をもってこの危機を脱しようとしたのである。しかし、この勅書は、本願寺に届くことなく、新たな展開のなかに消え去ってしまった。

正親町天皇・義昭による信長と朝倉・浅井の和睦「一和」

石山攻めを一時断念した信長は、奪取されかかった京都へと軍を戻し、さらに坂本に軍を

進め浅井・朝倉軍の掃討にかかった。織田軍に攻められた浅井・朝倉軍は、比叡山に軍を引いた。これをみた信長は、延暦寺に、信長に味方するか、そうでなくとも信長方の叡山内での軍事行動を容認するかを求め、どちらも採らないのであれば一山を焼き払うと、恫喝した。しかし、延暦寺は、浅井・朝倉軍を山上に入れることでこれに応えた。

　元亀元年（一五七〇）十一月二十八日、将軍義昭は「天下之儀」を取り計るために近江三井寺に、関白二条晴良を伴い下向した。具体的には「天下之儀」とは、京都市中に迫ろうとする朝倉・浅井と信長の戦いを「一和」（和睦）に持ち込むことであった。

　義昭は三井寺光浄院に、二条晴良は円満院門跡に逗留し、両者の調停を計った。十二月に入ると、正親町天皇からも双方に勅使が遣わされ、和睦を求めた。一日には信長方から佐久間信盛が穴太に輿を寄せ、朝倉方の接触を待った。二日、二条晴良が、使者を朝倉方に遣わし、それに応えて、朝倉の鳥居・詫見の両人が来て交渉を進めるが、三日四日は浅井と山門の言い分を聞いて、おおよそ近江北郡の浅井の知行三分の一を残し、他は信長が支配することとなったが、山門がこれに同意せず、そのために正親町天皇の綸旨、将軍義昭の御内書、下知状、さらに信長の誓紙が出されることで、ようやく和睦が調い、十日には両者からの人質の人選が進み、朝倉からは重臣の青木と魚住の子、信長からは稲葉良通と柴田勝家の子が人質とされ、十三日に坂本の西にある壺笠山でその交換が行われた。その折、義昭からも三淵大和守藤英の子一人が人質として差し出された。

　山門を説得するにあたって出されたのが、次にあげる綸旨である。

今度義景・信長防戦の儀について、公武籌策に任せ、和与の由、尤も神妙也、殊に山門領先規のごとく相違有るべからざるの段、併せて仏法・宝祚平安の基、何事これに如かざる哉、その旨を存ずべきの由、天気によって件のごとし、

(元亀元年)
庚午　十二月九日　　(烏丸光宣)右中弁判

山門衆徒中

内容は、今度の朝倉義景と織田信長との戦いについて、朝廷・幕府の「籌策」によって、「和与」となったことは誠に神妙である。ことに山門領については先規通りとのこと、あわせて「仏法・宝祚（天子の位）平安の基」である、その旨を承知するようにとの、天皇の意向であるので、それを伝える、というものである。

また、信長の起請文は、義昭の奉行衆である一色藤長と曾我助乗宛に出された次のようなものである。

山門の儀、今度無事の条、種々書き載すに付、仰せ出さるる通り存知仕り候、自今已後公儀に対し奉り、疎略なきの旨においては、信長別儀に存ずべからず候、八幡御照覧あるべく候、偽申にあらず候、この旨仰せ聞かせられ候べく候旨、御披露あるべく候、

恐々謹言、

十二月十二日　　　　　　　　　　　信長（織田）在判

一色式部少輔（藤長）殿

曾我兵庫助（助乗）殿

さらに、朝倉義景が山門に出した起請文もあげておこう。

当表一和の儀、勅命・上意達て仰せ下さるに付て、叡山の儀、佐々木定頼時のごとく寺務等綸旨をなされ、御内書、信長誓紙をもって申し定むるの条、向後山門に対し、いよいよ疎略あるべからず候、もし違背致さば、日本国大小神祇、殊に山王の七社、八幡大菩薩御罰罷り蒙るべく候、この旨三院相違べく候事専用に候、恐々謹言、

于時元亀元庚午歳

十二月十五日　　　　義景（朝倉）在判

山門三院執行代御同宿中

信長にとってこの和睦は、大坂石山本願寺の蜂起、そして三好三人衆の摂津・河内から南山城への侵攻を受け、京都南方での優位を失い、北では浅井・朝倉に攻め立てられ、さらに六角承禎・義治父子が南近江の一向一揆とともにふたたび蜂起し、十一月には伊勢長島の一

向一揆によって尾張小木江城が攻撃され城将で信長の舎弟である織田信興が討ち取られるなど、窮地に追い込まれるなかでのものであり、こうした状況から脱するには他に望むべき手段のない有効な対応であった。

これを正親町天皇側からみれば、大坂石山本願寺の蜂起、三好三人衆、六角、浅井・朝倉が信長を包囲し、京都に向けて攻勢を強めるなかで、そうした状況をなんとか回避しなければならなかった。この和睦が、信長主導ではなく朝廷・幕府主導でなされたことは、この調停の性格の一端を物語るものである。ちなみに、三井寺に下向した将軍義昭は、この調停が成立しなければ（「万一無同心候者」）「高野の御すまい」すなわち高野山に隠遁する決意だと申したことで、朝倉も信長も調停を受け入れたと、関白二条晴良は、その交渉過程を書状に記している。

比叡山焼き討ち

元亀二年（一五七一）八月、近江に入った信長は、九月三日、南近江の一向一揆の拠点である金森を攻撃。山科言継の日記によれば、信長は十一日、三井寺に移り、山岡景猶の城に陣を据えた。翌十二日暁天、上坂本に放火、ついで日吉社、山上の東塔・西塔・無動寺を焼き払い、「山衆」はことごとく討ち死にし、大宮辺・八王子では数度の戦があるが、ことごとく討ち取られ、その数、僧俗男女あわせて三、四千人にも及んだとしている。この惨状を記したあと言継は、「仏法破滅、不可説々々々、王法如何あるべき事哉」と記し、「仏法破滅」を嘆くと同時に、中世にあって仏法と両輪であった王法の行く末を案じている。

ところで、信長は、この比叡山焼き討ちを前もって正親町天皇にも将軍義昭にも伝えてはいなかったと思われる。前年の信長と朝倉・浅井・比叡山との和睦を推進した将軍義昭はもちろん正親町天皇にとっても、比叡山焼き討ちは、前年の約束を反故（ほご）にする行為であり、知らされていたならば、正親町天皇も将軍義昭も、阻止するためのなんらかの動きを見せたはずである。

信長による比叡山焼き討ちに際しての正親町天皇の様子は、『御湯殿上日記』の同日条に、

> のふなか（信長）のほりて、ひゑの山（比叡）、さかもと（坂本）みなみなのこらすはうくわ（放火）する、そのほか山王・八王寺（子）なとまてやく、ちか比ことのは（言葉）もなき事ともにて、天下のためせうし（笑止）なる事、ふて（筆）にもつくしかた（き脱）事なり、

とあり、信長の比叡山焼き討ちを「ことのは」もなきこと、「天下」にとって笑止であり、「ふて」にも尽くしがたいと、具体的な批判を行うことすらできぬ躰である。

この少し前の永禄十二年（一五六九）十月二十六日に、信長による延暦寺領侵略を止めるために正親町天皇が信長に出した綸旨に「台嶺（比叡山延暦寺）破滅に及ばば、朝廷忽（たちま）ち退転の条」と記したように、王法の朝廷と仏法の比叡山とは車の両輪であり、片方が破滅すれば他は機能しなくなるとの認識がそれまではあった。それが、この突然の比叡山焼き討ちで

否定されたのである。しかし、正親町天皇は事実を事実として受け入れる外なかった。

　とはいえ正親町天皇は、茫然自失のままでいたわけではない、焼き討ちの翌日上洛し将軍義昭のもとに参上、その後宿所の妙覚寺に入った信長に対し、中納言飛鳥井雅教を勅使として送った。この時、何が信長に伝えられたか知ることはできないが、信長の返事は「かしこまりたるよし」とのことであった。

延暦寺根本中堂　延暦寺は信長の焼き討ちにより全山焼失したが、その後根本中堂は廻廊とともに、徳川氏によって寛永19年(1642)に完成し、寄進された

　一方、上洛した信長は、十月洛中洛外の領主に田畠一反に一升の米を賦課し、集めた五二〇石の米を「公武御用途」「禁裏様の御賄(おまかない)」にあてるとの名目で、京中の町ごとに五石ずつ貸し付け、その利米の上納を命じた。こうすることで、朝廷・公家・寺社が受けた比叡山焼き討ちのショックを少しでも和らげようとしたのであろう。

　具体的には、明智(あけち)光秀(みつひで)等四人の奉行から各町組に対して、禁裏の賄いとして一町に米五石ずつを預け、その利息を三割とし、毎月一町より米一斗二升五合を進納するよう命じた。その結果、上京(かみぎょう)八八町三〇五石、下京(しもぎょう)四三町二一五石が集められ、毎月一三石が禁裏の御倉(みくら)職の立入(たてり)氏に納入された。

元亀三年の状勢、信長包囲網

翌元亀三年（一五七二）に入っても反信長の動きは収まることはなかった。本願寺顕如は、正月十四日、信長を挟み撃ちにすべく甲斐の武田信玄に出馬を要請した。また近江では金森・三宅の一向一揆が六角承禎・義治父子と呼応してふたたび兵をあげた。

五月、信玄から義昭に忠節を誓う起請文が出され、これに応えて義昭は、天下静謐に奔走するよう信玄に御内書を与えた。ここに、信玄の西上の大義名分が調った。また、七月には、先に延暦寺復興を依頼されていた信玄は、権僧正に任じられた。

同じ七月、義昭は、重ねて上杉・武田の講和を命じた。この時には信長の添状が出されている。さらに八月、義昭は、信長と本願寺を講和させようと信玄を通じて働きかけた。信長・信玄・謙信・本願寺顕如そして義昭、それぞれの思惑が渦巻き、政局のヘゲモニー争いが繰り広げられた。

一方信長は、正月に小谷城の近傍にある虎御前山に築城し、小谷城の浅井氏の動きを封じ込めようとするが、越前の朝倉義景がすぐさま近江に出陣し小谷城に入った。信長は、そこに長陣はせず、岐阜へと帰るが、三月に近江に入り、ついで上洛、間もなく岐阜に帰った。四月に入ると、これまで信長方に付いていた松永久秀・三好義継が反信長の立場をとる。しかしこの時期、決定的な衝突はみられない。

九月、近江の浅井攻めのさなか、信長は、義昭に一七ヵ条の異見書をつきつけた。第一条で参内の怠りを責め、第二条では、元亀元年の約束のごとく御内書を出す際には信長の書状を添えることになっていたにもかかわらず、それを無視して諸国に発していることを、第三条以下では、忠節の家臣等の処遇が十分ではないこと、幕府に持ち込まれた訴訟の裁き方が妥当でないこと、諸国から進上された金銀などを秘かにため込み、公の用に使用していないことなどを具体的事例をあげて非難する。

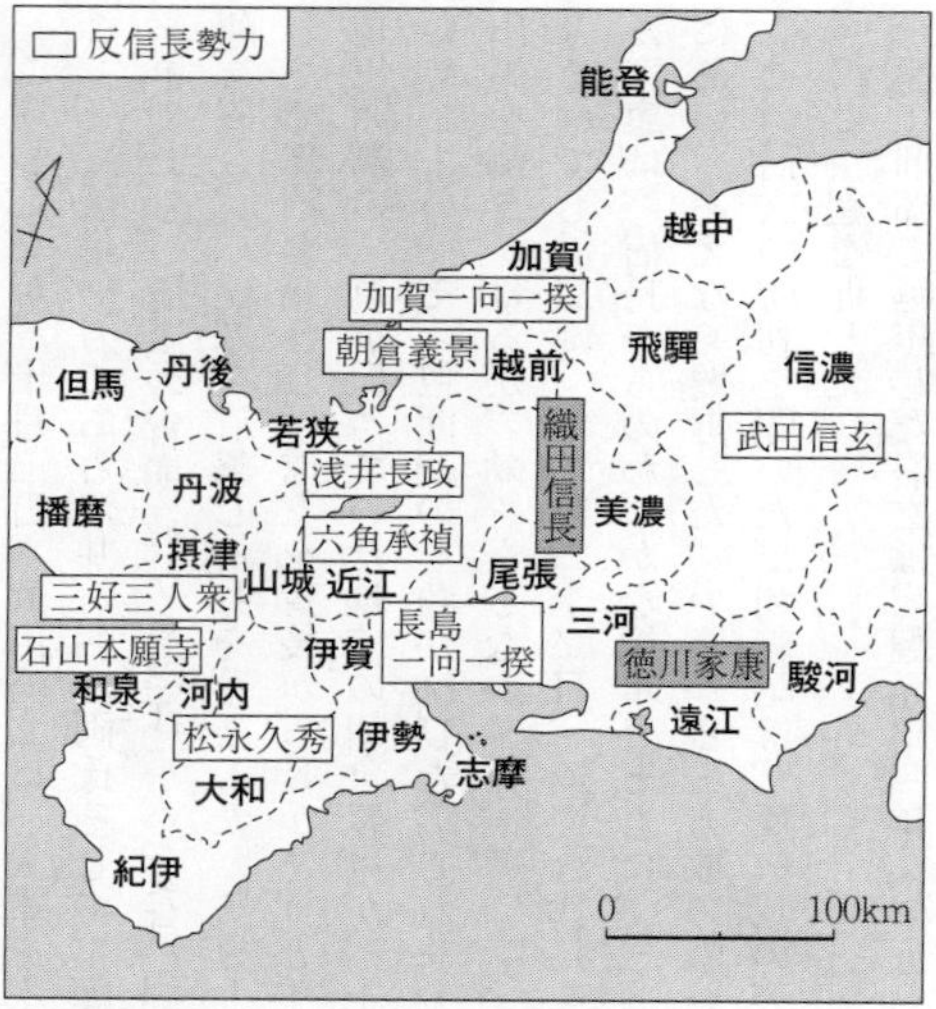

信長包囲網

　そして、最終条で、いまの義昭は万事において貪欲で、道理も外聞も考慮することがないと噂されており、下々の土民・百姓までが義昭を「あしき御所」といっている、赤松満祐に殺された六代将軍義教も同様にいわれたとも伝え聞いている、なにゆえにこのように陰口をたたかれるのか、もって分別すべきだ、と結んでいる。

　この一七ヵ条の異見書は、背後で反信長勢力をあやつる義昭への信長からの宣戦布告ともいうべきものである。

こうしたなか、十月三日、武田信玄は、大軍を率いて甲府を出陣した。出陣とともにこのことを反信長勢力である浅井・朝倉両氏そして本願寺に伝えた。信玄西上の開始を告げる出来事である。信濃の青崩峠から遠江に入った武田軍は、浜松城には向かわず、合代島に本陣を置き、二俣城を攻撃しそれを落とした。こうした信玄の動きに信長は、上杉謙信とのあいだで誓紙を交わし、信玄を背後から脅かそうとする。また信長にとって幸いなことに、信長包囲網の一翼を担っていた越前の朝倉義景が、十二月三日、突然、近江から越前に軍を引いてしまい、その包囲網の一角が綻びた。これに対し、信玄は義昭にも本願寺にも義景の再出馬を働きかけるが、効を奏さなかった。

それでも信玄は、十二月二十二日、遠江合代島を出発、三河へと軍を進めた。それを知った家康は、信長からのわずかな援軍とともに、三方原で武田軍を背後から襲うが、その反撃にあい、あえなく敗退した。いわゆる三方原の戦いである。

この信玄の勝利を聞いた足利義昭は、反信長の姿勢を鮮明にした。本願寺も、各地の一向一揆に決起を促した。

遠江刑部で越年した信玄は、翌元亀四年（一五七三）正月、三河野田城を囲み、二月十七日それを攻略する。しかし、病が重くなったため、やむなく軍を返し、四月十二日、信濃駒場で五三歳の生涯を閉じた。信玄の死は伏せられたが、すぐさま重病であるとの噂が流れた。運は、ここでも信長に味方した。

7　義昭・信長の位置

入京直後の義昭・信長

京都御所東山御文庫（ひがしやまごぶんこ）の御物の一点に、断簡ながら正親町天皇の消息（しょうそく）（手紙）が残されている。内容からみて、義昭・信長入京後それほど時の経たない時期に正親町天皇が義昭に宛てた消息と推定されている。その文面は、

今度早速に入洛せられ候、珍重に候、しかしながら信長忠功により候と感じ入候、漢家・本朝比類なき事候、能々（よくよく）（以下欠）

すなわち、この度、早々に入洛されたことは珍重である。しかしながら、これは信長の忠功によるものと感じている、中国でも日本でも比べようのないほどのことであるというのである。断簡ではあるが、この上洛が信長の力があってこそなされたものであると、この段階での義昭と信長の位置関係を正親町天皇が正確に捉えていたことを示す貴重な史料である。ちなみに九月二十五日には、信長は「御父」と尊称された書状を義昭から送られている。

入京直前、正親町天皇は禁裏警固の綸旨（りんじ）を信長に宛てて出しているが、入京の永禄十一年（一五六八）九月二十六日には、義昭から禁裏へ禁裏警固を信長に申し付けたとの報がもた

らされている。この時点で、正親町天皇は、信長が義昭を奉じて入京したことを確認し、その後の摂津方面への軍事行動に際して、勅使を義昭を主としながらも信長にも送っている。

十月十八日、義昭が将軍宣下を受けると、すぐさま正親町天皇は、公家の山科家や禁裏御料の率分銭の回復・確保を求める女房奉書を出すが、これもまた将軍義昭を立てながらも、信長へ依頼することも忘れていない。

この後、信長は義昭から副将軍か管領への就任を求められるが、それを断り、二十六日には禁裏へ一〇〇〇疋を進献して、その日のうちに京都を発ち、岐阜へと戻った。

信長を頼る

永禄十二年（一五六九）正月五日、将軍義昭の居所六条本圀寺が三好三人衆に襲撃された。撃退したとはいえ、この事件は禁裏の安穏をひたすら願う正親町天皇にとっては衝撃であり不安を募らせる事件であったに違いない。

この事件を聞いた信長は、正月十日には上洛、京都の治安を確保した。この日から四月二十一日に京都を発つまで約四ヵ月近く信長の在京は続いた。

この間、信長は、義昭の城二条第を築造するが、禁裏には、さまざまな贈り物を届ける。次頁の表は、『御湯殿上日記』に記された信長からの贈り物一覧である。

『御湯殿上日記』に記されたもの以外にも信長から正親町天皇への贈り物はなされたようであり、二月六日には鮒を進献、正親町天皇は、その鮒を汁にして参内した公家衆に振る舞った。この件を記した山科言継（ときつぐ）の日記には、「近日日々美物進上云々、奇特（きとく）の至也（いたりなり）」と、しばしば信長からの「美物」の進上のあったことを記すとともに、それを公家達は「奇特の至」と捉えている。

義昭の力への不安と信長への期待、そして信長からの度重なる進上物、こうしたなか三月二日、正親町天皇は信長を「副将軍」にしようと動いたのであろう。信長「副将軍」は信長の「無返事」によって実現しないが、義昭の城が完成した直後の四月から信長は、禁裏の修造に本格的に取りかかった。正親町天皇は、最も頼るべき人物は信長との感を一層強くしたであろう。

月　日	品　物
1月28日	山蕗1折
2月2日	鯨、鱒1折
2月11日	鯨のうちの物と串物1折
2月18日	串柿1折
2月27日	鶉4棹
3月16日	大きなる鯛、串柿
3月18日	山蕗1折
4月13日	砂糖桶20、かき(牡蠣カ)の箱1

永禄12年前半信長在京時の禁裏への進上
『御湯殿上日記』に記されたもの

信長は、伊勢平定後の同年十月十二日に上洛、十三日には禁裏修造の様子を見に禁裏に赴いた。この期を捉え、正親町天皇は、長橋局において天盃を信長に下賜する。それに応え信長は太刀と三〇〇〇疋を進上する。ところが十六日義昭と衝突、翌十七日岐阜へと帰国してしまった。

ともあれ、この時期は禁裏の大修造、越前攻めにおける正親町天皇の祈願などを含め、正親町天皇は、信長を大いに頼る存在として位置づけていたといえる。

禁裏御大工惣官補任をめぐる争論

信長による禁裏の大修造が四月に始まるにあたって、「禁裏御大工惣官(そうかん)」をめぐって二人の大工が相争った。一方の大工定宗は、幕府にこれを訴えた。それに対し幕府は、永禄十二年（一五六九）三月二十六日、奉行人奉書を出して定宗にその職を安堵(あんど)した。

これに対し「禁裏御大工惣官」を称するもう一人の大工宗久は、禁裏に訴え、宗久を支持する正親町天皇の女房奉書を四月三日に手に入れた。そこには、幕府が安堵した定宗を惣官とすることは了解しえぬことであり、もしそうならば曲事(くせごと)（道理に合わない事）であり、信長に申して義昭に翻意させるよう命じ、山科言継にこのことを信長に伝え交渉するようにとあった。

召しを受けた言継は、長橋局に行き、この女房奉書を受け取り、在京した信長のもとに出向いた。それに対する信長の返答は、この間、義昭とは不和であり、義昭の命は堅いものである、大工風情のことで、あえて義昭に申し入れるのは如何と思うので、その意を介して返事をするようにとのことであった。

言継は、この返事を持って禁裏に戻り、長橋局にそれを伝えると同時に、大納言万里小路(までのこうじ)惟房(これふさ)にも内々に信長の返事を伝えた。

それからしばらく経った六月十二日、宗久が言継のところにやってきて、定宗の違乱が止まらず天皇から仰せがあったので、それを幕府に取り次ぐよう求められた。また、言継は万里小路惟房からも呼び出され、幕府との交渉にあたるが容易には決着しなかった。同月二十六日には再度、正親町天皇は女房奉書を出し、その仲介を渋る言継に、万里小路惟房を通じ、信長との交渉に当たることを求めた。言継は、やむなく信長への添状を岐阜へ下ろうとする宗久に与えた。

　正親町天皇の女房奉書は、惣官職をめぐって競望があるので、義昭が宗久による手斧始めを延期し、定宗にそれを命じたと聞き及んだ、この件は理に従って処理するよう、信長から義昭に意見せよとの内容であった。

　この一件の結末は、明らかではないが、この争論において、注目されるのは、将軍義昭が天皇の意向をはねつけ、正親町天皇が、将軍義昭の決定を、信長を介することで覆そうとした点であり、将軍義昭は正親町天皇に従順ではなく、両者の調停者は信長であり、かつその信長も言を弄し、正親町天皇の意向通りには動かない、というのがこの時期の状況であった。

久我通俊の勅勘を許さず

　永禄十三年（一五七〇）三月二日、久我愚庵は、息子の前右大将久我通俊の勅勘を許されるよう信長に頼み込み、信長から内々の了解を得て、山科言継にそれを正親町天皇の耳に入れるよう頼み込んだ。言継は、それを受けてすぐさま長橋局へ出向き、勾当内侍にこのことを申し入れた。この件は、前日一日にも大納言三条西実澄・大納言万里小路惟房からも申し入れられていたが、そのときには正親町天皇は「許さず」とし、勅勘は解かれなかった。

同じ日、信長の家臣であり朝廷への出入りが容易であった朝山日乗もまた、長橋局に出向き久我通俊の勅勘を許すよう申し入れた。信長側から正親町天皇へ勅勘赦免の圧力がかけられたのである。

こうした正親町天皇への働きかけのなか、十日朝、和泉堺より久我通俊が上洛した。そして、前大納言柳原資定・大納言烏丸光康・大納言三条西実澄・大納言中山孝親・大納言万里小路惟房によるお膳立てがなされ、夕方に誠仁親王に対面することになり、さらに翌十一日には久我通俊は柳原資定・久我愚庵・大納言山科言継・中納言柳原淳光・中院等を晩食に招いた。いうまでもなく勅勘赦免を前提とした宴であった。

しかし、正親町天皇は、首を縦には振らなかった。結果、通俊は、ふたたび堺に戻り、天正三年（一五七五）四月六日に、許されることなく死去した。

義昭の参内

先にあげた元亀三年（一五七二）九月に信長が将軍義昭に突きつけた一七ヵ条の異見書の第一条は、

一、御参内の儀、光源院（足利義輝）殿御無沙汰に付いて、果して御冥加なき次第事旧候（言い古される）、これによって当御代の儀年々懈怠なき様にと、御入洛の刻より申上ぐるの処、早思食忘れられ、近年御退転勿体なく存候事、とある。ここで信長が非難する「参内」「退転」とはどういうことであろう。義昭が将軍宣下を受けてから禁裏に参内した最初は、すでに述べたように将軍宣下直後の永禄十一年（一五六八）十月二十二日のことであり、正親町天皇が常御所に出御し、誠仁親王・准后二条晴良が相伴するなか、献の儀が執り行われる盛大なものであった。いうまでもなく献上品を含めこの費用は、将軍義昭側の負担であった。

二度目の参内は、翌永禄十二年二月二十六日である。この時は同月二十日に将軍義昭の方から二十六日に参内するとの申し出があり、二十三日には柳原資定・烏丸光康・中山孝親・万里小路惟房・山科言継・勧修寺晴右・庭田重保ほか二〇名あまりの公家衆に参会するようにと触れられた。二十六日、予定通り義昭は参内する。正親町天皇が常御所に出御し、ついで三献の儀が執り行われ、三献目の天酌のとき参会した公家衆に「御通」の酒があった。またその折に義昭から太刀が献上された。将軍宣下の折の参内よりは簡略なものであったが、天皇の出御があり三献の儀が執り行われるなど正式の参内といえる。

三度目の参内は、永禄十三年二月二日のことである。この時の参内は、義昭の参内がその費用調達が思うにまかせないなか、改元とともに朝廷側から内々に将軍に求められたものである。正月二十日ころからその要請が本格的に行われるが、二十四日になってようやく費用の目途がつき、二月二日の参内と決まった。正月二十八日には公家衆へ義昭参内に参会するようにとの触れが出されている。二月二日、義昭は参内し、常御所に正親町天皇が出御、前年と同様三献の儀が執り行われ、三献の折、天酌があり、義昭から平鞘の太刀が進上された。また参会の公家衆にも「御通」があった。

このように、この時の参内は、費用の調達が思うにまかせぬこともあってか、義昭側は消極的であった。そして、翌元亀二年以降、元亀三年、元亀四年の三年間、将軍の正式参内は途絶えてしまった。信長の一七ヵ条の異見書の第一条は、こうした状況を非難したものである。

禁裏への進上

義昭の参内の状況は、以上のごとくであるが、同様の事態を将軍から禁裏への日常的な進上からも確認しておこう。この時期の禁裏への進上については神田裕理氏の仕事がある。それによりながら概観すれば、一三代将軍義輝の時代、将軍から禁裏への恒例の進上物は、新春あるいは歳末の玉毬打(たまぎつちょう)、乞巧奠(きっこうでん)の折の花、盂蘭盆(うらぼん)の灯籠、八朔(はっさく)の馬・太刀、歳暮の美物一〇色であった。

義昭の場合は、全体としては、ほぼ毎年正月の玉毬打、乞巧奠は三回、玄猪(げんちょ)は一回の進上がなされ、一方八朔の献上はない。かなりあとまで初物の献上がなされているが、次頁の表に示したように、時が経つにつれて進上は少なくなり、将軍と禁裏のあいだはじょじょに疎遠になっていっている様子が窺える。

このように、正親町天皇と将軍義昭とが疎遠となっていくなか、正親町天皇は、信長への

年	進上日と品物
永禄11年	10/25白鳥、12/29玉毬打
12年	1/1玉毬打、2/8雁２、2/26太刀代1000疋、⑤/2鯉１折、⑤/3みる１折、⑤/4こもし２、7/7花、7/14灯籠、8/27饅頭１折、9/2法花経２部・阿弥陀経１巻・香奠3000疋、9/15初鱈、10/23玄猪
13年	1/1玉毬打、7/7花、8/27初鮭、10/3初雁、11/23初鱈、12/28米100俵、12/30玉毬打・美物５色
元亀２年	7/22灯籠、9/15初雁、9/17初鮭、12/29玉毬打
３年	7/7花瓶２、11/4初雁、12/17杉原５束・墨、12/30玉毬打
４年	なし

義昭の禁裏への進上　丸囲み数字は閏月。神田裕理「織田信長と禁裏・公家の交流」の表の一部を加工作成

傾斜を強めていく。進上品を見る限り、信長の禁裏への姿勢は入京当初とかわらぬ対応がみられる。ただ、信長は、この時点においても、禁裏普請場へ出向くことはあっても、禁裏への正式参内は、一度も行っていない。この点は、義昭追放後の動きとともに、注目される。

この時期の天皇にとって最大の関心は、禁裏の安穏、延（ひ）いては天皇自らの身の安全であり、それを保障・担保してくれるものであれば、如何なる勢力でもよかった。次の関心は、禁裏の日常や儀礼等を如何に支えるか、その要請に如何なる勢力が応えてくれるかが課題であり、禁裏御料の確保・回復、儀礼の執行費用を拠出してくれる勢力を如何に掌握するか。基本的には、幕府がそれを担うべきと考えているが、現実に出来ないときには、他の戦国大名をはじめさまざまな勢力に働きかけ、すべてがうまくいくわけではないが、その費用を獲得していった。

第二章　正親町天皇と信長

足利義昭を追い天下人となった信長に対し、正親町天皇は、信長をさまざまな機会に自らの側に取り込もうとする。一方信長は、その誘いには容易に乗らないものの、自らに必要なときには朝廷に接近し、朝廷には即かず離れずの態度をとり続ける。

1　信長の天下掌握

室町幕府の倒壊

武田信玄が三河野田城を攻めた元亀四年（一五七三）二月の終わり、将軍足利義昭は二条城の堀を掘らせ、防備をかためるとともに、三井寺光浄院暹慶に挙兵させた。「公儀（義昭）御逆心」の報はすぐさま織田信長のもとに伝えられたが、信玄が西進する状況下では、信長は岐阜を動けなかった。そこで信長は、義昭と人質を交換することで和睦をはかろうとするが、信玄の西上を信じている義昭はこれを拒絶した。

三月二十九日上洛した信長は、再度義昭に和議を申し入れるが、義昭は信長が京都においた奉行の村井貞勝の屋敷を囲み、信長の申し出を蹴った。そこで信長は、四月四日、上京に放火し、二条城を裸城同然とした。

これに怯え、戦禍が禁裏に及ぶことを危惧した正親町天皇は、すぐさま義昭と信長の両者に和睦を働きかけた。

四月五日、勅使として関白二条晴良・大納言三条西実澄・中納言庭田重保の三人が、まず将軍義昭のもとに行き、「のふなか（信長）御事によりて、御心え候との御事にて候」と、信長との和睦を命じる正親町天皇の意向を伝え、次いで三人は、知恩院の信長の陣所を訪れ、正親町天皇の意向を示し、信長にも和睦を求めた。この事実経過を記した『御湯殿上日記』は、続けて「くわらく（和睦）になりてめてたし〳〵」と記しており、両者の和睦が正親町天皇の勅命によって成立したのである。

正親町天皇が両者の調停に動いたのは、四月六日付で信長が徳川家康に送った書状のなかに「去二、三日両日、洛外残すところなく放火せしめ、四日に上京悉く焼き払い候、これによりて徒にその夕無為の儀取り頻りに御扱いの条、大形同心申し候」とあるように、まさに上京が焦土と化した直後であり、戦禍が禁裏にも及ばんとしたとき、「無為（平穏無事）」にと「頻りに御扱い（調停）」が開始されたのである。正親町天皇が、こうした和睦調停に積極的に関わりをみせるのは、信長などからの要請もあるが、禁裏に危険が及ばんとするときその災禍を逃れるための行動でもあった。

四月七日、「和平」のしるしに、信長の名代として津田信広・佐久間信盛・細川藤孝（のちの幽斎）が二条城の義昭のもとに祇候し、和議がまとまった。八日、正親町天皇は、将軍義昭に大納言三条西実澄・大納言中山孝親・中納言勧修寺晴右・中納言庭田重保・左少弁広橋兼勝を勅使として派遣し、禁裏附属の町ともいえる禁裏六丁町に武士を置かないよう「かたく申しつけ」た。禁裏が武家間の戦いに巻き込まれることを事前に防止しようとする、これまで同様の正親町天皇の考えによるものである。そして、十三日には、義昭の宇治槙島への退城が内々に決定した。

七月三日、二条城から宇治槙島城に移った義昭は、ふたたび挙兵した。信長は、すぐさま上洛し、槙島城を攻め、十八日、義昭の息義尋を人質にとり、その降伏を入れた。降伏した義昭は槙島城を明け渡し、二十一日、三好義継の拠る河内若江城に入った。義昭はこの後も征夷大将軍の官職を保持したが、この降伏は、事実上の室町幕府の倒壊を意味した。

天下掌握に向けて宣言

義昭が槙島に退去した直後の元亀四年(一五七三)七月十三日、信長は、安芸の毛利輝元に書状を送った。そのなかで義昭が現在、槙島にいるのかどうかは分からず、きっと遠国に「流れ落」ちられているのだろう、誠に歎かわしいことである、とつぜん「御退座」された理由は、甲斐の武田信玄が死去し、越前の朝倉義景もさしたる働きもなく、三好勢等も軍勢不足であるので、特に軍事行動に及ばれる様子もない、畿内はこのような様子である、と述べたのに続き、「いわんや天下棄て置かるうえは、信長上洛せしめ取り静め候」と記した。すなわち、義昭が「天下」ここでは京都を見捨てた以上、信長が上洛し「天下」を取り静めると宣言している。ここに信長は、自らを天下人と位置づけたのである。

元亀から天正へ

元亀四年（一五七三）七月二十一日、槙島攻めから京都に戻った信長は、朝廷に改元を申し出る。同日の『御湯殿上日記』に、「のふなか(信長)よりかいけん(改元)事にはかに申、おの〳〵御たんかう(談合)にて御(か)もん(勘文)をみせらるゝ、のふなか(信長)に」とあり、そのことが確かめられるとともに、改元年号の案である勘文（諸事執行の日時や年号の候補などの諮問に対して答申した文書）が信長に示されたことが知り得る。

その後禁裏では、改元に向かって準備が進められ、二十七日には陰陽師の土御門有脩からその日取りが示され、伝奏中納言勧修寺晴右から長橋局を通じて正親町天皇に伝えられた。

新年号の候補となる複数の案を記した勘文は、高辻長雅と東坊城盛長によって作成された。高辻長雅の勘文には「貞正」「安永」「延禄」「天正」「文禄」があり、東坊城盛長の勘文には「寛永」「明暦」「永安」があった。先に述べたようにこの勘文は改元の陣儀に先立ち信長にみせられ、信長はそのなかから「天正」を望んだ。

二十八日、年号は、元亀から天正へと改められた。改元には、上卿として大納言菊亭晴季、仗儀（陣儀の場で政務を審議すること、またその人）として勘文をあげた高辻長雅と中納言四辻公遠・中納言持明院基孝・中納言甘露寺経元の四人、参仕弁として日野輝資、奉行として左中将中山親綱があたった。陣儀の結果は、一案とはならず、安永と天正の二つが候補となり、正親町天皇にその裁断が求められた。正親町天皇は最終的に天正を選んだ。結果、信長の望みどおり新しい年号は「天正」となった。二十九日、改元が調ったことを右中弁日野輝資を勅使とし、綸旨(りんじ)をもって信長に伝えられた。その時の綸旨は、次のようなものである。

改元執行せられ、年号天正と相定(あいさだ)まり候(そうろう)、珍重に候、いよいよ天下静謐安穏(せいひつあんのん)の基、この時に如(し)くべからざるの条、満足に察し思し食(おぼしめ)さるの旨、天気(天皇の思い)候ところ也、よって執達件(くだん)のごとし、

七月廿九日　　左中将親綱(中山)

織田弾正忠殿(信長)

こうした綸旨が出されることは異例のことであり、正親町天皇が信長を大層気にしていたことが分かる。なお、「天正」の出典は『老子(ろうし)』の「清浄なるは天下の正と為る」による。この一連の出来事は、京都の支配者が将軍義昭から信長に代わったことを象徴的に示す出来事でもあった。

2　探り合う天皇と信長

信長、正親町天皇に譲位を申し入れる

天正元年（一五七三）の末、織田信長から譲位をしきりに申し入れてきた。正親町天皇は、弘治三年（一五五七）十月二十七日、後奈良天皇の跡を受けて践祚し、この年までほぼ一五年の在位であった。また後継者である皇太子の位には、永禄十一年（一五六八）に元服した誠仁親王がいた。時に、正親町天皇五七歳、誠仁親王二二歳である。いま信長の意図を直接知ることはできないが、辣腕の正親町天皇を退位させ、自らが献じた費用で元服した誠仁親王を天皇の位に就かせたかったからではなかったか。

この信長の申し出に対し、十二月八日、正親町天皇は、「勅書」を大納言中山孝親・参議甘露寺経元に持たせて、関白二条晴良のもとに行かせた。ここでの「勅書」とは、以下にあげる正親町天皇の宸筆として伝来してきた女房奉書のこととされている。

> 譲位の事申さた（沙汰）候へき由、内々申入候つる、後土御門院以来此御のそみ（望）にて候つれとも、事ゆき候はて、御さたに及候はす候つる、只今存しより候処、奇特さ朝家再興の時いたり候と、たのもしく祝おほしめし候、かしく、
>
> 　弾正忠（織田信長）とのへ

内容は、譲位についてその費用を献上するとの意向を内々に申し入れられた、生前の譲位については後土御門院以来望むところであったが、事がうまく運ばず、執行することができ

ないできた、天皇は、ただいまの申し出は奇特なことであり、朝家再興の時が到来したと頼もしく思われておられる、となろう。即ち、正親町天皇は、信長の譲位の申し入れを好感をもって受け入れたのである。

勅使を受けた二条晴良は、中山孝親等をともない、信長の京都での宿所妙顕寺(みょうけんじ)に行き、勅書の趣を申し伝えた。それに対し、信長は、勅書のことは忝(かたじけ)ない旨を述べ、ついで「当年既に余日なきの間、来春に早々申沙汰致すべきの由申し、御請け」と、翌年早々の譲位の費用の献上を約束した。二条晴良等は、信長のもとで「御譲位・御即位等之次第」など語らってのち退出した。

信長の返答に従えば、翌天正二年の春、譲位が行われるはずであったが、実際には実現していない。この理由については、信長が将軍宣下(せんげ)を求め、それを正親町天皇が拒否したからだとの説や、院御所造営の困難さや天皇の安土行幸(あづちぎょうこう)との関連で説明するものもあるが、むしろ、信長側に、譲位・即位を「申沙汰」することのできなくなった状況が生じたことが、譲位延引の理由ではなかったか。天正二年正月、越前で一向一揆(いっこういっき)が蜂起し、朝倉攻めのあと信長から守護代に任じられていた桂田長俊(かつらだながとし)(前波吉継(まえばよしつぐ))を一乗谷(いちじょうだに)に攻め敗死させた。ついで越前各所に一揆が蜂起し、北庄(きたのしょう)に置かれた織田三人衆を襲った。攻められた織田三人衆は、越前からの撤退を条件に、一揆と和睦し、越前を去った。その結果、越前国は加賀国同様「一揆持ち」となった。

一旦、信長の分国(ぶんこく)となった地域での支配の崩壊は、信長にとって見過ごすことのできぬものであり、さらにお膝元ともいえる尾張の地を脅かす伊勢長島の一向一揆を殲滅（せんめつ）することが、なによりも火急の課題であった。

天正二年の信長宛従五位下・昇殿口宣案写し

京都御所東山御文庫（ひがしやまごぶんこ）の御物（ごもつ）のなかに、天正二年（一五七四）三月十八日の日付をもつ正親

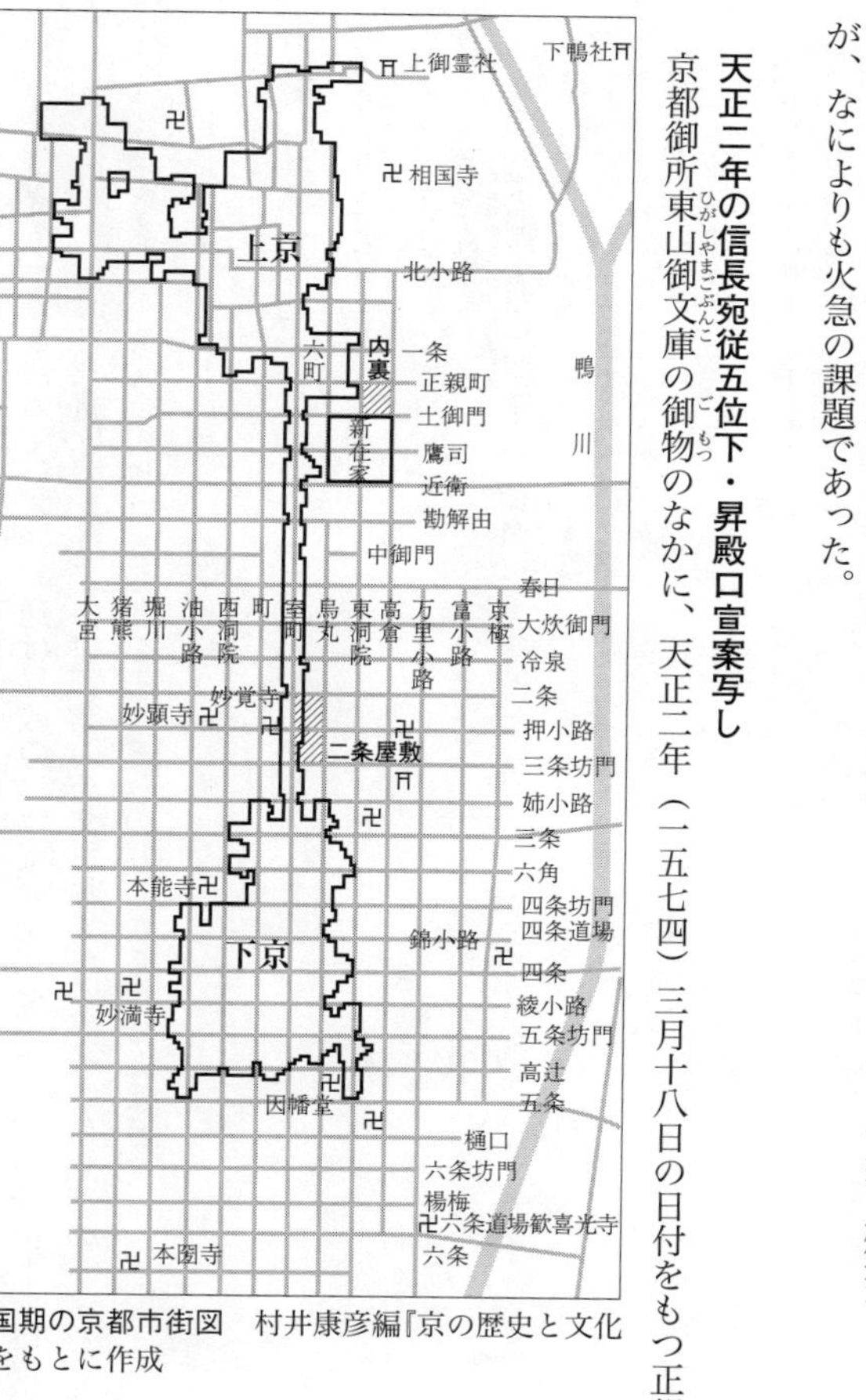

戦国期の京都市街図　村井康彦編『京の歴史と文化4』をもとに作成

町天皇筆の口宣案の写しが二通残されている。ともに、信長を従五位下に叙する口宣案と昇殿を許す口宣案を書き留めている。一通は昇殿の口宣案の全文を写すが、従五位下の口宣案の本文を省略し、他の一通は従五位下の口宣案の全文を写すが、昇殿の口宣案の本文を省略している。そこで、全文を知り得るものをそれぞれの写しから摘出しよう。

口宣案

上卿　左大将

天正二年三月十八日　宣旨

平　信長

宜聴昇殿

蔵人頭　右近衛権中将藤原奉

実彦

口宣案

上卿　左大将

天正二　三　十八　宣旨

平　信長

宜叙従五位下

蔵人頭右近衛権中将藤原実彦奉

前者は、織田信長に昇殿を許す口宣案であり、後者は信長を従五位下に叙する口宣案である。

ところで、信長は、後述するように、天正三年十一月、大納言・右大将に叙任されるのが初任であり、それまでは朝廷から正式な叙任を受けていない。では、なにゆえに、天正二年三月十八日付の口宣案の写しがあるのであろうか。それも正親町天皇自らが書いたものが伝えられているのだろうか。これらの口宣案が、信長の大納言任官に際し遡って作成された可能性がなくはないが、正親町天皇の自筆の写しとしてこれが独立して伝わっていることからすれば、その可能性は低く、この時点で案文として作成されたものであろう。

口宣案にみえる上卿「左大将」は、大納言菊亭晴季のこと、「蔵人頭右近衛権中将藤原実彦」は正親町実彦であり、形式上もこの時点に作成されたものとして問題はない。少しこの口宣案が作成された背景を考えてみよう。

天正二年三月十七日、信長は、岐阜から上洛し宿所相国寺に入った。そして二十七日京都を発ち奈良へ行き、二十八日東大寺正倉院の蘭奢待を切り取る。この口宣案写しは、まさにこの間に作成されたものであった。

この段階で、正親町天皇は、信長に昇殿を許し、従五位下に叙することで、信長を取り込めると思っていたようである。しかし、信長は、それには見向きもせず、次に述べる蘭奢待

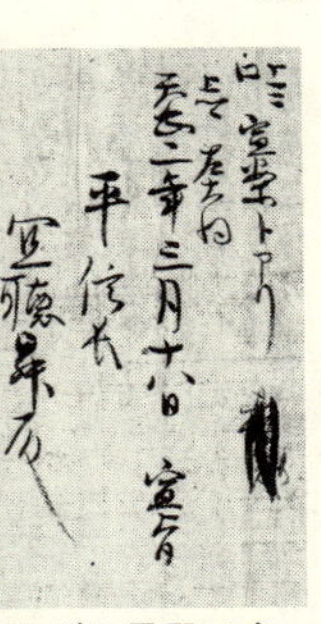

正親町天皇宸筆「織田信長叙位ならびに昇殿口宣案御写」　ここに掲げた写しは、昇殿の口宣案を全文写しているが、従五位下の口宣案の本文は省略している。東山御文庫　御物

切り取りの勅許だけを手にし、奈良へと下ったのである。天皇・朝廷の目論みはみごとに外れたのである。

正親町天皇の「宸筆御記」と『御湯殿上日記』

少し話は逸れるかもしれないが、この口宣案が正親町天皇の宸筆であることと関連して、当時の天皇が如何にこまめに朝廷での儀式や行動を自ら記録していたのかを紹介しておこう。

正親町天皇の宸筆の日記は、現在残されているものは僅少であり、天正三年（一五七五）正月分と年次未詳一通、御会始等の部類記のみである。ここでは、天正三年正月朔日の記事を、天皇に近侍した女官の記した職務日記である『御湯殿上日記』の同日条を並記することで、当時の天皇が四方拝を始めとする朝廷儀礼や日常に、どれほど深い関心を持っていたかの一端を見てみよう。「御記」の冒頭は、以下の記事から始まる。

天正三年　乙亥

正月　天下泰平、国土安穏、四海静謐、万民豊楽、幸甚々々、
一日辛丑降雪四方拝、奉行頭中将実彦朝臣、御簾裾同、草鞋左中弁輝資(日野)、御劒中山頭中将親綱朝臣、脂燭飛鳥井中将雅敦朝臣、兵衛督長治(竹内)朝臣、大内記盛長(東坊城)朝臣、右衛門佐永孝(高倉)、極臈以継、受取大典侍、勾当、朝　盃　参、御強供御参、ハイゼン(配膳)大典侍、勾当、伊与、朝餉上臈伯少将

正親町天皇宸筆御記　天正３年正月。東山御文庫 御物

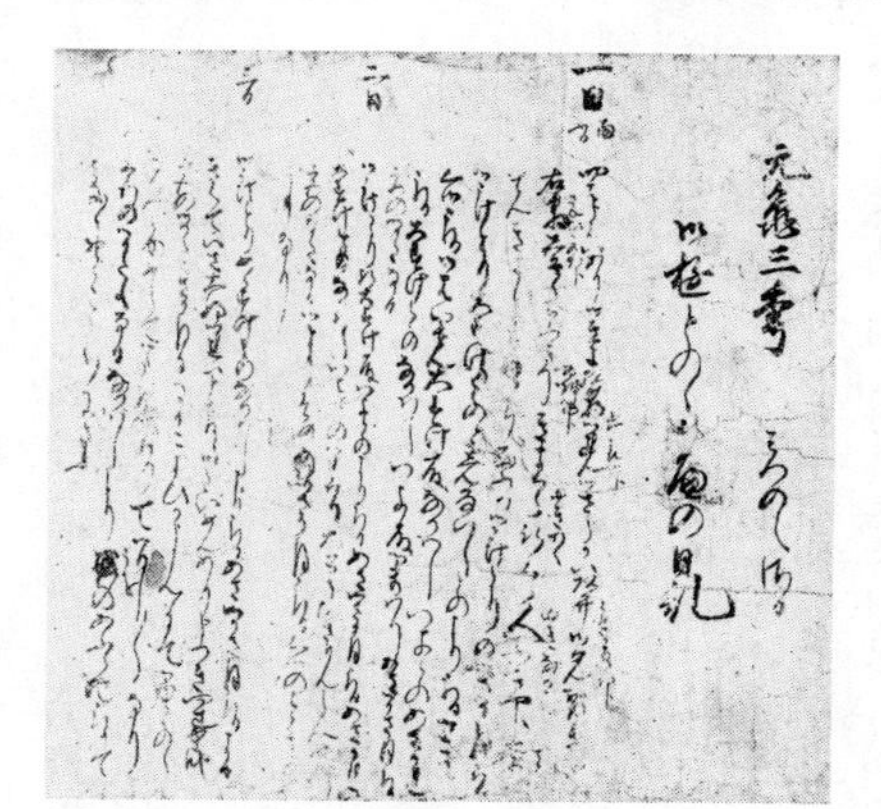

『御湯殿上日記』　元亀３年正月は１日から３日まで正親町天皇自ら記している。唯一残る原本。東山御文庫 御物

雅朝臣、伊与・伯耆勾当十三歳ヲサナクテ衣ナキユヘニ此分也、今夜祝如年々（こよいのいわいとしとしのごとし）、目出度（めでたし）、親王御入、男ニハ中山前大納言（孝親）・勧修寺大（晴右）・山科大（言継）・源中納言（庭田重保）・持明院中納言（基孝）・四辻中（公遠）、甘中（甘露寺経元）・左衛門督（山科言経）・源宰相中将（庭田重通）・左大弁宰相（勧修寺晴豊）・三条新宰相（三条西公明）・正親町中将（実彦）・中山頭中将（親綱）・治部卿・中院中将（通勝）・伯少将（白川雅朝）・左少将・四辻侍従・高倉侍従・権弁・極﨟・新蔵人、

一方、『御湯殿上日記』は、

天正三年　きのとのゐ

一日雪ふる、四はうはい（方拝）あり、ふ（奉）行頭中将さねひこのあそん（実彦朝臣）、御れん（簾）御きよ（裾）おなし、御けん（剱）なか（中）山頭中将ちかつなのあそん（親綱朝臣）、御さうかい（草鞋）左中弁てるすけ（輝資）、しそく（脂燭）あすか（飛鳥）井中将まさあつあそん（雅敦朝臣）、ひやうゑのかみ（兵衛督）なかはるのあそん（長治朝臣）、大ないき（内記）もりなかのあそん（盛長朝臣）、ゑもんのすけ（右衛門佐）なりたか（永孝）、きよく郎（極﨟）ゆきいへ（以継）、御うけとり（受取）大すけ（典侍）殿、なかはし（長橋）、あさ（朝）御さか月（盃）まいる、あさかれゐ（朝餉）上らふ（﨟）、はく（伯）少将、まさとものあそん（雅朝朝臣）、いよ（伊与）との御まいり、はくは、なかはしの御きぬなくて、御てなかはくなり、御こわく（強供）御まいる、みや（宮）の御かたなる、こよひの御さか月としとしのことくめてたし、みやの御かたへ御あふき（扇）まいる、わかみや（若宮）の御かた、御所〱へ御こきのこ、こきいたまいる、

とある。「御記」の冒頭に年頭にあたってその年への期待を記した「天下泰平、国土安穏、

四海静謐、万民豊楽、幸甚々々」とある点、『御湯殿上日記』の後半に誠仁親王の参内についての記事があるのを除くと、両者は、ほぼ同内容である。異なる点は、男達の名が「御記」にみえるが、『御湯殿上日記』にはない。あまり細かくは比較検討しないが、時の天皇が、禁裏のいわば公的日記である『御湯殿上日記』以上に、その日自らが関わったことあるいは起こったことを詳細に記録しており、ちょっとした驚きである。

ちなみに、『御湯殿上日記』は通常は女官が記したが、元亀三年（一五七二）正月朔日から三日にわたる条は、正親町天皇が自ら記しており、この「御記」の記事構成の類似とともに『御湯殿上日記』の公的性格の一端を窺わせるものである。

信長関白就任の噂

年ごとの公卿の官職・位階を載せた『公卿補任』は、天正二年（一五七四）三月十八日に信長が従三位参議に叙任したとするが、これは大納言任官時に遡っての叙任であり、天正二年三月十八日時点のことではない。

しかし、このころ信長の任官をめぐる動きがあったようである。興福寺大乗院門跡尋憲の日記同年三月二十四日条には、奈良見物にきた京都の者の噂として、信長が「近衛殿」になり、子の信雄は「将軍」となる、これらはすべて摂家の二条晴良殿に申し入れて、このようになったとのことである、京都では二条殿の覚えが良く、「関白」も信長に渡されるとのことだ、というのである。また同じころ、上洛した信長は、相国寺を城郭化し、自らは「太政大臣」になり、禁裏を守護するとの噂もながれていた。

蘭奢待の切り取り

天正二年（一五七四）、叛旗を翻した松永久秀の降伏の願いを入れた信長は、三月十七日上洛し、相国寺を京都での宿とする。その直後に朝廷に蘭奢待の拝見とその切り取りを申し入れた。信長のこの申し出を聞いた正親町天皇は、それを不快に思い、「聖武天皇の憤り、天道恐ろしき事にて候」と反発するが、結局は、信長の申し入れを呑まざるをえなかった。

この要請を二十三日に受けた東大寺では、山内の集会を催して評議し、困惑したものの、信長は朝廷に多大な貢献をし、室町将軍に準ずるものとし、その拝見を許すが、開封にあたっては先規を守ることを求めた。

ついで天皇は、勅封を解くために必要な東大寺別当を急遽補任し、さらに、信長に宛て、次のような消息を出した。

蘭奢待の香、久しく秘せられ候、此度勅封をひらかれ候て、聖代の余薫をおこされ候、この一炷にて、老懐をのへらるへく候、やかて上洛候て、朝儀を再興かん(肝要)用にて候、猶勧修寺大納言(晴右)申候、かしく、

蘭奢待は久しく秘せられてきたものであるが、この度、勅封を開き、聖代の余薫を思い起

こし、この香を焚くことで老懐（老人の心、年寄の考え）を述べてほしい、そしてすぐにも上洛して、朝儀を再興することが肝要である、と結んだ。正親町天皇にとっては、意に反して蘭奢待の拝見と切り取りとを認めたものの、であれば朝儀の復興にそれを繋げることを望んだのであろう。

二十七日、信長は松永久秀の城多聞山城（たもんやまじょう）に入り、翌二十八日、東大寺から運ばれた蘭奢待を「御成の間舞台」において拝見し、その上で一寸八分を切り取らせた。その後、東大寺・

正親町天皇女房奉書案「蘭奢待の香」　天正２年、蘭奢待の切り取りを申し出た信長に宛てた消息。東山御文庫 御物

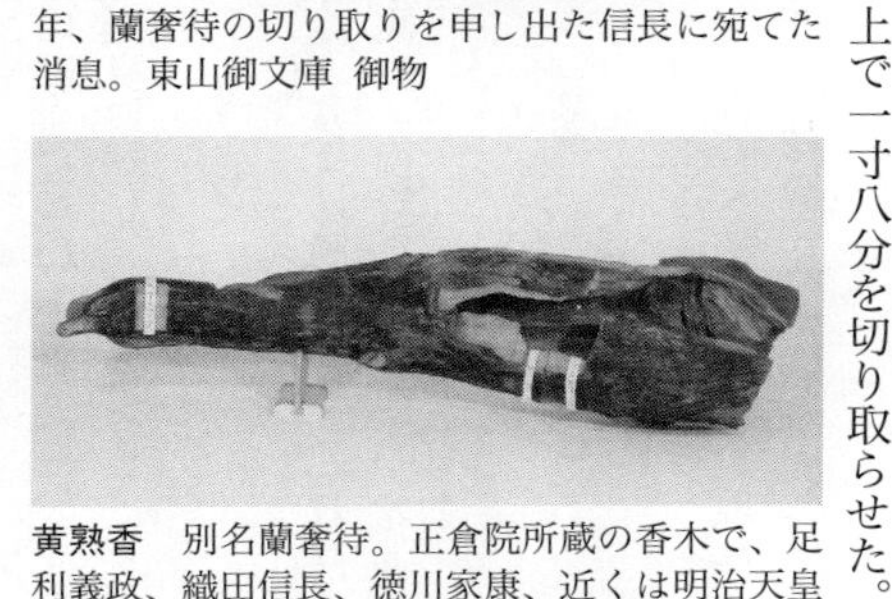

黄熟香　別名蘭奢待。正倉院所蔵の香木で、足利義政、織田信長、徳川家康、近くは明治天皇が切り取っている。写真では、右から２番目の切り口に信長の名を記した付箋が付いている。長さ約156cm。正倉院宝物

八幡宮・大仏・春日社に参詣し、四月一日にはふたたび上洛した。

上洛した信長は、蘭奢待の一片を正親町天皇に献じ、天皇はさらにその破片を前関白九条（くじょう）稙通（たねみち）にも分け与えた。その時の消息に、

蘭奢待の香、ちかき程は秘せられ候、今度ふりよ（不慮）に勅封をひらかれ候て、聖代の余薫をおこされ候、この一炷にて老懐をのへられ候ハヽ祝着たるべく候、此（この）よしなを勧修寺大納言（晴右）申候べく候、あなかしく、

（正親町天皇）（花押）

入道どのへ
九条殿（稙通）

とある。「今度ふりよ」と述べたところに、正親町天皇の無念さが現れるが、そうなった以上は聖武天皇の時代の薫をしのんでもらえば祝着だとした。

3　天皇と戦国大名

後奈良天皇経供養

天正元年（一五七三）九月五日、清涼殿（せいりょうでん）で弘治（こうじ）三年（一五五七）九月五日に死去した後奈良（ごなら）天皇の十七回忌の法会（ほうえ）が営まれた。上乗院道順（どうじゅん）を導師とし、大納言三条西実澄（さんじょうにしさねずみ）・大納言四（よつ）

辻季遠・中納言勧修寺晴右・中納言庭田重保・参議勧修寺晴豊の五人の公卿が着座、散華の役を殿上人である中将三条西公明ら四人が務めた。

ところでこの法会の費用だが、『御湯殿上日記』天正元年八月二十四日条に「けふ(今日)らい(来)月五日の御ように、のふなか(信長)しん(進)上の金一まい(枚)と、大さか(坂)よりのと、なかはし(長橋)へいたさるゝ」とあることから、この法会の費用は信長が進上した金一枚(一〇両)と「大さか」すなわち大坂石山本願寺顕如光佐から進上されたものとで賄われたことが窺える。ここでは、信長だけでなく時に信長と敵対する勢力からのこうした費用の進上を正親町天皇が受け入れていた点に注目しておきたい。

綸旨による領地回復

信長の時代にも綸旨を出すことを通して領地回復が試みられている。天正二年(一五七四)二月、正親町天皇は、稲荷社領加賀国針道庄の年貢を沙汰するよう申し付けることを神祇伯(神祇官の長官)白川雅朝に命じた。その時に出された正親町天皇の綸旨は次のようなものである。

稲荷社領加州石川郡針道庄の事、近年無沙汰の由、然るべからずの処、前々のごとく社納専らにいたすべくの由、神妙に思し食さるところ也、いよいよ堅く申し付けらるべきの由天気候ところ也、よつて執達件のごとし、

天正二年二月五日　左中将親綱（中山）

謹上　伯少将殿（白川雅朝）

この綸旨が出された当時、加賀国を支配していたのは本願寺であり、この綸旨は、稲荷社と朝廷との間にあった神祇伯白川雅朝から本願寺に伝えられたものである。

また、年は確定できないが、元亀四年（一五七三）から天正三年までのものと推定される正親町天皇の綸旨が『小早川家文書』に残されている。

稲荷社領備後国杭庄の事、度々綸旨をなさるといえども、今に遅滞、はなはだ然るべからず候、急度社納候様、小早川左衛門佐（隆景）に対し下知を加えらるべきの由、仰せ下され候也、よって執達件のごとし、

六月廿四日　左中将親綱（中山）

謹上　伯少将殿（白川雅朝）

内容は、稲荷社領の備後国杭庄について度々綸旨が出されているにもかかわらず、今に遅滞していることははなはだ良くない、きっと社納するよう小早川隆景に下知を加えるようにと、天皇から仰せがあったので伝える、というものであるが、ここでも実質は備後国をこの時点で支配下においていた小早川隆景に命じたものである。

このようにこの時期の正親町天皇は、信長を介することなく信長以外の戦国大名にたいしても、こうした領地回復の綸旨を出している。ただ、これが実現したかは別の問題である。

この時期の禁裏御料

ここでは、織田信長にかかわるものは丹波国山国庄(たんばのくにやまぐにのしょう)のみを取り上げ、多くはないが他国の御料所について述べることにする。

信長の分国内には何ヵ所かの禁裏御料があったが、機能していたものはほとんどない。そのなかにあって、義昭入京前には押領されていた禁裏御料丹波国山国庄は、その回復が永禄十二年（一五六九）、正親町天皇から信長に要請され、信長の朱印をもって回復が命じられ、貢納が細々となされたが、所領として本格的に回復したのは、天正七年（一五七九）の明智光秀(あけちみつひで)による丹波平定後のことであった。

信長の勢力圏以外での御料所で、十全に機能していたところはほとんど見られないが、断続的でも実際に貢納されていたいくつかの御料所をあげておこう。

備前国鳥取庄(びぜん)は、公家の勧修寺家が年貢徴収にあたっていた。元亀三年（一五七二）には白銀二枚、天正六年には天正三年四年分六〇〇〇疋、天正八年には白銀一〇枚、翌天正九年にも白銀一〇枚が献じられるが、正親町天皇は女房奉書を出して増額をもとめた。その結果、天正十年正月には白銀一〇枚が進献された。

出雲国横田庄(いずも)は、元亀三年に一万疋を貢納、天正元年十月には一万疋のうち三〇〇〇疋が貢納されたことがわかり、さらに天正六年には天正五年分一万疋を貢納している。また正親町天皇は、天正七年、横田庄の代官をそれまで務めていた公家の庭田重保から同じ公家の菊亭晴季に改めるが、晴季は在地の代官三沢為景に天正六年七年分を貢納するよう命じ、また天正九年には毛利輝元に対し三沢氏を説得するよう求めており、天正六年以降の貢納はあまり芳しくなかったようである。

この当時日本最大の銀山であった石見銀山は、永禄六年にその半分が禁裏御料となった。この銀山からは元亀二年に白銀八〇枚が、元亀四年、天正二年、三年にも白銀一〇〇枚ずつが毛利元就より進献されている。その後の貢納を年ごとに知ることはできないが、慶長期になっても白銀の進献が続いており、恐らく天正三年以後も進献は続いたものと思われる。

以上の例示によってこの時期の禁裏の財政の実態を明らかにしえた訳ではないが、当時の禁裏財政が天下人信長ただ一人に頼っていたわけではないことが確認できる。

4　信長の朝廷への攻勢

公家・門跡への徳政

天正三年（一五七五）三月、信長は、公家・門跡を対象に、借物棄破、旧領・寄進地・沽却地・不知行地の回復を内容とする「徳政令」を出した。この時の徳政は、信長に命じられた所司代村井貞勝と丹羽長秀が担当し、その関与のもとで進められた。この徳政令が出された背景は、『信長公記』（信長に仕えた太田牛一が著した信長の伝記）に、禁裏の修理は成就したものの「公家方御怠転に及ばるゝの間、方々沽却の地」「徳政として公家衆の本領還附せらる」とあるように、困窮した公家救済を目的としたものであった。

徳政の対象となったもののうち借物棄破については、公家達はすぐさまそれぞれの借用証文などの取り返しを始め、かなりの程度実現したようであり、また、従わない貸主については村井貞勝等に訴えた。一方、村井側では、公家達に「棄破文書目録」を作成・提出させ、徳政の全貌を把握するとともに、抵抗する貸主に対しては呼び出しその実現を図った。さらに旧領・寄進地・沽却地・不知行地についても、村井貞勝・丹羽長秀あるいはその家臣からこの段階で土地を所持しているものに「文書」すなわち証文の返還を求め、また村井・丹羽がその返還をめぐる係争を扱うなど、この徳政が実効あるものとなるようさまざまに介入した。

しかし、この徳政を詳細に分析した下村信博氏は、借物棄破すなわち債務破棄については相当の実効があったものの、所領回復の面では被適用者の抵抗にあって、新寄進や扶持として適用免除を余儀なくされ、旧来の得分の一部を回復するにとどまったとする。いいかえればこの徳政令発布だけでは信長の意図は十全には果たせなかったのである。

禁裏「五人の奉行」

天正三年（一五七五）六月、天台・真言両宗のあいだで絹衣着用をめぐる争論がおき、それに対し正親町天皇は、「寛宥面之綸旨」を出した。その内容は、先に出された真言宗徒の絹衣着用を認める「綸旨」は「謀書」であり、今後は真言宗徒の絹衣着用を禁ずる「天文廿四年叡言之旨」に任せるとするものであった。正親町天皇は、この「謀書」とされた「綸旨」の作成に関わった従一位柳原資定を勅勘とする。この一件での朝廷の混乱をみた信長は、禁裏に「五人の奉行」を定めた。その五人とは三条西実枝・中山孝親・勧修寺晴右・庭田重保・甘露寺経元である。

信長が五人の奉行を定めた直接の契機はこの天台・真言の絹衣争論であったが、奉行の一人となった三条西実枝が東寺僧に宛てた書状のなかで「禁裏の御儀共、如何辺の取沙汰、余りに以て正体なきの由、信長申され候て、五人の奉行相定め候、一切諸事の儀直奏候」と述べている。すなわち、五人の奉行が信長によって定められる以前、朝廷での諸事の取り扱いはどこで処理されているのかが明確ではなく「正体」なき状況であると、信長が言い、五人の奉行を定めたことで、一切の事柄が五人の奉行から信長へ直奏されることになったというのである。

また、この五人の奉行が定められたあとは、五人の奉行のもとに相次いで訴訟が持ち込まれ、五人の奉行がその処理に悪戦苦闘していた様子も三条西実枝の書状からは窺える。

さらに『兼見卿記』(吉田兼見の日記)天正四年七月六日条に、「勧修寺(晴右)・中山(孝親)・甘露寺(経元)・庭田(重保)、此四人、禁中の義諸事談合を加え、その上を以て左大将殿(右、信長)へ御意を得べき旨、左大将殿より相定られ云々」とみえるように、「禁中の義」はこの四人(この時には三条西実枝が抜ける）が談合のうえ信長に上申することが求められている。

このように「五人の奉行」設置は、信長が当初から朝廷支配を意図してなされたものではなく、天台・真言の絹衣争論への介入を契機としたものであったが、それはともかく信長が朝廷組織とその運営にこの「五人の奉行」設置を通じて大きく介入し始めたのは確かである。

なお、この五人体制は、三条西実枝が抜け、勧修寺晴右から子の勧修寺晴豊、中山孝親から子の中山親綱に代わるなど変遷があり、また一時的に停止されたこともあったが、信長政権期末まで機能し、所司代村井貞勝を介し、朝廷と信長のあいだを取り結んだ。

信長、大納言・右大将に任官

天正三年（一五七五）七月三日、正親町天皇は、信長に官位を与えることを伝えるが、信長はそれを受けず、松井友閑を宮内卿法印、武井夕庵を二位法印、明智光秀を惟任日向守、簗田左衛門太郎を別喜右近、塙直政を原田備中守、丹羽長秀の姓を惟住とするよう申し出た。正親町天皇はこれら信長からの申し出を許すが、信長を官位制のもとに取り込もうとした当初の正親町天皇の意図は、この申し出によって他に逸らされ、肩すかしを食ったかっこうになった。

しかし、同年十一月四日、信長は、大納言に任じられ、ついで七日には右近衛大将を兼ね、嫡男信忠は秋田城介に任じられた。正親町天皇としては、信長を朝廷の官位制のもとにともかく取り込むことに成功したのである。

この任官に先立ち、信長は、「信長より陣之座を立てらる也」と『兼見卿記』にみえるように、禁裏に新しく陣座を建てた。天正三年十月二十八日に陣座造営始めがあり、また『信長公記』によればこの年の十月初めには木村次郎左衛門が奉行とされ造営が準備されていたようである。『兼見卿記』に「本式に申し付けらる」とあるように、信長は、自らの任官のために陣儀を行う場である陣座を建て、消息宣下ではなく、正式の小除目を行いそれによって宣下を受けることを望んだのである。

叙位任官は、陣座において陣儀が持たれ、その儀に従って決せられたが、それも形式的となり、その場には会を主催する上卿一人しかおらず、文書を作成する弁官や外記がその後の形式を調えた。こうした形骸化した陣儀は、応仁の乱以降には開かれることがなくなり、消息宣下という方式となっていった。これは、位階官職を推挙するものが、天皇の側近くに仕える女官を介して申請し、それを天皇が勅許し、それを職事のもとに届け、職事が上卿・外記らに伝えて口宣案を作成し、それを推挙したものが受け取り、推挙者から当事者に渡されるものであった。

十月三十日には勧修寺晴右の屋敷に数名の公家が集まり「信長昇進之事」が談合され、信長は十一月四日大納言、七日には右大将、伊勢の名門北畠氏の家督となっていた北畠信雄は左近衛権右中将に任官した。

その後、正親町天皇は、天正四年十一月二十一日に信長を内大臣に昇進させた。それに対し信長は翌々日「禁裏御礼」のために飛鳥井中将のもとを訪れ、銀一〇〇枚を進上した。

さらに翌天正五年十一月二十日に正親町天皇は信長を右大臣に昇進させ、信長の朝廷官位制への取り込みを急速に進めた。

天正六年正月、信長が申沙汰し、永禄二年（一五五九）以来退転していた元日の小朝拝（こちょうはい）と節会（せちえ）が再興される。これは、信長が右大臣に任官したことにともなう節会であり、長く行われてこなかった朝廷儀礼の再興でもあった。三条西実枝が、権大納言から正官の大納言となったのもこの「任大臣節会」を執行するためであった。

禁裏・公家・門跡への新地

信長は、すでに永禄十二年（一五六九）四月三日に「公家中知行分」の調査を行い、また重ねて、翌年三月六日に朝山日乗（あさやまにちじょう）・明智光秀に命じ、公家衆の知行を注進させ、「分別」したうえで申し付けると触れた。これに応えて飛鳥井・柳原・三条西・中山・四辻・言継・万里小路・持明院・甘露寺・庭田・五辻・中院（なかのいん）・薄（すすき）等が知行を書き上げたが、この時には新たな知行配分など具体的対応はなかった。

信長が禁裏御料や公家・門跡領に新たな施策をなしたのは天正三年（一五七五）のことである。大納言・右大将に任官した信長は、この任官を印象づけるために、十一月、正親町天皇に一〇〇〇石、誠仁（さねひと）親王に五〇〇石を進献するとともに、同月六日、七日付で門跡・公家等へ新たな知行を「朱印状」をもって与え、信長がかれらの庇護者であること、そしてその領地を保障するのは信長であることを明確にした。右の表に示したように、公家・門跡への新地は、現在確認できるだけでもかなりの数にのぼる。

　この新地宛行の全貌はなお定かでないが、主要な門跡寺院とそれに準ずる寺院が含まれ、また近衛以下の五摂家だけでなく多くの公家の名がみえ、この新地宛行が、かなりの規模でなされたことは動かないであろう。そして、これが「新地」として宛行われたことは、これまでの「当知行」安堵の政策とは明確に一線を画するものであり、信長の存在を公家衆に改

年月日	対象	石高	場所
天正3.11.6	若王子	30	西院
	入江御所	30	西院
	曇華院	30	西院
	宝鏡寺	30	西院
	南御所	20	西院
	仁和寺	100	西院
	勧修寺門跡	30	西院
	大覚寺	97	御所内・嵯峨
	実相院	10	西院
	近衛前久	300	五箇庄他
	一条内基	100	西院
	花山院家輔	50	伏見郷津田分
	正親町実彦	80	小松谷・下岡崎
	壬生朝芳	20	東九条
	猪熊兼利	5	東九条
	九条兼孝	150	東九条
	勧修寺尹豊	30	西庄
	勧修寺晴右	150	西庄
	勧修寺晴豊	20	西庄
	山科言経	20	西梅津
天正3.11.7	藤波慶忠	10	松崎三淵分
	御霊殿代	50	深草
	青蓮院	100	粟田口・花園
	鷹司殿	10	八条
	西洞院時通	20	川勝寺
	勘解由小路在富	20	上鳥羽
	土御門有脩	10	上鳥羽
	立入宗継	15	富森
	内侍所刀自等	453	下三栖他
	院雑色等	30	深草
	高倉永孝	20	川勝寺
	妙法院	96	菅谷等
—	毘沙門堂	50	川勝寺
—	二条晴良・昭実	不明	—

天正３年11月の公家・門跡等への新地　単位：石。下村信博『戦国・織豊期の徳政』表１を参考に作成

めて認知させるものであった。ちなみにこの新地宛行は、その後の豊臣秀吉・江戸幕府にも基本的に受け継がれたものであり、中世とは異なる近世的な所領がここに成立したことも見落とせない。

安土築城

大納言・右大将任官直後、信長は、北関東の大名や有力武将に対し書状を相次いで送った。その内容は、甲斐武田氏の近年の動きを信長への「不儀」とし、それへの対処として五月、長篠の戦いで武田勢を打ち破ったが、武田勝頼一人を討ち漏らした、そこで武田氏の本拠である甲斐を攻め武田氏を退治するつもりである、その折に信長へ味方することは、「天下」のため「自他」のためにしかるべきことと思う、というものであった。そこには「天下」が政治のスローガンとして明確に打ち出されている。

こうした下ごしらえをした信長は、明くる天正四年（一五七六）正月、丹羽長秀を奉行として、近江安土に天下支配の拠点となる城、安土城の築城に着手した。城地として選ばれた安土は、この段階の信長領国のほぼ中央にあり、しかも東海道・中山道が近くを通り、美濃・尾張も京都も一日行程の地にあり、また琵琶湖の水運で若狭・越前さらには北国へと繋がる地にあった。

信長は、安土に当座の屋敷ができた二月二十三日、岐阜から安土に居を移すが、安土城の普請が本格化するのは、その後である。四月一日から、尾張・美濃・伊勢・三河・越前・若狭および畿内の諸侍が動員され、石垣の築造がはじまった。また天主築造のために京都・奈良・堺の大工や諸職人が徴発された。しかし、安土城の天主が完成し、信長がそこに入るのは三年後の天正七年のことである。

安土城の普請が本格化した四月、信長は、上洛時の宿所を寺院に求めることを改め、京都での恒常的な「御座所」の普請を始める。『信長公記』には「京都にも御座所仰付けらるべきの由」とみえ、さらに「二条殿御屋敷、幸空間地にてこれあり、泉水・大庭眺望面白く思し召させられ」とみえるが、実はこの時は関白二条晴良が現に住まう屋敷であったものを、大報恩寺に移し、その跡を信長の二条屋敷としたものである。場所は、押小路室町、北は二条、南は三条坊門、東は烏丸、西は室町に囲まれた南北二町東西一町の地であった。御所からおよそ南へ一・二キロほどの地である。

この屋敷に信長が正式に移るのは、翌天正五年の閏七月六日のことである。

興福寺別当職争論

天正四年（一五七六）、興福寺前別当大乗院門跡尋円と同寺権別当東北院門跡兼深とが、同寺の別当職を争った。東北院兼深は朝廷に働きかけるが、それに対抗して大乗院尋円は信長にその非を訴えた。

この争論に際し、信長が定めた「五人の奉行」の勧修寺晴右等は、兼深を別当にと天皇に奏上しようとしたが、信長は、尋円を再度別当とするよう奏上し、それを呑ませた。この一件の裁断は、「五人の奉行」（この時は四人）が安土に出向くなか京都ではなく安土の信長のもとでなされた点は、信長の優位を示すものといえよう。

さらにこの件を奉行として取り扱った「五人の奉行」庭田重保・甘露寺経元・勧修寺晴右・中山孝親を、信長は「是非不相届」として処罰し、その「知行」を取り上げ「家中」を払った（召し放つこと）。ここに前年信長によって定められた禁裏における「五人の奉行」制は、一時機能停止する。

ただ、その処分は、勧修寺晴右と庭田重保が同年十一月までの蟄居とされたが、八月六日に所司代村井貞勝が晴右の屋敷に出向き、四人の蟄居赦免が伝えられた。ここに「五人の奉行」制は復活したのである。

神泉苑の還付

天正四年（一五七六）十一月十三日、正親町天皇は、信長の奏請によって神泉苑が東寺に還付されたのを機に、東寺にいよいよ天下太平の祈禱をするよう命じた。

神泉苑は、平安京を造ったとき大内裏の東南に接して造られた禁苑で、法成就池という大池を伴っており、しばしば祈雨の法会が執行されていた。しかし、戦国期までに池は埋まり田畠と化していた。この神泉苑の再興にあたって出されたのが次にあげる正親町天皇の女房奉書である。

（朱印）（織田信長）

神せんゑん（神泉苑）の事、とし（年）月ほしきまゝに、うつもれ（埋）はて候（そうろう）ゆへ、てん（天）下もをたやか（穏）ならさるによりて、たゝいま右大将（信長）とのより、もとのことく東寺へ返しつけられ候、四し（四至）・はうし（膀示）・ついかき（築垣）まても、さしつ（指図）のことくさいこう（再興）候て、いよ〳〵天下の御いのり（祈）をいたすへき事、かんよう（肝要）にて候、このほとわたくし（私事）ことにしよむ（庶務）なとにかゝハり候事、ひふん（非分）のくせ（曲）事にて候へハ、かさねてのそせう（訴訟）あるましく候、さやうに候ハゝ、さうち（掃除）以下やくしや（役者）〳〵ありきたることく、寺家より申つけ候へきよし、仰せつたへられ候へく候、

このよし心得て申とて候、かしく、

三てう（三条西実枝）大納言とのへ

すなわち、神泉苑については、年月が経るままに埋もれてしまっており、天下も穏やかでない状況であるが、この度信長より、元のごとく東寺へ還付された、その上、神泉苑の四至（しし）・膀示（ぼうじ）・築垣（ついがき）までも再興された、いよいよ天下の祈禱をすることが肝要であり、以後の管理にも意を用いるよう、東寺に伝えるよう指示している。ところで、この女房奉書の袖には信長の朱印が捺されている。他の一般の女房奉書にはみられないものであるが、この女房奉書の内容を信長が承認していることを示すために捺されたものと思われる。

この神泉苑再興にも、信長が禁裏へさまざまなかたちで攻勢をかける姿をみることができよう。

安土行幸計画——その1

橋本政宣氏が明らかにされたように、天正四年（一五七六）の冬には、翌天正五年の安土行幸が予定されていた。山科言継（やましなときつぐ）の女（むすめ）で越前の松尾兵部少輔（ひょうぶのしょう）に嫁していた阿茶（あちゃ）から父言継に送られた天正四年冬の消息（手紙）は、この件に関して次のように記している。

ミやうねん（明年）ハ、あつち（安土）へ大りさま（内裏様）きやうかう（行幸）申され候ハんよし、あら〳〵めてたき（目出度）御事に候や、それさま（其様）御三人（山科言継・言経・薄以継）なから御ともめされ候ハんよし、御大きなる御事（儀）候や、さりなから殿（信長）よりくけしゆう（公家衆）へもなに（何）そまいらせられ候ハんとをしはかり（推量）まいらせ候、

ここでは、明年すなわち天正五年、天皇が安土へ行幸するとのことを聞き、それを目出度（めでた）きこととし、それにともなって山科言継・言経（ときつね）・薄以継（すすきゆきつぐ）の親子三人がともに供を命じられたことを聞き、大儀なことであるといい、しかしながら殿（信長）よりは公家衆に何か下されるだろうと推量していると述べている。山科言継父子の行幸供奉（ぐぶ）の情報は言継からもたらされたと考えてよく、この一件はかなり具体化していたと思われる。しかし、実際にはこの年の安土行幸は実現しなかった。

ところで、この安土行幸の主は、誰だったのだろうか。橋本氏が指摘するように、禁裏では、天正三年六月十日に譲位・即位の準備と思われる「礼服」の風干し、十二日には「即位

の道具・礼服」の風干し、さらに天正四年六月二十八日にも「礼服」の風干しが行われたことを『御湯殿上日記』は記録している。この礼服等の風干しは年中行事的なものではなく、即位にかかわるものであったことを勘案すると、禁裏でも譲位・即位に向けての準備が進められていたことになる。とすれば安土行幸の主は、正親町天皇ではなく、恐らく正親町天皇の譲位を受けて新たに即位が予定された誠仁親王であったのではなかろうか。

とすれば、信長は、正親町天皇ではなく誠仁親王の安土行幸を意図していたことになり、事が実現するにはまず正親町天皇の譲位が前提となる。

この時期の信長は、大納言・右大将任官を機に朝廷との関係を緊密にし、かつ朝廷でのまつりごとにも「五人の奉行」を設置し、さらに天皇の安土行幸を計画するなどして、朝廷に深く関わることを通じて、自らの政権の確立・安定を模索していた。

5　信長の戦いと天皇

浅井・朝倉攻め

改元に先立つ元亀四年（一五七三）七月二十六日、信長は、京都を発ち、大船で近江高島に出陣、志賀郡の田中・木戸城を攻略し、岐阜に帰る。そして天正へ改元後の八月四日、すぐさま浅井攻めのため軍を近江に進めた。これに対し、越前の朝倉義景（あさくらよしかげ）は、近江へと軍勢を出すが、浅井の小谷城への道を信長勢に遮断され、越前へと撤退する。そのあとを追って信長勢が越前に入り、信長は府中に本陣を据えた。

一方禁裏では、八月七日に誠仁親王・岡殿（大慈光院宮）・曼殊院覚恕等が、「世上患い」を祓わんために、千巻心経を読誦し、八日には正親町天皇が、曼殊院覚恕と上乗院道順らに命じて小御所で不動供（不動明王を本尊とした修法）の祈禱を執行させた。さらに二十日にも正親町天皇は「世上のわつらひ」のために諸寺諸社へ祈禱を命じた。

これらの祈禱が、信長の浅井・朝倉攻めにかかわるものであることを明確に示す史料はみあたらないが、元亀二年、信長と朝倉の和睦を両者のあいだに入って取りまとめた正親町天皇にとっては、信長の越前攻めは、天下動乱の再度の到来と捉えられたのかもしれない。

三度目の石山本願寺挙兵

天正二年（一五七四）四月二日、石山本願寺が三たび挙兵した。紀州に退去した足利義昭が、武田勝頼・上杉謙信・北条氏政の三和（三者の和睦）をはかり、本願寺への援助を求めたことに応じてである。本願寺が挙兵すると、近江の六角承禎、河内・摂津の諸将が呼応し、また越前には本願寺から坊官下間頼照が派遣された。

東に目を向けると、五月、武田勝頼が遠江に侵攻し、徳川家康の武将小笠原長忠の高天神城を包囲し、六月、それを落とした。信長は、援軍を送るも間に合わず、家康にとって大きな痛手となった。それだけでなく信長にとって勝頼は東の大きな脅威となった。

こうした分国周辺での劣勢のなか、七月十三日、信長は、伊勢長島の一揆を討つために出陣した。志摩の九鬼(くき)を始めとする水軍による水上封鎖を行い、「干殺し(ひごろし)(飢えさせて殺す)」の戦法で、九月二十九日長島一向一揆を殲滅(せんめつ)した。

この間の信長の軍事行動に正親町天皇が戦勝の祈禱などで関与した様子はみられない。

上洛する信長への勅使派遣

天正三年(一五七五)二月二十七日、岐阜を発った信長は、近江佐和山(さわやま)、永原(ながはら)を経て、三月三日上洛し、相国寺を宿所とした。上洛した信長のもとへ正親町天皇は、大納言勧修寺晴右を勅使として派遣する。それに対し信長は、「かたじけなきよし」を伝えた。

信長はしばらく在京したのち、四月六日に南方(河内・摂津)方面に出陣、八日には高屋、十二日には摂津住吉、十三日には天王寺、十四日には大坂へと進み、その後、堺近くまで行き、二十一日に帰洛する。この日、正親町天皇は、値一〇〇〇疋といわれる太刀「うりさね」を、勧修寺晴右・中納言庭田重保を使いとして信長に贈った。また誠仁親王も大納言飛鳥井雅教を使いとして硯と文台とを贈った。信長の動きを注視しながら、機を捉えて勅使を派遣するという気の遣いようである。

四月二十八日、信長は京を発ち岐阜へと戻る。そして五月十三日岐阜を発ち、二十一日に長篠で武田勝頼の軍勢と戦い勝利を収め、二十五日には岐阜へと戻った。

この長篠の戦いで勝利した信長は、六月二十六日に岐阜を発ち二十七日に上洛するが、この時にも正親町天皇は中納言甘露寺経元を信長のもとへ使いとして遣わしている。

越前一向一揆攻めに勅使派遣

天正三年（一五七五）八月、前年に長島の一向一揆を殲滅ついで長篠の戦いで武田軍を破ることで本拠の尾張・美濃の南方と東方を固めた信長は、「一揆持ち」となった越前の再占領に踏み出した。

長篠の戦い　織田・徳川連合軍と武田軍との決戦の場となった設楽原決戦場跡。新城市

八月十二日、信長は、息子の北畠信雄・神戸(かんべ)信孝(のぶたか)、そして柴田(しばた)勝家(かついえ)・丹羽長秀・滝川一益(たきがわかずます)ら直属のほぼ全軍を率いて出陣。先陣は、明智光秀と羽柴秀吉が務めた。十六日、信長は越前府中に入るが、その翌日の所司代村井貞勝への書状で「府中町にて千五百ほどくび(首)をきり、その外、近辺にて都合二千余きり候、……府中町は死がい(骸)ばかりにて、一円あき所なく候、見せたく候」と申し送った。伊勢長島同様の殲滅作戦である。その後もこの「首切り」を伴う掃討作戦は続けられ、信長は九月下旬まで越前に滞在した。

その最中の八月十七日、勅使大納言勧修寺晴右と左衛(さえ)門督(もんのかみ)吉田兼見(よしだかねみ)が、越前北庄(きたのしょう)の信長の陣を訪れる。この勅使派遣は八月十四日に決定、十五日未明京都を発ち、越前敦賀・府中を経由して十七日午の刻に北庄に着き、信長に会った。

勅使勧修寺晴右に天皇への披露を求めた九月十八日付の信長の黒印状には、越前在陣中の信長に対して勅使が立てられ、正親町天皇からは勅作の薫物（たきもの）、誠仁親王からは唐墨（からすみ）が贈られたこと、さらに信長の方から越前攻めの様子を言上しようとも思ったが、「一揆之類」であるので如何かと思い遠慮していたところ、仰せ下さったことは「冥加之次第（みょうがのしだい）」であること、これらのことを正親町天皇に奏上いただければ大慶であると記されており、この勅使派遣が正親町天皇の側から積極的になされたことが分かる。

本願寺より和睦を申し入れる

越前から岐阜に凱旋し、天正三年（一五七五）十月十三日に上洛した信長は、各地から相次いで上洛してきた武将たちから礼を受ける。

それに先立つ九月、天正二年四月以来、信長に叛旗を翻していた本願寺顕如（けんにょ）は、越前の一向一揆が鎮圧されると、三好康長（みよしやすなが）と松井友閑をたよって信長に和議を申し入れた。

信長と大坂石山本願寺との「一和」のために、十二月十日、勧修寺晴右・庭田重保・甘露寺経元・中山孝親の四人が大坂の松井友閑のもとへ下る。そして翌朝大坂に行くが、友閑が平野（ひらの）にいるとのことで平野へと向かう。しかし友閑はすでに上洛したとのことで、勧修寺晴右等は帰洛し、十三日にようやく友閑に会い、「一和」について談合した。この一件は、誠仁親王の命でなされたものであり、両者の和睦に朝廷が明確に関与した最初である。

石山本願寺攻めに際しての勅使派遣と出陣祈禱

翌天正四年（一五七六）、足利義昭の反信長工作のなか本願寺顕如は、四月、四たび挙兵した。以降天正八年の石山開城まで続く信長と本願寺の戦いの始まりである。五月三日、信長の出陣を前にして合戦は始まり、信長の有力武将である原田直政が討ち死にした。四月二十九日に上洛した信長は、五月五日、自ら石山本願寺を攻めるために「南方」へ出陣。七日には住吉口から天王寺へ攻め込み本願寺勢と戦い、八日には大坂西木津口で一揆勢と戦った。

こうしたなか、所司代村井貞勝が十日上洛する。上洛した村井貞勝のもとに吉田兼見とともに勧修寺晴右・甘露寺経元・中山親綱・下冷泉為純が出向き、そこで「南方表」の様子が話された。その席で村井貞勝から禁裏よりの御使いは「早々然るべし」との発言があり、それに勧修寺晴右が応えて明日「御使」が遣わされると応じた。この対応からすれば、信長のもとへの勅使派遣は、この段階ですでに決まっていた。ただその時期については決めかねており、この村井との面談で、それも信長側からの要請で、最終的に定まったのである。十一日、勅使として中納言甘露寺経元・勧修寺晴右が信長の陣へ派遣された。

これに先立ち、正親町天皇は、信長出陣の二日後の七日「大将（信長）しゆつちん（出陣）のきたう（祈禱）に、五しやうらく（常楽）」を自ら執行する。

さらに勅使派遣の翌十二日から七日の間、禁裏清涼殿にて阿闍梨御室新門主を導師に

「右大将（織田信長）出陣御祈禱」として不動明王護摩の修法が行われた。この修法にあたって、日々、儀式における照明の役である脂燭に殿上人が数名動員されている。

さらに重ねて、正親町天皇は、信長の戦勝の祈禱を吉田兼見に命じた。この命を受けた吉田兼見は、五月二十八日朝、「御祓」を禁裏に進上した。すると正親町天皇から、それを信長の陣所まで届けるよう命じられた。そこで兼見は所司代村井貞勝のもとへ行き、相談したところ、村井貞勝の返事は「然るべし」ということだった。そこで兼見は使者を立て「御祓」を信長の陣所に届けた。それに信長は「御祝着」と返答した。

このように正親町天皇は、明らかに信長の戦勝を願っての勅使派遣・祈禱執行をしているが、この行為は勅願所である本願寺を敵とみたてたものであり、信長が勅願所である本願寺を攻めることの正当性を手にしたことを意味したが、本願寺にとっては迷惑、いやそれ以上の圧力となったであろう。しかし、これだけでは本願寺を動かすことはできなかった。

内侍所での祈禱

天正五年（一五七七）二月八日ころ上洛した信長は、二条妙覚寺に寄宿する。そして十三日に本願寺攻めの一環として河内から和泉に軍を進め、本願寺方についた鈴木孫一を攻め、二十五日に帰洛する。

この信長出陣の直後、正親町天皇は、信長のための祈禱として、三月十九日、禁裏内侍所で中臣の祓えを神前で千度読み上げ身の汚れを清める「御千と（度）」を行った。天皇が信長へ一層傾斜していく様子をここから読み取ることができる。

信長に対してではないが、同年十月十二日、信長方から離反した松永久秀を討って上洛した織田信忠を、正親町天皇は綸旨を出しその「御褒美」として三位中将に昇進させた。これも信長への気遣いからなされたことであろう。

天正六年の信長・石山本願寺の講和

天正六年（一五七八）十月、信長方であった摂津有岡城主の荒木村重が本願寺に味方し、信長に叛旗を翻した。それに茨木城主の中川清秀、高槻城主の高山右近等も敵方となった。これは信長方にとっては予測もしなかった出来事であった。荒木・中川・高山の反抗は京都・安土と西国との間が遮断されるだけでなく、義昭上洛の道を開く事態を招きかねないものであった。信長は、すぐさま周辺に展開していた織田方の軍勢をもって荒木・中川を攻め立てたが、容易に落ちなかった。こうした状況を打開するため、信長は、大坂方・毛利方に対し、正親町天皇を利用し、その綸旨をもって講和を図ろうとした。

十一月四日、所司代村井貞勝を通して大納言庭田重保と中納言勧修寺晴豊に、これ以前から申し入れていた「大坂あつかい事」について信長の意向が示され、その日のうちに庭田と勧修寺が大坂へ行き、ついで平野に逗留しながら、大坂方との和睦交渉にあたった。本願寺からは十日に、安芸の毛利氏に綸旨をもって申し入れることを含む和睦の条件が示され、十五日摂津郡山に居陣していた信長にそれが報告され、和睦がほぼ固まった。翌十六日、勧修寺晴豊は、帰洛、すぐさま安芸への勅使の準備にかかった。

輝元に宛てられた綸旨には、信長と輝元の間での「相剋」は「都鄙錯乱の基」であり、はなはだ宜しくないので、両者に和談を命じる、よくよく思慮するならば「忠功」である、本願寺にも同様に伝えた、とある。すなわち朝廷が単なる仲介としてではなく「和談」を命じており、朝廷のスタンスの取り方が注目される。

しかし、こうして朝廷が「和談」成立に向けてヘゲモニーを持つかにみえても、それが効力を持つかは、別の問題である。この時の綸旨は、十一月六日、大坂湾の制海権を奪還すべく六〇〇艘の軍船で九鬼嘉隆率いる信長方の水軍に挑んだ毛利水軍が大敗し、さらに荒木村重方にあった中川清秀が信長に帰参したことで、信長は正親町天皇の扱いによる本願寺との和睦交渉を土壇場になって破棄した。結果、二十六日に予定されていた安芸の毛利氏への勅使派遣は見送られた。

正親町天皇に対して、信長は、安芸毛利氏への勅使派遣を、寒天の時分であり、路次の難もあるので延引したいと、申し入れた。いうまでもなく、それが本来の理由ではない。天皇の綸旨や勅使派遣であっても、信長の都合でどうにでもされ、天皇の権限や位置はその場限りのもので、はなはだ脆弱なものであった。

信長・石山本願寺の講和斡旋の再開

天正六年（一五七八）末から七年なかばにかけて、荒木村重は有岡城にあって頑強に抵抗をつづけた。この間、信長の方は、これへの対応に終始した。こうした状況のなか、朝廷を介した本願寺との講和工作がふたたび開始された。そして天正七年十二月末に正親町天皇の意向が女房奉書で示された。

　十二月十五日、大納言庭田重保と中納言勧修寺晴豊が勅使として石山本願寺へ下向、翌年正月二日、庭田・勧修寺は本願寺の返事をもって帰洛する。そして同十八日、勧修寺晴豊が「あさか（大坂）と前右（信長）ふとのくわほく（和睦）の事」で勅使として安土へと下り、和睦に向かって調整が進められた。

　三月一日には正親町天皇の「叡慮（えいりょ）」が、勅使庭田重保・勧修寺晴豊の二人に前左大臣近衛（このえ）前久（さきひさ）が添えられ、石山本願寺に示された。そして同月十七日、信長は、和睦、信長側からすれば「赦免」にあたっての条件を朱印状をもって示した。その朱印状は、つぎのようなものである。

覚

一惣赦免の事、

一天王寺北城、先ず近衛殿（前久）人数入替え、大坂退城の刻、太子塚をも引き取り、今度使衆を入れ置くべき事、

一人質、気仕のため遣わすべき事、

一往還の車馬、先々のごとき事、

一賀州二郡、大坂退城以後、如在なきにおいては返付すべき事、
一月切は、七月盆前に究むべき事、
一花熊・尼崎、大坂退城の刻渡すべき事、
　三月十七日　（織田信長）（朱印）

第一条ですべてのものを赦免すること、第二条で天王寺北城は近衛前久殿の軍勢に渡し、大坂退城の時には太子塚を引き取り、今度の使衆をそこに入れ置くこと、第三条で「気仕」のため人質を遣わすこと、第四条で往還車馬をこれまで通り保証すること、第五条で加賀の二郡を大坂退城以後、如在なければ返付すること、第六条で退城の時期を七月盆前とすること、第七条で摂津花隈・尼崎の城を大坂退城時に本願寺側に渡すことが、条件として示された。そしてこの朱印状の後に貼り継がれた信長血判起請文には「今度本願寺赦免事、叡慮として仰せ出さ」れたので、本願寺が異議なければ、「条数」の通りいささかも違背しないとの旨が記され、その宛所は、勅使の二人であった。この起請文もあげておこう。

敬白　起請
右意趣は、今度本願寺赦免事、叡慮として仰せ出さるるの条、彼方異議なきにおいては、
条数の通、聊か以て相違あるべからず、もし此旨を偽り申さば、
梵天・帝釈・四大天王、惣日本国中大小神祇、八幡大菩薩・春日大明神・天満自在天神・

愛宕（あたご）・白山権現（はくさんごんげん）、殊（こと）に氏神の御罰を蒙（こうむ）るべく候也、奏進あるべく候、謹言、

三月十七日　　信長（花押・血判）

庭田（重保）大納言殿

勧修寺（晴豊）中納言殿

次にあげる誠仁親王の本願寺顕如に宛てた消息は、この時に出されたものと思われる。

今度は和談の事、別儀なくと〻のおり、前右府（信長）馳走のよし、いよいよ仏法繁昌の基と珍重に候、つきては、とても事に、大坂退城候ハ〻、万端然（ばんたんしか）るべく候ハんよし、内々叡慮よりも仰せられ候、猶（なお）くハしき事ハ、源（庭田重保）大納言・勧修寺（晴豊）中納言両人可申候也、かしく、

（礼紙切封ウハ書）
「（墨引）本願寺僧正御坊へ　　（誠仁親王）（花押）」

「今度は和談の事」とあるように、朝廷の立場は信長と本願寺との和談であること、和談にあたっては信長から示されたとおりの条件であり、「仏法繁昌の基」であるとし、大坂退城が実現すれば「万端然るべく候ハんよし」「内々叡慮」でもあるとする。

石山退城の論理

三木(みき)落城と毛利方の援助を期待できなくなったなか、顕如は決断を迫られ、天正八年（一五八〇）閏三月五日、顕如の年寄名で五ヵ条の血判起請文を勅使の庭田重保・勧修寺晴豊に呈し、退去時の人質の扱い、大坂盆前の退城、支城の明け渡し等を、ことごとく天皇の命として受け入れた。そして顕如自身も、信長から示された七ヵ条と本願寺側から示した五ヵ条をともに相違なきものとするので、そのことを天皇に奏達するよう二人の勅使に依頼した。

起請文覚書

敬白

一今度叡慮(えいりよ)として仰(おお)せ出(いだ)され、御赦免(ごしやめん)のうえは、条数をもって申し合わせ、首尾万事聊(いささ)か表裏・抜公事致すべからざる事、

一給い置く御人質大坂置き申し、中国 幷(ならびにさいか)雑賀その外何方(いずかた)へも遣(つかわ)しまじく候、ただし退城の刻、気遣なきところまで同道申し、則返し申すべき事、

一雑賀の者共、御門跡次第に覚悟いたすべきの由、誓紙申し付くべき事、 付(つけたり)、大坂・雑賀の人質、中国その外何(いずく)へも遣すべからざる事、

一退城の約月、七月盆前の事、

一大坂退城の刻、花熊・尼崎その外何の出城も明け渡し申すべき事、

右意趣は、今度禁裏様より仰せ出さるにつきて、当寺御赦免のうえは、右五箇条の通(とおり)、

相違あるべからざるの誓詞、門跡申し付けられ候間、条数而聊か表裏抜公事別心仕るべからず候、

下間少進法橋仲之血判
下間按察法橋頼竜血判
下間刑部法眼頼廉血判

天正八年閏三月五日

庭田殿（重保）
勧修寺殿（晴豊）

起請文には大坂退城にあたっての条件があげられているが、最後に「今度禁裏様より仰せ出さるにつきて、当寺御赦免のうえは」とあるように、本願寺側の立場は、天皇の命に従ったまでで、信長に屈服したのではないというものであった。しかし、その実態は、信長による「惣赦免」であり、石山退城が象徴するように本願寺は信長に屈服したのである。顕如が石山から退城し紀伊雑賀の中心鷺森御坊に移ったのは四月九日のことである。

　しかし、新門主となった顕如の子教如は、石山を退城せず、信長に抗し続ける。顕如も教如に対し勅に違うと責めるが、教如がそれを聞き入れなかったため、顕如は、教如との父子の関係を絶ち、准如光昭を立て嗣子とした。これが後の東西本願寺分立の原因となる。こうした事態に対し、信長は、本願寺との交渉に当たっていた佐久間信盛と松井友閑に、交渉の促進を命じ、その朱印状の末文で「信長時節歟、若坊主果候歟、両条儀不可超之候

也」すなわち、これがまとまらないときは、信長が死ぬか、若坊主教如が死ぬか、この二つに一つしかないと、これが最後通牒であることを臭わせた。

正親町天皇は、こうした事態を解決するため、本願寺顕如に信長に対して祝意を表す使者を送るよう求めた。それに従い、七月二日、顕如は信長に使者を送り、太刀一腰と銀子一〇〇〇両を贈った。それに応え、信長は黄金三〇〇両を顕如に贈り、祝意を表した。

こうしたなか朝廷側の使者庭田重保と勧修寺晴豊、そして近衛前久の仲介によって、教如は態度を軟化させ、七月十七日、信長は、人質や退城の期日を記した五ヵ条をあげ、教如光寿赦免を約した血判起請文を教如に宛てて出した。これを受けて教如は、二十三日に退城を決し、信長へ人質を渡した。この報は、七月二十七日、大坂で交渉の一端を担っていた庭田重保と勧修寺晴豊から在京中の信長のもとに届いた。そして八月二日、教如は、近衛前久等に城を渡し、紀州へと去った。

武田攻め出陣祈禱

天正十年（一五八二）三月五日、信長は、甲斐武田攻めのために安土を発った。この信長の出陣にあたって、正親町天皇は、前日の四日、石清水八幡宮に対して、次のような綸旨を発した。

前右府(信長)出陣之儀について御祈事、一社一同丹誠を抽きんずべきの旨、下知せらる由、天気

候ところ也、よつて執達件(くだん)のごとし、
　三月四日　　　　左少弁(中御門宣光)（花押）
　　田中清安(秀清)殿

田中清安は、石清水八幡宮の神主であるが、この綸旨は、信長の信濃・甲斐出陣にあたって、一社をあげての祈禱、当然のことながら戦勝の祈禱を命じたものである。

この石清水八幡宮に宛てられたものと同様の綸旨が、興福寺にも出され、一山あげての一(いち)七日(しちにち)の祈禱がなされている。

また、五日には禁裏での「信長陣立」の祈禱のための「八幡御法楽」百首を同月九日に執行することが公家達に命じられ、公家達からは九日に歌が進上された。さらに十一日には下(しも)御所(ごしょ)でも「信長陣きたう(祈禱)」のための「千返御楽」が執行された。

また、信長の陣への勅使が派遣された。出陣に先立つ二月二十八日、大納言勧修寺晴豊が「しなの(信濃)」への「御見廻」としての勅使派遣を相談するために所司代村井貞勝のもとへ出向いた。この時の村井は「時分はからい申」と返事し、派遣の日時はこのときには定まらなかった。

三月十一日には信長が甲斐に入るとの注進が村井を通じてもたらされ、十四日ふたたび勧修寺晴豊が使いとして村井の所へ行き、中納言高倉永相(たかくらながすけ)を信長の陣へ十八、九日ころ派遣したいが、如何かと尋ねたところ、村井は派遣は早々がよいが、高倉永相は年を取りすぎてい

るので如何かと難色を示した。

禁裏では、村井の意向を受けて、五二歳であった高倉永相に代え弱冠二一歳の万里小路充房を信長の陣への勅使とし、万里小路充房は二十二日に京を出発した。

四月二十一日、安土へ凱旋した信長のもとへ、勅使として大納言庭田重保・大納言甘露寺経元、勧修寺晴豊等が派遣され、二十三日、戦勝の祝儀として正親町天皇からかけ香三〇、誠仁親王より薫物一〇が贈られた。

信長が京都を掌握して以来、正親町天皇は、信長の軍事行動に対し、一貫してそれを支持する態度をとった。さらに、その態度は、越前一向一揆、本願寺との講和交渉と段階を経て、強いものとなっていき、信濃・甲斐出陣にあたっては、さまざまに朝廷をあげての戦勝祈禱を執行した。こうした展開は裏をかえせば、正親町天皇の信長への依存が時を追うごとに強くなっていったことを示すものといえる。

6　禁裏・天皇と距離を置く信長

信長の辞官

天正四年十一月に正三位内大臣、翌天正五年十一月二十日に従二位右大臣、翌天正六年正月に正二位と急速に官位を上昇させていた信長は、天正六年（一五七八）四月九日、突然、右大臣・右大将の官を辞した。その時、信長が正親町天皇に奏上することを求めた奏達状には、次のように記されている。

> 当官の事、次第の昇進、恩沢に浴すといえども、征伐の功未だ終らざるの条、先ず一官を辞さんと欲し、東夷北狄既に亡び、南蛮西戎盍尽か、まさに万国安寧・四海平均の時、重ねて登用の勅命に応じ、棟梁いたし忠を塩梅し矣、然らば顕職を以て、嫡男信忠卿に譲与せしむべきの由、宜しく奏達に預かるべき也、
>
> 四月九日　朱印信長
>
> 頭右中弁殿（広橋兼勝）

すなわち、「征伐」がいまだ終わっていない、それを成し遂げたときには、ふたたび登用の勅命に応じたいというのである。この辞官の評価は、いろいろあるが、ともかく朝廷との関係を身軽にし、信長包囲網との戦いに専心するためというのが辞官の理由であった。

また、この辞官の意向は安土に下向してきた大納言三条西実枝から勾当内侍を通じても正親町天皇に伝えられた。

> のふ（信）長位の事、子細を存じ候マヽ、先ず辞し申し候て、信忠によたつ（与奪）申すべく候、その上にても朝庭（朝廷）の御事、なをもつて馳走いたすへく候、いさヽか油断を存へからす候、委細

三条大（三条西実枝）なこんに申し含め候、このよしひろう（披露）あるへく候、

龍之（織田信長）
朱印

勾当内侍（葉室氏）とのへ
申給へ

奏達状と基本的には同じであるが、辞官の理由を述べず、先ず辞して、嫡男信忠にその地位を譲りたいこと、また朝廷のことは油断なく馳走することを申し出ている。

この信長の辞官の意向は、三条西実枝を通じて四月十一日に正親町天皇に奏上され、正親町天皇はそれを受け入れた。そして恐らく十九日再度安土に下った三条西実枝から、辞官の認められたことが信長に伝えられたと思われる。

ここで注意したいのは、奏達状に「然らば顕職を以て、嫡男信忠卿に譲与せしむべきの由」とまた、勾当内侍に宛てられた消息で「信忠によたつ（与奪）申すべく候」との、すなわち信長の職を嫡男信忠に「譲与」したいとの信長の意向が示されていたにもかかわらず、正親町天皇がそれを無視した点である。信長にとっては、信忠に朝廷での自らの地位を譲ることで、結果として自らはその上位にたつことを目論んだのではなかろうか。正親町天皇は、この件には直接応えず、そうした事態を回避し、信長の描いた構想を未然に封殺した。

誠仁親王に二条屋敷を進献

天正七年（一五七九）十一月二十二日、誠仁親王は、これまで信長の京都屋敷であった二条屋敷を進献され、そこに移った。

「上杉本洛中洛外図屏風」に描かれた二条殿　信長が手を入れる前の様子が窺われる。米沢市上杉博物館蔵

この二条屋敷進献については、『多聞院日記』十一月二十日条に「二条殿ノ御新造ヲ五ノ宮ヲ猶子ニシテ奉テ居被申、来廿二日ニ御渡之、信長ハ妙覚寺ヲ用意之」とあり、また二十二日条には「五ノ宮信長猶子ニシテ、二条殿ノ新造ニ今日奉居了」とみえるように、信長が進献した相手は、誠仁親王の子である「五ノ宮」のちの興意法親王（天正四年十月十二日生まれ、初名は邦慶）であったようだ。ところが『御湯殿上日記』十一月二十一日条に「宮（誠仁親王）の御かた思ひよらすにはかに二条へ御なりにて、みな〳〵御とも」とあるように、誠仁親王の二条屋敷移徙（転居）は「思ひよらすにはか」のことであった。この展開を信長は、当初から計画的に進めていたと思われるが、正親町天皇はどこまでこのことを承知していたで

あろうか。

二十二日の「二条新御所」への誠仁親王の移徙の行列は、先に近衛前久、次いで輿に乗った五摂家、唐櫃に入った「御物」、そして本体の行列が続く。本体は一番に「五の宮」と若御局を乗せた板輿が、その後に上臈や乳人の輿五丁が続き、次に大納言飛鳥井雅教ら堂上の公家三四人が徒歩にて供奉、次に誠仁親王の輿が立烏帽子に白張の輿舁に担がれ、さらにその後に大納言徳大寺公維ら清華衆が続いた。まさに誠仁親王の移徙を衆人に知らしめることを意図したものであった。この後、この二条屋敷は、本来の「御所」に対し「下御所」と呼ばれ、公家衆が禁裏同様に数名交替で「御番」を務めた。

誠仁親王に二条屋敷を進献し、そこに五宮だけでなく誠仁親王を移徙させたことで、信長は天正四年以来保持してきた自らの京都屋敷を失うことになるが、信長にとっては、これを通じて新たな禁裏との関係を作り上げる一つの手段を得たことになろうし、また前年の辞官に続いて禁裏・正親町天皇から距離を置くことを示す行為でもあった。

京都での馬揃え

天正九年（一五八一）正月十五日、信長は、安土において爆竹をともなう馬揃えを行った。その成功に気をよくした信長は、京都でもこの馬揃えを行おうとして、正月二十三日、明智光秀に命じ、京都での馬揃えに集結せよと、「御分国」全域に朱印状をもって伝えさせた。

信長の京都での馬揃えの報は、恐らく安土での馬揃えに参加した近衛前久を介して、天皇の耳に入り、それを聞いた天皇は、同月二十四日に、もし「みやこ(都)にてさきつちやう(左毬打)あらハ御らん(覧)まいられたき」よしを所司代の村井貞勝に、中納言勧修寺晴豊等三人を遣わして申し入れた。それに対して村井は、今日にでも禁裏に参上して申し上げようと思っていたところ、禁裏から希望してくださったことは、誠に結構なことであると返答した。

二月一日、中納言中山親綱が、誠仁親王のもとに行ったついでに、「こんと(今度)の馬のりのふれ(触)のかきたてけさん(見参)に入」れたところ、親王は「御うれしきよし申」された。

二月六日、正親町天皇は、佐五局と五位局の二人を安土の信長のもとに派遣した。両人は、八日に帰洛するが、二人がもたらした信長の返事は「馬にのりてみせまいらすへき」というものであった。この段階で京都での馬揃えは、天皇に見せるものとしての要素が付加され、さらにいえばそれが主たるものとなった。とはいえ、この馬揃えは、天皇だけではなく信長の宿所本能寺から禁裏の東の馬場までを一〇番に編成された軍団が意匠を凝らし進んだように、沿道の町人をはじめとする人々にも見せることが意図されていた。

禁裏の馬場は、禁裏の東に南北四町半東西一町半と広大な敷地に設けられた。その両側には天皇を始め公家衆や女官らが見物するための桟敷が設けられた。

馬揃えが行われた二月二十八日、信長は、宿所の本能寺を辰の刻(午前八時)に出発、四条通を東行し、左折して室町通を北行、右折して一条通を東行、そして馬揃えのメイン会場の禁裏の東の馬場に至った。

信長に先だって、一番は丹羽長秀と与力である摂津・若狭衆、二番は蜂屋頼隆と河内・和泉衆、根来寺のうち大ケ塚、佐野衆、三番は明智光秀と大和・上山城衆、四番は村井貞成と根来・上山城衆、五番は嫡男の信忠をはじめとする一門衆、六番は近衛前久を筆頭とする公家衆、七番は足利幕府の旧臣たち、八番は信長の馬廻りと小姓衆、九番は柴田勝家と越前衆、そして最後の一〇番は信長と先手頭など直属部隊で構成されていた。

この馬揃えを見物した公家の吉田兼見はその日記に「各結構をつくし、中々筆端に述べ難し」と記し、『信長公記』は、この馬揃えの詳細について記したあと「貴賤群衆の輩、かゝる目出たき御代に生まれ合わせ、天下安泰にして黎民烟戸さゝず、生前の思ひ出、ありがたき次第にて、上古・末代の見物なり」と結んでいる。

この馬揃えは、直接の契機は安土で信長が行った左毬打の様子を聞いた正親町天皇から京都での開催を求められたことにあったが、実質的には、丹波・丹後の平定、石山本願寺の石山退去、加賀平定、荒木村重の謀反の鎮圧を経て畿内近国に確固たる支配を確立したことを内外に示す一大デモンストレーションであった。

左大臣推任

天正九年（一五八一）三月七日、正親町天皇は、信長を左大臣に推任することを突然思い立ち、使者を誠仁親王のもとに送った。この提案に誠仁親王も賛同したようで、九日、正親町天皇は、上臈と長橋局を使者として信長のもとへ派遣し、信長に左大臣推任を伝えさせた。それに対し信長は、「しやうい(譲位)の事申て、その時宮(誠仁親王)の御かたをかみ(上)へ入まいりて、御そくい(即位)をやかて申さた(沙汰)し候わんまゝ、その時くわんい(官位)の事は御うけ申へきよし」、すなわち、官位については、譲位のことを馳走し、誠仁親王の即位を「申沙汰」したときにお請けしたいと返事をした。

十一日、誠仁親王の二条御所に集まった公家達に信長が譲位のことを「申沙汰」するとの報が伝えられ、内談があった。また十九日には禁裏で内々(ないない)・外様(とざま)が小御所(こごしょ)に集まりなにごとかを相談している。そして、安土に戻っていた信長のもとへ朝廷の意向が告げられ、それに対して二十四日に信長からの返事があり、朝廷ではその内容に満足した。この時天皇が信長に求めたのは、早急に譲位を「申沙汰」することであったと思われる。

ひとまず信長は、譲位を「申沙汰」することを了承するが、時を置かず、当年は「金神(こんじん)」の年なので譲位には不都合とその延期を求めた。この報が朝廷に届いたのは四月一日のことである。「金神」とは陰陽道の神で、その方角に対して普請を始めることや移転・嫁取りなどを避けねばならなかったが、これは譲位を延引するための名目に過ぎなかった。ともかくこれで正親町天皇の譲位はまたも先送りとなった。

安土行幸計画——その2

伝奏でありしばしば勅使を務めた勧修寺晴豊の日記の天正十年（一五八二）正月七日条に「行幸之用意、馬くら(鞍)こしらへ出来申候間、禁裏御目かけ申候」とみえる。この記事によれば、近く行幸があり、それに供奉を命じられた晴豊が、鞍の準備をし、その鞍ができあがり、それをこの日、正親町天皇にお目にかけたことがわかる。

残念ながら、天正十年あるいはその先に予定されていた行幸については、いまのところ他に史料を得られない。

しかし、『信長公記』の天正十年元旦の記事に、年賀に出仕した織田一門をはじめ大名小名に信長が、天主下にある「御幸の間」を見せたことがみえ、さらにこの「御幸の間」の様子が細かく描写されている。それによれば、「御幸の間」は、

> 元来檜皮葺、金物日に光り、殿中悉く惣金なり、何れも四方御張付け、地を金に置上げなり、金具所は悉く黄金を以て仰付けられ、斜粉をつかせ、唐草を地ぼりに、天井は組入れ、上もかゞやき下も耀き、心も詞も及ばれず、御畳、備後面、上々に青目なり、高麗縁、雲絹縁、正面より二間の奥に、皇居の間と覚しくて、御簾の内に一段高く、金を以て瑩立、光輝き、衣香当たりを撥って四方に薫じ、御結構の所あり、

とされ、少なくとも天正十年正月には、いつ天皇を迎えてもよいほどに完成していたことが知られる。しかし、この年の六月、信長が明智光秀に攻められ憤死したこともあって、行幸は実現しなかった。

ところでこれに先立つ二年前の天正八年八月十三日、信長は、完成した安土の様子を狩野

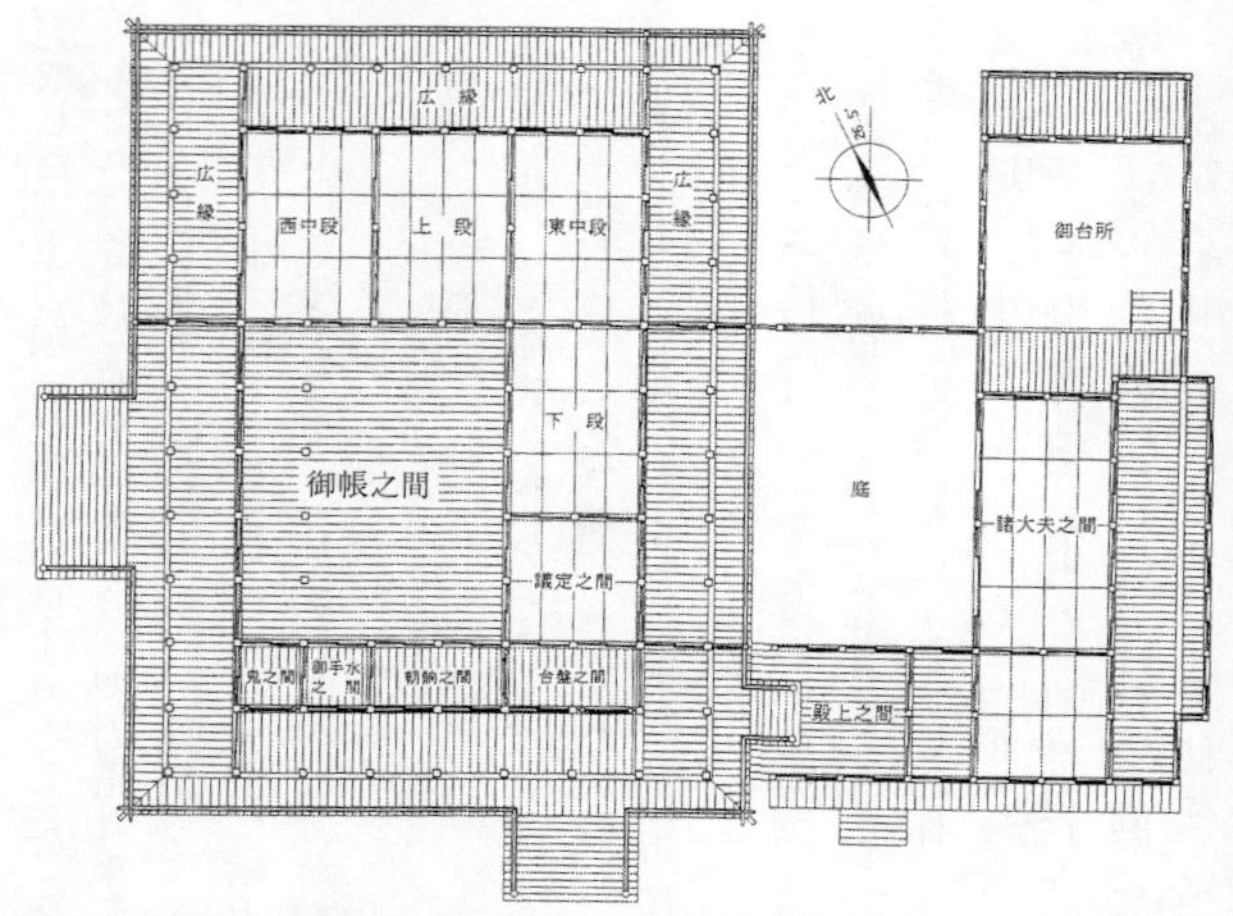

安土城跡伝本丸御殿復元平面図　図の左「御帳之間」とあるのが『信長公記』に記された天主下にあった「御幸の間」。本丸は、後に秀吉が建てた内裏にある天皇の御殿・清涼殿と同じ平面を持つ建物であったことがわかっている。藤村泉作成。『特別史跡安土城発掘調査報告11 主郭中心部本丸跡の調査』(2001年)。滋賀県教育委員会提供

永徳に命じて描かせた「安土屏風」を正親町天皇に見せるために、所司代村井貞勝に命じ禁裏に運び込ませた。そしてその日、この屏風は禁裏に留め置かれた。翌十四日、正親町天皇は、信長からこの屏風に勅書を求められ、「悪筆」をもってそれを書き、中納言勧修寺晴豊・中納言烏丸光宣・中納言日野輝資を勅使として、その「文」を持たせ信長のもとに派遣した。

この「安土屏風」を禁裏に持ち込んだことが、天皇の安土行幸に関わってのものであるかは即断はできないが、少なくとも信長が正親町天皇に

完成した安土の様子を印象づけようとしたことは間違いなかろう。

ちなみにこの「安土屛風」は、翌天正九年、安土を訪れていたイエズス会の巡察師ヴァリニャーノが帰国するにあたって、信長からヴァリニャーノに贈られ、その後天正の遣欧使節によってローマ法王グレゴリウス一三世に献上され、ヴァチカンの「地図の間」に展覧された。しかし、残念ながら現在その所在は分かっていない。

京暦への挑戦

暦の制定は、中世・近世をつうじて天皇に残された重要な大権であった。成功しなかったとはいえ信長は、この大権に嘴(くちばし)を挟(はさ)んだ。

天正十年(一五八二)正月、前左大臣近衛前久が安土に祗候(しこう)していた折、当年(天正十年)に閏月(うるうづき)があるかないかが問題となった。「濃尾(のうび)之暦者」は今年は閏十二月があると主張した。そこで信長は京都から暦博士の系譜をひく賀茂在政(かものありまさ)と陰陽頭(おんみょうのかみ)土御門久脩(つちみかどひさなが)を安土に召して、「濃尾之暦者」と対決させたが決着がつかなかった。

そこで信長は、近衛前久に京都でこの件を詮索するよう依頼した。二月三日、土御門久脩は、信長から小袖一重・袴肩衣(はかまかたぎぬ)・白銀五枚を与えられ帰京した。また同じ日に帰京した前久は、すぐさま中納言高倉永相・中納言勧修寺晴豊・中納言中山親綱・中納言広橋兼勝を召し寄せた。そしてその場で、安土において暦について種々議論があったこと、その件を信長が一書をもって申し入れたことが話された。尾張の暦作りは「くわんれき(関暦)」(関東で通用していた三島暦（みしまごよみ）と推測されている）によって暦を作るのに対し、賀茂・土御門が作る暦は宣明暦（せんみょうれき）によっており、そのために閏月の設定に差がでたようであるとの内容であった。

翌四日、高倉永相等四人が近衛前久の使いとして所司代村井貞勝のもとを訪れた。村井のところでは、医者であり暦にも通じた曲直瀬道三（まなせどうさん）・玄朔（げんさく）父子が閏月の一件を詮索し、閏月はなしとの結論に達し、その日のうちに道三等が安土に行き、それを報告するとともに、夜中には京に戻ってきた。

五日も暦一件の詮索がなされ、高倉永相等は、近衛のもとに行き、十二月の閏月はないとする賀茂在政・土御門久脩の見解を伝えるとともに、近衛前久の使いとして村井のもとに行き、道三・在政・久脩ともに「十二月閏なし」といっていることを伝えた。

これで暦の件は、十二月に閏月なしということで決着をみたかにみえたが、五月二十九日に上洛した信長は、翌六月一日祗候してきた勧修寺晴豊らに十二月の閏月一件を話題にし、「閏これあるべき由」を主張した。それに対し晴豊はその日記に「いわれさる事也、これ信長むり（無理）なる事候、各申す事也」と記している。この時の信長の主張がどのように扱われたのかは、翌日の信長の死によって知ることができなくなった。しかし、信長が二月の京都での決着を了承していなかったことだけは確認でき、朝廷が保持した数少ない権限を奪うがごとき挑戦的な信長の行為とも映る。

太政大臣か関白か将軍か

天正十年（一五八二）四月二十一日、中納言勧修寺晴豊が安土へ私的に下ろうとしていたところ、正親町天皇から勅使として下るようにとの命があり、二十二日に京を出発、その日は近江守山に泊まり翌日安土に着いた。安土に着いた勧修寺晴豊は、信長の東国平定を祝う正親町天皇と誠仁親王からの祝いの品を届けた。その日、信長から誠仁親王への返事は出たが、正親町天皇への返事はなかったようである。翌二十四日、勧修寺晴豊は、上洛しすぐさま下御所すなわち誠仁親王のもとに安土の報告のために出向いた。

翌二十五日、晴豊は、所司代村井貞勝のもとを訪れ、安土へ女房衆を下して、信長を太政大臣か関白か将軍に推任したいとの朝廷側の意向を伝えた。

二十六日、誠仁親王が禁裏へ行き、人を安土へ遣わすにあたっての相談をし、大乳人(おおめのと)が下ることに大方定まった。二十七日、村井貞勝の所に大納言庭田重保・大納言甘露寺経元・中納言中山親綱・勧修寺晴豊等が行き、この件を談合したところ、村井から上臈(じょうろう)の御局(おつぼね)と大乳人に晴豊を添えて安土に下るのがよかろうと指示され、そのように決まった。

出発は五月二日の予定であったが、村井のところから人足が来なかったので延び、翌三日出発、その日のうちに安土に着き、四日、上臈と大乳人が安土城にあがり、天皇と親王からの贈り物を信長に進上した。しかしこの日には信長の見参(けんざん)はなかった。またその日、信長は小姓森蘭丸(もりらんまる)に命じて、いかようの使いかと用件を尋ねてきた。晴豊は、「関東討ち果たされ珍重であるので」正親町天皇が信長を「将軍になさるべき」とのことであると、それに答えた。同時に森蘭丸を介して正親町天皇・誠仁親王の「御書」が信長に進上された。ついで取り次ぎの長庵をもって、女房衆に会うべきところだが、天皇・親王への「御返事」をしないのに女房衆にお目にかかるのはいかがかと思うので、晴豊にそのように心得るようにとの信長からの指示があった。晴豊等は、その意向に食い下がって「いかやうにも御けさん(見参)なるべく」と申し入れたところ、信長からは改めて「両御所」へは返事をするとだけ伝えてきた。

翌日も見参はなく、明日は見参があるかと期待をもたされるが、六日、再度、上﨟から文を出して「せひとも御けさんあるへく候由」を伝えたところ、ようやく見参が実現するが、そこでは特段の返事はなかったようである。そして夕方、信長が用意した舟三艘で上﨟・晴豊一行は大津へと送られた。

この時、親王の使者となった大乳人が信長に届けた誠仁親王の消息が残されている。そこには朝廷側のこの時点での認識が示されている。

万御上洛の時、申候へく候、あなかしく、

天下弥(いよいよ)静謐に申付られ候、奇特日を経てハ、猶(なお)際限なき朝家(ちょうけ)の御満足、古今比類なき事候へハ、いか様の官にも任せられ、油断なく馳走申され候ハん事、肝要に候、余りにめてたさのまゝ、御乳をもさしくたし候、此一包見参に入候、

(誠仁親王)(花押)

(織田信長)前右府とのへ

天下はいよいよ静謐に信長によって申し付けられている、「奇特」の日をこのまま過ごすのは際限なきことで、朝家すなわち天皇の「御満足」は「古今比類なき事」であるので、どのような「官」にも任じられ、油断なく馳走されることが肝要である、このように極めて目出度きことであるので御乳人（めのと）を差し下したとし、追伸で万事、上洛されたときに申しますと結んでいる。信長による甲信の制圧さらには関東の掌握という状況を踏まえて、「征伐の功未だ終ら」ずという信長が辞官の時にかかげた理由はなくなり、まさに今、「万国安寧・四海平均の時」であり、「重ねて登用の勅命に応」ずべきときにいたったのだから、朝廷では関白であれ太政大臣であれさらには将軍であれ、いずれの官職でも用意するので任官して欲しいと迫ったのである。正親町天皇の戦略は、馬揃えのあとの左大臣推任をも含め、信長を当官に就けることで、自らと信長の関係を明確にしようとするものであった。

しかし、信長は「重ねて御返事」と即答を避ける。「返事」をしないという信長の対応は、表だってのものではないが事実上の拒否である。この時も同様、正親町天皇からの三職推任をやんわりと辞退、拒否したといえよう。両者のせめぎ合いは少なくとも、この段階では信長優位に展開している。

信長の参内

信長「参内」の文字は、『御湯殿上日記』をはじめ当時の日記や『信長公記』などにも多くはないがみられる。それらがどのようなものであったか少しみてみよう。

永禄十三年（一五七〇）三月一日、上洛した信長は、二条城に入った足利義昭のもとに参賀に出かけたあと、衣冠（いかん）姿で参内したとされている。確かにこの時衣冠を調えて禁裏に行くが、禁裏での行動をみると、禁裏の作事現場を巡察し、正親町天皇へ太刀一腰、馬代一〇〇〇疋を進献、さらに長橋局へ参り、土産として一〇〇〇疋を贈り、そこで「一盞（いっさん）」があった、そして誠仁親王のもとへ行き、対面、太刀一腰・馬代一〇〇〇疋を進献し「御盃」を賜り、退出している。この一連の行動を、同年二月二日に将軍義昭が参内した折の諸記録と比較すると、龍顔（りゅうがん）（天皇の顔）を拝すことなく、正式の参内でみられる天酌（てんしゃく）を含む三献の儀もなく、長橋局で「一盞」を賜っただけだったようで、正式の参内ではなかった。当時の信長の位階・官職からすれば当然のことかもしれない。

つぎに信長「参内」の記事がみられるのは信長が内大臣であった天正五年閏七月十一日であるが、この時の「参内」は、禁裏の築地（ついじ）の完成を見るために禁裏に出向いたもので、正式の参内ではなかった。さらに同年十一月十八日にも「参内」の文字を拾うことができる。『兼見卿記』同日条に「内府（信長）御鷹山（おたかやま）也、各（おのおの）着頭巾道服、心々之仕立也（こころごころのしたてなり）、分国之大名其外（そのほか）馬廻数百人、見物比類なし云々、禁中に祗候、小御所において御盃之義あり云々、其以後東山へ御鷹山也」とみえる。禁裏小御所で「御盃之義」とするが、鷹野（鷹狩り）の途中の出来事で、正式の参内とはいいがたいものである。

『史料綜覧』の天正七年十一月十一日条には「信長、参内す」とあるが、その根拠となる『御湯殿上日記』の記事は「（信長）のふなかまいりのさか月のたいいてきてまいる」、すなわち信長が進献した盃の台ができてきたとするだけで、参内を確認することはできない。

このように信長は一度も正式の参内を行っていない。信長の正式参内がなかった理由を、信長の方に求めるか、天皇の方に求めるかはなお判然としない。室町歴代将軍は、任官後の御礼をはじめそれ以後の年頭の賀を中心にしばしば参内しており、その場での両者の関係は実質はともかく、形のうえでは天皇が上位であることは動かし難く、こうした関係が目に見える形で現出することを信長は嫌ったのではあるまいか。

予が国王であり、内裏である

これまで述べてきたように室町幕府倒壊のあと、正親町天皇と信長のあいだでは、お互いを探り合う時期があるが、信長の大納言・右大将任官と前後して、信長は、陣座(じんのざ)の新造、京都屋敷の新営、天皇の行幸計画、さらに朝廷における「五人の奉行」の設置などにみられるように、朝廷との関係を深めていく方向で動いた。それに対し正親町天皇も、信長の出陣や本願寺との和平交渉などに積極的に関わり、また内大臣・右大臣など信長の官位昇進を実現させるなど、信長との関係を強めていった。

しかし、天正六年(一五七八)四月九日、信長は右大臣・右大将の官を、「征伐の功未だ終」らざることを表向きの理由に辞官し、子の信忠に信長の官を「譲与」するよう申し出た。これに対し、正親町天皇は、信長の辞官は許したが、信忠への官の「譲与」の申し出には諾否の返事をせず、事実上無視した。天皇あるいは朝廷の枠から解放されると同時に信忠を朝廷の「顕職」に就けることで、自らの地位を相対的に上昇させようとした信長の思惑は、この正親町天皇の対応で頓挫した。

といって両者の関係が、すぐさま悪化したかといえばそうでもない。正親町天皇は、信長の出陣にともなう戦勝祈願や勅使派遣をますます熱心に執り行い、またさまざまな機会を捉えて、信長を官に戻すために左大臣はじめいろいろな官へ推任し続けた。

しかし、官を辞したあとの信長は、二条屋敷を誠仁親王に進献し、そこを事実上の第二の御所とし、また正親町天皇には誠仁親王即位を前提に譲位を求め、朝廷の新たな体制を模索しはじめた。

さらに、信長は、朝廷に接近した時期も含め、室町将軍が行った献儀をともなうような正式の参内を一度も行っていない。この事実は、信長が正式参内を忌避したのか、正親町天皇がそれを許さなかったのか、両者の可能性があるが、私は、信長自らが朝廷に取り込まれることを慎重に避けたことがその要因であったと考えている。

元亀二年（一五七一）の信長の比叡山焼き討ちでともに焼失した日吉社の社務行丸の天正七年六月の記録に、

一大乱以後断絶分已上百八社再造の事、綸旨をなさるべきの処、織田信長諸事について綸旨を押さえ、御停止あるべきの由、堅く申し定め畢、信長判形をもって下知いたすうえは、公家御沙汰及ばざる旨申し候也、とある。正親町天皇が焼き討ちで失われた「百八社再造」の綸旨を出されたが、信長がそれを押さえ、再造を停止してしまった、信長が「判形」をもって下知したものは、朝廷の沙汰に及ばないとの信長の命である、というのである。ここには信長が実質的には天皇・朝廷の上位に立っている姿をみることができる。

少し趣は異なるが、天正十年三月信長が信濃・甲斐攻めに出陣した折、奈良の興福寺多聞院英俊（えいしゅん）がその日記に次のような噂を記している。

内裏（正親町天皇）ヨリ信長ノ敵国ノ神達ヲ悉（ことごと）く流され了、信長本意節ハ勧請あるべきトノ事云々、神力・人力及ばざる事也、一天一円随（したが）うべきト見タリ、抑々（そもそも）、

この出陣にあたって正親町天皇が信長の敵国の神たちをことごとく流した、信長によるその国の平定がなされれば、ふたたび勧請するとのことだ、「神力・人力」が及ばぬことであるというのである。この背景には、天皇をも上回る信長の強大な力をみることができよう。

この章の最後に、キリスト教宣教師ルイス・フロイスが信長の死後であるが、天正十二年十二月十三日に書いた書翰の一節を紹介しておこう。

信長に対し、天皇に謁見できるようにと助力を求めたが、信長は「汝等は他人の寵（ちょう）を得る

必要はない。何故なら予が（天）皇であり、内裏である」と私に語った。

この言をそのまま信じれば、信長は、「国王」であり「内裏」であると公言していたことになる。宣教師の記録や発言にはしばしば誇張や過小評価がみられるが、ここでの発言も宣教師が天皇に会えない理由に対する方便とすることもできよう。だが、信長自身が、天皇の上位に自らを置いていた可能性も十分想定されるのではなかろうか。

第三章　天下人秀吉の誕生

正親町天皇は、信長を取り込もうとした結果、信長支援へとのめり込んでいくが、信長は、本願寺との和睦など時に天皇を利用するものの、天正六年（一五七八）以降は、天皇の上に立つともみえる態度を取った。それに対し、信長の跡を受け天下人となった秀吉は、天皇・朝廷と如何に関係を持ち、また正親町天皇は秀吉との関係をどのようなものとし、その結果はどのようなものとなったのであろうか。

1　本能寺の変とその直後

本能寺の変

天正十年（一五八二）五月二十九日、中国毛利攻めのために上洛した信長は、本能寺を宿所とし、翌六月一日には公家衆の礼を受けた。その翌日二日未明、家臣の明智光秀に攻められ、本能寺において自刃した。いわゆる本能寺の変である。

信長を襲った光秀は、六月一日亥の刻（午後十時）、丹波亀山を発ち、摂津へは向かわず、丹波と山城の境の老ノ坂を越え、京都へと軍を進めた。そして、二日未明、本能寺に宿

「上杉本洛中洛外図屏風」に描かれた本能寺(左下)　米沢市上杉博物館蔵

した信長を攻めたのである。京都妙覚寺(みょうかくじ)にいてこの報に接した信長の嫡子信忠(のぶただ)は、本能寺へ救援に向かったものの、すでに本能寺は火の手があがり、打つ手なく、誠仁(さねひと)親王の二条御所に入り、誠仁親王を禁裏(きんり)に移したが、明智勢に攻められ、自刃した。

この時の様子を公家の勧修寺晴豊(かじゅうじはれとよ)の日記からみておこう。二日未明、床にあった晴豊のもとに明智光秀が信長のいる本能寺に焼き討ちをかけたとの報が届いた。晴豊は、すぐさま誠仁親王のいる二条御所へ向かうが、二条御所はすでに軍勢に取り囲まれ、入ることはできなかった。しばし様子を窺ったあと、晴豊は禁裏へ行き、二条御所の様子を言上(ごんじょう)した。

二条御所に入った織田信忠は、誠仁親王等をそこから脱出させ、禁裏へと送り届けるが、自らは二条御所に留まった。二条御所からは誠仁親王の外、「若宮様・二宮様・五宮様・ひめ宮様、御あ茶局、其外女房衆」、さらに二条御所に前日より当番で詰めていた公家衆が脱出した。晴豊見知りの河勝左近(かわかつさこん)というものがこの脱出に尽力した。晴豊が、夕方、ふたたび二条御所を見に行ったところ、そこには首や死人が数限りなく散らばっていた。

翌三日、四日、五日とさまざまな雑説が飛び交うなか、禁中には戦禍を逃れるため地下人たちが相次いで小屋がけし、おびただしい荷物が運び込まれた。この小屋も六月十七日ころには撤去された。

明智光秀への勅使

六日、正親町天皇は、明智光秀と近しい従三位吉田兼見を召して、安土に赴いた光秀のもとへ勅使として下るよう命じた。用件は「京都の儀別義なき様、堅く申しつく旨の仰せ」、すなわち京都が安穏であるよう、光秀から申し付けるようにとの正親町天皇の仰せを伝えることにあった。この正親町天皇の要請は、かつて義昭・信長が入京したときや上京焼き討ちのときに見せた対応とまったく同じである。

兼見は、七日に京都を発ち、八日には安土より帰京した。安土での光秀は、兼見に対し勅使を派遣下され「かたじけなく存候」と述べるとともに、誠仁親王が逃れられたことは「祝着」であると申し入れ、さらに上洛し「御礼」を申しあげると伝えた。

九日、摂家・清華を含めた公家衆、上下京の町人達が京都郊外の白川・神楽岡に出て上洛してきた光秀を出迎えた。上洛した光秀は、兼見を通して、正親町天皇と誠仁親王に銀子五〇〇枚ずつを献上した。この披露は、伝奏の勧修寺晴豊が行ったが、天皇からは「京都の儀

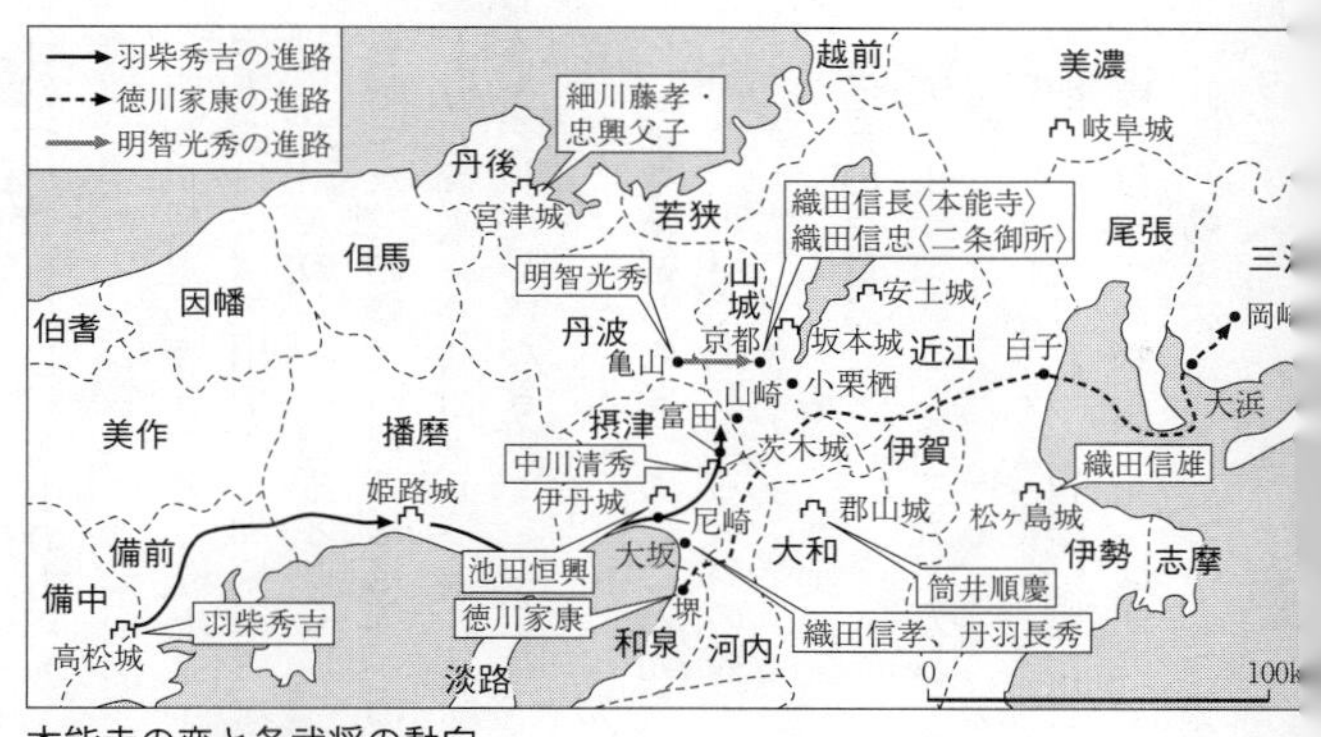

本能寺の変と各武将の動向

堅く申し付け候由」を命じるとともに、銀子進献の礼に「文」を出し、鳥羽に陣所を置いていた光秀のもとに兼見を派遣した。正親町天皇は、重ねて京都延いては禁裏の安穏を光秀に求めたのである。

信孝・秀吉への勅使

六月三日、備中高松で光秀「謀反」の報を手にした秀吉は、毛利との講和をまとめ、六日には陣を払い、一旦姫路に戻った。そして出陣の態勢を調え、九日に姫路を発ち、十一日には摂津尼崎に着陣した。その間、大坂にいた織田信孝・丹羽長秀、伊丹の池田恒興、摂津の中川清秀・高山右近等に参陣を誘い、十二日に摂津富田へと進み、そこで軍議を持った。十三日の夕刻、秀吉と光秀との間で合戦が始まった。戦闘は二時間たらずで終わり、明智軍は敗退、光秀は勝龍寺城に逃げ入るが、夜陰にまぎれそこを脱出し近江坂本城へと向かった。しかし、途中の山科（やましな）の小栗栖（おぐるす）で百姓の鎗を受け傷をおい、家臣の介錯（かいしゃく）で自刃した。

明智軍敗退の報が京都に伝わるや、「京中さくらん（錯乱）中〱申はかりな」き状態に陥るが、翌十四日には織田信孝・羽柴秀吉が上洛するとの報を得て、正親町天皇は勧修寺晴豊を勅使として両人のもとに送るとともに、太刀（たち）を贈った。また誠仁親王も広橋兼勝（ひろはしかねかつ）を使いとし太刀を贈った。勧修寺晴豊等は京都の南の塔森（とうのもり）まで出向き、信孝・秀吉を待ち、その地で馬からおりた両人に正親町天皇・誠仁親王からの太刀を手渡した。これに対し両人は「一段はや〱とかたじけなき由」を申した。その場には、勅使だけでなく出迎えの多数の公家衆がいた。

京都を掌握した者、ここでは光秀ついで信孝・秀吉に、かつて義昭・信長が入京したときと同様、素早く擦り寄る天皇の姿をみることができる。

信長の百日忌

天正十年（一五八二）九月九日、秀吉は、伝奏の勧修寺晴豊に次のような書状を送った。

態（わざ）と申し上げ候（そうろう）、信長殿御仏事（ごぶつじ）の儀、御次（羽柴秀勝）仕りたく候よし候条、尤（もっと）もと存じ候間、則ち（すなわ）申し付くべく候、しからば何の寺にてなるとも、禁裏（正親町天皇）様より仰（おお）せ出（いだ）され次第申し付くべく候間、勅定（ちょくじょう）を得られ候て下さるべく候、恐惶謹言、

（天正十年）
九月九日　秀吉（花押）
（晴豊）
勧修寺殿
参　人々御中

宛名の勧修寺晴豊は、当時中納言であり、信長時代にはしばしば勅使を務めた公家で、大徳寺の伝奏でもあった。この書状で、秀吉は、「信長殿御仏事」すなわち百日忌の法会を信長の第四子で当時は秀吉の養子となっていた秀勝が執行したいと希望しており、それももともと思うので申し付けることにした、ついては、どの寺で執行すべきか「禁裏様」正親町天皇よりの仰せ次第に申し付けたいので、「勅定」をいただきたいと、依頼した。この件が、朝廷に秀吉が接近を試みた最初であろう。

おそらく「勅定」が出、それに従って九月十二日に大徳寺で信長百日忌の法会が執行され、ついで、十月十五日、秀吉は、信長の葬儀を大徳寺で執行した。

御料所丹波国山国庄

正親町天皇は、天正十年（一五八二）九月十四日、羽柴秀吉に対し押領されている御料所丹波国山国庄等の回復を命じる綸旨を発した。綸旨の本文は、次のようなものである。

御料所丹波国山国庄枝郷所々幷細川等事、宇津右近大夫押領いたすにより、先年糺明を遂げられ、御直務の朱印かくのごとくに候、この時先規のごとく申し付けられれば、神妙に思し召さるべきのよし、天気候所なり、よつて執達件のごとし、
天正十年九月十四日　左中将慶親(中山)
羽柴筑前守殿(秀吉)

内容は、禁裏御料所である丹波国山国庄等について、宇津右近大夫が押領している、この所領については先年信長によって糺明がなされ、御直務とするよしの朱印が出ている、今回も先規どおり申し付けられれば、神妙に思うとの正親町天皇の意向であるので、それを伝える、というものである。

信長の時代と同様、正親町天皇は、この綸旨を発することによって、新たに京都を押さえ力を付けてきた秀吉に、領地の確保を求めたのである。

秀吉の少将推任

同じ年の十月三日、正親町天皇は、羽柴秀吉に宛て昇殿と少将推任を趣旨とする綸旨を出した。

去六月二日、信長父子上洛の処、明智日向守(光秀)逆意を企て討ち果し、殊に二条の御所中へ乱

入の事、前代未聞、狼藉是非なき次第に候、秀吉西国成敗のため備中国城々取り巻き、西戎と対陣候といえども、即時存分に任せ、時日を移さず馳せ上り、明智一類悉く追伐、天下太平申し付くの段、誠に古今希有の武勇、このごとき哉、これにより官位の儀、度々仰せ出さるといえども辞退候、後代のために候条、昇殿并少将に叙爵の儀、仰せ下すところ也、よって執達件のごとし、

天正十年拾月三日　　左中将(中山慶親)（花押）

羽柴筑前守(秀吉)殿

六月二日に信長父子が上洛したところ、明智光秀が逆意を企て、信長父子を討ち果たし、ことに誠仁親王の御所である二条御所に乱入する狼藉を働いた、それに対し、秀吉は西国成敗のために備中国にあり「西戎」（毛利）と対陣していたが、即時にそれを片付け、時を移さず馳せのぼり、明智一類を追伐し、天下太平を実現したことは、誠に「古今希有の武勇」である、そこで官位についてたびたび仰せ出されたが辞退している、後代のためであるので昇殿を許し少将に叙任するとの仰せである、というのがこの綸旨の内容である。

正親町天皇の側から、秀吉取り込みが計られたのである。しかし、この綸旨にもかかわらず秀吉は、この時には叙任を受けることはなかった。

贈太政大臣従一位

一方、朝廷では、信長への「太政大臣従一位」の贈官贈位が俎上にのぼり、陣儀を行うべき日時の選定が陰陽頭の土御門久脩に命じられ、十月三日久脩より十月九日亥の刻ほか二案が勘申された。それを受けて九日に陣儀が催され、信長への太政大臣従一位の贈官贈位が正式に決まった。上卿は大納言甘露寺経元、奉行は中納言中山慶親が務めたが、その儀に関わった者たちへの下行（米などを下賜すること）は、今回の贈官贈位が、受ける側から申し出られたものではなく、禁裏の意向で行われたために、一切なされなかった。

贈官贈位を伝える宣命使の人選について、宣命使には砂金一〇両が支給されるとあってもめるが、結局、慣例どおり宣命の文案を作成した少納言舟橋国賢が務めることに決し、十三日に国賢は、大徳寺に行き、信長の位牌の前で贈官贈位の宣命を読み上げた。その宣命の内容は次のようなものである。

> 天皇の詔である、「故右大臣正二位平朝臣信長」に勅命を告げる、皆よく聞け、信長は天皇を扶翼するに務め、「万邦」に鎮撫の徳を敷いた、これは朝廷の重臣であり、「中興の良士」であると思っていたところ、図らずも天運がきわまり、生命が空しく逝ってしまった、直前には鎮撫の旗を東海に輝かし、今また西国に駕せんとしていたところであった、ここに「崇号」を贈ることで、「冥路」を照らすのは、先王の令典であり、歴代の恒規である、ゆえに、重ねて太政大臣従一位にのぼらせる。

この贈官贈位は、正親町天皇と信長の両者の関係からして、正親町天皇は複雑な思いがあったろうが、ともかく信長への追悼の意を表したものとみてよいだろう。

公家・門跡領の安堵

山城山崎から上洛した羽柴秀吉と丹羽長秀とが京都で会した天正十年（一五八二）十二月四日、中納言勧修寺晴豊が禁裏からの「御使」として、丹羽長秀が宿所としていた吉田兼見のところに出向き、「御月当」すなわち天皇への供御（飲食物）と公家衆の所領安堵の件を申し入れた。これを受けて、翌日も出京した長秀は、徳雲軒で秀吉と会い、禁裏より仰せ出された公家衆所領について相談し、両者連署で安堵する旨の折紙を勧修寺晴豊と広橋兼勝を宛所として提出した。この折紙は、翌六日、吉田兼見から禁裏に届けられ、晴豊から披露された。

　また天正十一年閏正月二十九日、正親町天皇は、京都の西南の山崎城にいた羽柴秀吉のもとに中納言水無瀬兼成を勅使として派遣する。用件は、青蓮院門跡領の安堵にあった。この正親町天皇からの求めに対し、秀吉は、前年末に大納言となった勧修寺晴豊宛に次のような請書を出した。

　　猶以て、去年之物成、誰ニ納め候とも申し付くべく候、以上、青蓮院御門跡、去年御届事なく御座候といえども、叡慮（えいりょ）により仰せ出され候間、是非に及ばず候、御知行等先々のごとく仰せ付けらるべく候、此等（これら）の趣宜しく御意を得べく候、恐惶謹言、

羽柴筑前守

後正月廿九日　　秀吉（花押）

勧修寺大納言殿（晴豊）

参人々御中

青蓮院門跡については昨年所領の指出を求めた折に提出されなかったが、「叡慮」としてその安堵を命じられたので、「御知行（ごちぎょう）」は以前どおりとし、去年の年貢についても誰に納められていても申し付けるとする。ここにも、門跡領の確保に「叡慮」が働き、それを受ける秀吉の姿をみることができる。

このように天皇側から領地に関する要請を武家にし、それに応える武家の姿は、信長の時代と大きくは変わらない。

信長木像の仏師をめぐる争論

信長の木像を制作した仏師をめぐる一件をはじめて紹介されたのは、橋本政宣氏である。氏の仕事によりながら、この一件をみていこう。

秀吉が信長の菩提を弔うために創建した大徳寺総見院には一九九七年に国の重要文化財に指定された信長の木像がある。この木像を作ったのは、像底に「七条大仏師　宮内卿法印康清作　天正十一年五月吉日」の朱書き銘があることから、京都七条の仏師康清であったことがわかる。

この信長木像の制作については、大徳寺と朝廷・天皇とのあいだでつばぜり合いがあった。信長木像の制作が康清に依頼されたことを聞いた七条仏師の本流であり当時「大仏師」であった康正は、康清が大仏師でもないのに「大仏師」を名乗り、その制作を請け負ったとその非を訴えた。これに対し、正親町天皇は像の制作を大仏師康正に命じるよう大徳寺に求めるが、大徳寺の住持である古渓和尚はそれに同意しなかった。そこで天皇は女房奉書を出して、仏師の交替を迫った。その女房奉書を次に掲げる。

大ふつしかう正法印事ハ、もと〳〵のすちめをもちて、大ふつしの事ニて候ところに、よのもの大ふつしとなのり候て、申候よし、曲事にて候しに、大とく寺よりひふんのものに申つけ事、ちかころと〻き候ハぬ事ともに候、寺けにもふんへつ候へき事にて候ま〻、きと申きかせられ候へくよし、申せとて候、かしく、かしく、
くわんしゆ寺大納言とのへ

大仏師は康正であり、他のものが大仏師を名乗ることは「曲事」であるのに、大徳寺が非

分のものに申し付けたのは、不届きである、よく寺においても分別せよ、というのである。ここに示された厳しい「叡慮」にもかかわらず、古渓和尚はそれを拒否し、信長の木像は、康清を制作者として作られた。「叡慮」は無視されたのである。

こうした古渓和尚の態度に正親町天皇は、別件で抗いをみせる。天正十一年（一五八三）二月十八日、大徳寺は、衆評をもって太素宗謁の大徳寺住持職の綸旨を願う吹挙状を大徳寺伝奏の勧修寺晴豊に出した。勧修寺晴豊は、長橋局にそれを正親町天皇へ奏上することを願う奏請状を出すが、即日、天皇の返事があり、太素宗謁の住持職補任については承認するが、子細があり大徳寺からの吹挙状は寺へ返すようにとのことであった。この時の吹挙状には仏師一件で「叡慮」を無視した古渓宗陳の加判があることを正親町天皇はよしとしなかったのである。さらに同年十月十二日に一凍紹滴の大徳寺住持職補任が奏請されたが、天皇は「勅許」しなかった。その理由は、一凍紹滴が古渓派の人物であることに、天皇がこだわったのである。この一凍紹滴の大徳寺住持職補任は、大徳寺の住持怡雲宗悦と前住の春屋宗園が勧修寺晴豊邸に押しかけ詫言を申し入れ、また晴豊の祖父である尹豊が仲介した結果、ようやく「勅許」された。

戦勝を祝う勅使

天正十一年（一五八三）四月二十一日、賤ヶ岳の戦いで柴田勝家を破った秀吉は、そのまま越前北庄にまで攻め入り、北庄城を攻め落とし、さらに加賀金沢に入り、その地の仕置を申し付け、そこで馬を返し、五月五日に長浜（ながはま）に戻り、六月一日には上洛する。

賤ヶ岳の戦いで秀吉が勝利したとの報を得てと思われるが、正親町天皇は、四月二十三日ころ秀吉へ戦勝を祝う勅使を送ろうとする。しかし、勅使に予定したものが「故障」でのびのびとなり、五月二日になって勅使に吉田兼見を命じ、越前の秀吉のもとに行くよう指示した。勅使を命じられた吉田兼見は、五日に京都を出発し、越前へと向かうが、その日近江守山（もりやま）で、秀吉が長浜に凱旋しそこに滞在しているとの報を得て、六日長浜に行き、翌七日、城で秀吉に面謁、正親町天皇からの太刀、誠仁親王からの薫衣香（くのえこう）五〇袋を秀吉に渡した。秀吉は、それを「畏（かしこまっ）て頂戴なされ」た。その後、兼見は、秀吉と雑談し、賤ヶ岳の戦い、越前・加賀での仕置の様子を秀吉から聞かされ、さらに夕食を振る舞われた。この間、秀吉は上機嫌であった。兼見は、七日遅く長浜を発ち、八日には京都に戻り、九日、参内して秀吉からの返事を正親町天皇と誠仁親王に申し入れたところ、正親町天皇から秀吉との雑談について聞きたいとの仰せがあり、女官を通じて申し入れられた。

この時、秀吉が出した礼状が次の書状である。

> 禁裏様（正親町天皇）より御勅使として吉田左衛門督殿（さえもんのかみどの）御下向（ごげこう）、誠（まことに）面目の至（いたり）、忝（かたじけ）なく存じ奉り候、随つて御菓子一折御意（ぎょい）にかけられ候、御懇（ごねんごろ）の至り申し謝しがたく候、はたまた北国表儀平均（へいきん）申し付け、一昨日江州長浜に至り打入申し候、近日上洛すべく候の条、其節（そのせつ）御意を得べく候、恐惶謹言、

（天正十一年）
五月七日　　秀吉（花押）
勧修寺殿（晴豊）
人々御中御報

内容は、禁裏様すなわち正親町天皇より勅使として吉田兼見殿が長浜まで「御下向」になった、誠に名誉の極みであり忝なく思う、また「御菓子一折」を贈られ、御懇のいたりであり申し謝しがたい、北国表を平定し、一昨日近江長浜に打ち入りました、近日中に上洛しますので、その折に御意を得たく思います、というものである。

この勅使派遣は、後になされるようになる秀吉出陣の戦勝祈禱でなく、雌雄が決した後に戦勝を祝う使いとして派遣されたことが示すように、権力の行方を見定めつつなされたものであり、秀吉への全幅の信頼をそこに見ることはできないが、力を付けつつあった秀吉へ正親町天皇の方からの接近を示す出来事といってよいだろう。

2　朝廷に接近する秀吉――関白任官

秀吉少将に任官

天正十二年（一五八四）三月に始まった羽柴秀吉と織田信雄（のぶかつ）・徳川家康（とくがわいえやす）の連合軍との間の

戦いである小牧・長久手の戦いがなお続くなか、正親町天皇は、同年十月二日、それまで「平人」であった羽柴秀吉を「五位ノ少将」に叙任しようとした。この叙任について『顕如上人貝塚御座所日記』は、秀吉から「昇進」のことが禁裏に申し入れられ、それに応えて正親町天皇は「四位参議大将」に叙任してはどうかと関白一条内基に「勅問」したとする。また『多聞院日記』は、正親町天皇の「叡慮」として秀吉を「四位ノ大将」に叙任し、かつ「兼将軍ノ官」につけるとの勅定を示したが、秀吉の望みで「五位ノ少将」となったと記している。この任官は菊亭晴季・久我久通・勧修寺晴豊を勅使として秀吉に伝えられるが、それを聞いた秀吉は「一段」の「機嫌」であった。

この叙任の背景には、正親町天皇の譲位と誠仁親王の即位とがあった。実際の譲位・即位は天正十四年十一月のことであるが、この時、秀吉は、天正九年に信長が馬揃えを催した禁裏東の馬場の一角に院御所を建てるべく、天正十二年十月四日には縄張りをし、翌五日には「御築地」をつき始めた。規模は、五〇間四方、周囲を築地で囲い、その外側に三〇間の堀を備えたものであった。『顕如上人貝塚御座所日記』は、仙洞御所が東の馬場に建てられるとした記事に続いて、「親王御即位申沙汰アルヘキトナリ」「御即位ニ三千貫、御作事方ニ五千貫、院ノ入目ニ二千貫、都合一万貫御請也」と記している。すなわち秀吉は、即位費用、仙洞御所作事費用、院の費用、合計一万貫の拠出を約束したのである。

正親町天皇は、自らの譲位にあたっての仙洞御所の造営、誠仁親王の即位の「申沙汰」を約束してくれた秀吉に、その見返りとして官位を与えたのである。

少将任官に応えてのことか、秀吉は、任官直後の同年十月十七日付で御料所分一一ヵ郷を安堵した。

秀吉の大納言任官

尾張・美濃・伊勢で断続的に続いた小牧・長久手の戦いは、天正十二年十月下旬に秀吉が北伊勢に侵攻し信雄に圧力をかけることで講和交渉が始まり、十一月十五日、信雄と秀吉とのあいだで、信雄・家康から人質を提出することで、秀吉優位の講和が成立した。十一月二十一日に上洛した秀吉を、正親町天皇は、翌二十二日、従三位大納言に叙任した。明らかに秀吉優位の信雄・家康との講和をみての叙任である。

大納言任官当日、衣冠姿の前内大臣菊亭晴季・大納言勧修寺晴豊・大納言久我敦通・参議花山院家雅の四人が秀吉の宿所を訪れ、大納言任官を伝えた後、「本殿」において三献の儀が勅使四人と秀吉とのあいだで執り行われた。三献の儀が終わったあと退出する四人の勅使を秀吉は庭に出て見送った。

その後、勧修寺晴豊からあらかじめ秀吉の大納言任官が知らされ、秀吉の宿所に参上するよう触れられた公家衆の秀吉への礼があった。

秀吉の大納言任官が、秀吉側から求められたのか、正親町天皇側の推任によるものかを明らかにしえないが、結果からすれば天皇側からのもので、秀吉取り込み策の一環とみてよいだろう。

織田信雄の大納言任官

小牧・長久手の戦いのあと、はじめて大坂で秀吉に謁した織田信雄は、天正十三年（一五八五）二月二十日、大坂より上洛し、頂妙寺を宿所とした。正親町天皇は、二月二十六日、信雄を正三位大納言に叙任した。

この信雄の大納言任官は、秀吉の執奏によるものであった。信雄任官に先立ち、秀吉は自ら当官である大納言を辞し、一時的に散位（位階だけで官職についていないこと）になる。信雄大納言任官の口宣案は、三月一日、菊亭晴季・勧修寺晴豊・久我敦通・中山親綱を勅使として、まず秀吉に披露された。これは前もって秀吉から求められたものであった。秀吉の宿所では、諸家・諸大名が出仕をするなか、勅使より秀吉に正親町天皇からの太刀が渡され、次いで信雄大納言任官の口宣案が菊亭晴季によって読み上げられ、秀吉がそれを披見した。さらに三献の儀が執り行われ、勅使退出、門跡・清華・諸公家衆が秀吉に礼を述べた。まるで秀吉が任官したがごときの仕儀であるが、これは信雄大納言任官が秀吉によって実現したことを広く知らしめるためのものであった。

秀吉の宿所を退出した勅使四人は、信雄の宿所である頂妙寺に行き、信雄に対面、信雄に口宣案が渡され、その後に一献があった。勅使が帰った後、信雄が菊亭晴季のところまで礼に出向き、菊亭晴季・勧修寺晴豊・久我敦通を使いとして禁裏へ三〇〇〇疋、誠仁親王へ二〇〇〇疋、若宮御方（和仁親王）に一〇〇〇疋、御局方に五〇〇疋ずつ、「御下」のものへ三〇〇疋ずつを礼物として贈った。さらに菊亭・勧修寺・久我に一〇〇〇疋ずつ、任官の陣儀を担当した上卿に五〇〇疋、口宣案を作成した書出に五〇〇疋を礼として贈った。

秀吉の執奏による信雄の大納言任官は、信雄の事実上の秀吉への臣従を、朝廷の官位体系のなかに改めて位置づけたもので、この後の上杉景勝、徳川家康の上洛、秀吉臣従後の秀吉の執奏による任官の魁をなすものであった。

秀吉の内大臣任官

先に述べたように天正十三年（一五八五）二月、秀吉は、織田信雄を大納言に任官させるために大納言の当官を辞するが、ほとんど時をおかず、三月十日に正二位内大臣に叙任された。

天正十三年正月十八日に仙洞御所の作事始めがあり、二月には秀吉の命により上下京・禁裏六丁町・新在家の町人達が風流の出で立ちで仙洞御所の築地を突き立てるなど、正親町天皇の譲位に向けての準備が着々となされた。秀吉の内大臣昇進は、この仙洞御所造営の功に応えての叙任ともいえよう。

この内大臣任官は陣儀による宣下をもってなされた。陣儀の上卿は甘露寺経元、奉行は頭中将中山慶親、弁は葉室頼宣であった。その時出された宣旨はつぎのようなものである。

平朝臣秀吉

権大納言　藤原朝臣

経元宣、奉勅件人宣

令任内大臣者、

天正十三年三月十日

掃部頭兼大外記造酒正助教中原朝臣師兼奉

この任官は、勅使をもって秀吉に伝えられ、即日秀吉は慶を奏するために参内する。未の刻（午後二時）、秀吉は「異體」、他の史料では肩衣・小袴姿にて長橋局まで行き、そこで祝儀の二献があり、次いで衣冠を調え、車寄せより参内、参上した公家衆から一礼を受け、菊亭晴季の案内のもと、清涼殿に上がりそこから縁伝いに常御所へ向かった。そこで正親町天皇は、秀吉と対面、三献の儀が執り行われ、秀吉から太刀折紙（太刀に添える目録）・銀一〇〇枚が進献された。

三献の儀のあと秀吉は退出し、次いで誠仁親王に対面、そこでも三献の儀があり、太刀折紙・銀五〇枚が進上され、さらに若宮御方にも太刀・銀二〇枚が進上された。このほか女房衆にも秀吉から銀子が配られた。そして秀吉は、衣冠を改め退出、「二条之屋敷」に「帰城」した。

翌日、誠仁親王は広橋兼勝を使者として太刀を、若宮御方は五辻為仲を使者として太刀を秀吉に贈った。この外、伏見宮邦房親王からも太刀が贈られ、さらに摂家・清華・諸門跡が秀吉のもとに礼に出向いた。

関白職をめぐる近衛・二条の争論

秀吉の内大臣任官にあたって、内大臣であった近衛信輔が右大臣に、右大臣であった二条昭実が左大臣に転任し、さらに天正十三年（一五八五）二月十二日に左大臣の二条昭実が関白となった。ついで前右大臣であった菊亭晴季が右大臣を望んだのを受けて、近衛信輔は左大臣に転じた。目まぐるしく転任が行われるなか、内大臣となった秀吉は、空きポストとなった右大臣は信長の凶例があるので左大臣を望むと言い出した。そこで、近衛信輔は、自らが当官のうちに関白職に就きたいと内々に関白二条昭実に申し入れるが、二条昭実は、「一ケ年ノ内ニ当職（関白）を辞退した例は二条家にはない」と突っぱねた。

これに対し近衛信輔は、大納言勧修寺晴豊・中納言広橋兼勝をもって正親町天皇に当官中に関白となることで、秀吉に左大臣を譲りたいと奏請した。一方、二条昭実は、叔母である正親町天皇の上臈局のもとに出向き、「関白辞退迷惑之由」を申し対抗した。

ここに近衛信輔と二条昭実との関白職をめぐる争論が表立って始まった。まず近衛信輔から五月二十日に当官中に関白を申し請けたいので、勅許あるようにとの訴状が出された。そして二十一日、信輔側から二条昭実が「関白辞退迷惑」とするのは根拠がないとの初問状が出された。それに対し二十四日二条昭実から、近衛信輔の申し様は理不尽であり、これまでの例を検討した上で裁定を望むと、答弁書である陳状が出された。

即日、近衛信輔は、当官中に関白を申し請けることは連綿のことであり、また関白辞退一ヵ年の例をあげた。これに対し昭実は、当職改替の答えのないことを責め、また前官の例をあげた。信輔は三問状を出し、年内辞退が不吉という証拠などないとした。これに対しても昭実は、三答状で、関白職と三公の転任と混同すべきでないと反論した。本来であれば三問三答で終わるところ、信輔はさらに申状を認め、内大臣羽柴秀吉が譲位のことを奉行するよしであり、これは世をあげて希代の勝事であることをあげるなどして、昭実の言い分を非難し、自らへの関白職勅許を改めて願い出た。

前官から関白職に就くことを恥辱とする信輔と一年以内に関白を辞する例は二条家にはないとする昭実の主張は、ほとんどかみ合うものではなかった。しかしこの三問三答を経ても、正親町天皇はこの件を決着させることができなかった。

秀吉、関白職を手にする

こうした事態のなか、二条昭実は大坂にいた羽柴秀吉に助力を求めようとするが、近衛と入魂であった所司代前田玄以から二条の動きが近衛信輔にもたらされた。この報に接した信輔はすぐさま大坂に下った。玄以から近衛と二条との関白職をめぐっての争論の様子を聞いた秀吉は、もし争論で近衛家が負けたならば一家の破滅というべきもので、朝廷のためにもしかるべきではない、そこで秀吉が関白の詔を申し請けたいと思うが如何か、この件を近衛前久・信輔父子に尋ねよと、玄以に命じた。

玄以は信輔のもとに行き、秀吉の意向を伝えると、信輔は関白の職は摂家五家以外のものが望むべきものではないと答えた。一旦引き下がった玄以が再度信輔のもとにきて、それならば秀吉が前久の猶子となり信輔の兄となり、関白職はやがて信輔に渡すということでどうか、それにあたって礼として近衛家に一〇〇〇石、九条・二条・一条・鷹司家には五〇〇石ずつの領地を宛行うことでどうかと持ちかけた。

こうした秀吉の攻勢のもとに、信輔から話を聞いた前久は「関白ノ濫觴ハ一天下ヲアツカリ(関り)中ヲ云也、而ニ今秀吉四海ヲ掌ニ握レリ、五家ヲコトく相果サレ候トモ、誰カ否ト申ヘキニ、如此再三ノ届ノ上、剰当家ノ養子トナリ、果テ信輔ニ当職与達(奪)アラハ、不及是非次第也」とし、また信輔も「当家の再興になるならば」とやむなく賛成し、玄以にどのようにも秀吉次第、叡慮次第と返答した。この返答に秀吉は悦び、翌日、近衛父子と対面、「万事当家ノ異見ヲマモルヘキ由」を約束した。

七月六日、秀吉から関白職を申し請けることを奏請された正親町天皇は、諸家へ勅問する。近衛からは所存はなく叡慮に任すとの返答が、二条家からは辞退あるべきにも及ばないとの返答がなされるが、ことはすでに決しており、正親町天皇は秀吉の奏請を受け入れ、七月十一日、秀吉を関白に任じた。

この直後約束通り、秀吉は、七月十八日付で近衛信輔に丹波・山城・近江の一〇〇〇石を宛行うが、その判物のなかで、二条と近衛の関白職をめぐる争論を秀吉が「天下」意見したことによって、天皇から関白職を拝任するよう求められ、一度は辞退したが、「叡慮」ということでお請けしたと述べている。本当に天皇の意志であったかは疑わしいが、秀吉の関白任官の公式見解ともいうべきものである。

秀吉を朝廷官位のなかに取り込もうとしていた正親町天皇にとって、この申し出は予測せぬものではなかったろうか。しかし、ここまで事が紛糾し、秀吉の介入がなされた段階では、それに抗することはできなかったのだろう。

秀吉関白宣下

秀吉の関白宣下のための陣儀が、天正十三年（一五八五）七月十一日朝、執り行われ、前内大臣菊亭晴季・大納言勧修寺晴豊・中納言中山親綱の三人が勅使として秀吉のもとを訪れ、関白任官を伝えた。この時には、関白任官の宣旨のほか、秀吉を藤原氏氏長者とする宣旨、内覧を命じる宣旨、随身・兵仗・牛車を許す宣旨などが出された。次に、関白任官の宣旨をあげておこう。

権大納言藤原朝臣
淳光　宣奉　勅、万機
巨細宜令内大臣（藤原秀吉）
関白者

天正十三年七月十一日掃部頭兼大外記造酒正助教中原朝臣師兼奉

権大納言藤原朝臣淳光すなわち柳原淳光が勅を奉じて宣ぶ、「万機巨細、宜しく内大臣（秀吉）に関かり白さしむべし」と。

関白宣下のあった十一日の未の刻（午後二時）、秀吉は参内し、長橋局で衣冠に改め、清涼殿より昇殿した。その秀吉と正親町天皇は常御所で対面。そこでは、正親町天皇・誠仁親王・和仁親王が座し、秀吉はその次に、さらに下座に菊亭晴季が着座するなか、祝儀の三献の儀が執り行われた。この儀礼にともない秀吉から正親町天皇に白鳥三羽、帷子三〇、誠仁親王へ白鳥二羽、綿一〇〇把、和仁親王に料紙が進上された。

翌十二日、誠仁親王・和仁親王は、秀吉のもとに使いを遣わし、太刀を贈った。また摂家・門跡・諸公家が相次いで祝いのため秀吉のもとを訪れ、秀吉はそれらに対面した。

十三日には、再度、秀吉が参内、紫宸殿の庭で能が催された。その場に設けられた席には西向きに正親町天皇・近衛前久・九条兼孝・一条内基・二条昭実・花山院家雅が、向座に関白秀吉・菊亭晴季・徳大寺公維・西園寺実益・大炊御門経頼・久我敦通が座し、七献の儀が執り行われた。

親王・准后間の座次

七月十三日の紫宸殿での招宴に際し、座次をめぐって親王方と准后方とが争い、その時には決着せず、招宴には親王方、准后方の参内がない事態となった。親王方とは伏見宮邦房親王・青蓮院尊朝法親王・妙法院常胤法親王・梶井宮最胤法親王のこと、准后方とは、天皇から准后の号（皇族、公卿、僧侶などを太皇太后・皇太后・皇后に準じて優遇するために与えた称号）を贈られた前左大臣近衛前久・聖護院道澄・大覚寺尊信・三宝院義演のことである。秀吉にとって親王方・准后方の欠席は、自らの関白任官を祝うことに水を差すに等しいものであった。

十五日、関白秀吉は、座次を定めるために大徳寺総見院に親王方・准后方の人々を呼び出した。座次に関して、正親町天皇は座次の典拠となる一冊と懐紙を出し、親王が上との見解を示した。この時出された正親町天皇の懐紙は次のようなものである。

> 親王・准后相論の事、きこしめし候、然ば座なみ(次)の事、隔座たるべきの段仰せられ候、あまねく申ふ(触)れられ候へく候、あなかしく、
>
> 関白(秀吉)とのへ

すなわち正親町天皇の意向は、座次は上下が明確とはならない「隔座」とするというものであった。

総見院ではまず、親王方の伏見宮邦房親王・青蓮院尊朝法親王・妙法院常胤法親王・梶井宮最胤法親王が出座し、証文一両通を提出するとともに、関白秀吉とのあいだで数度の問答

があった。ついで准后方の前左大臣近衛前久・聖護院道澄・大覚寺尊信・三宝院義演が出座し、秀吉とのあいだで問答があり、そこでは正親町天皇の一冊と懐紙とが見せられた。しかし事を決しがたく、摂家の九条兼孝・一条内基・二条昭実へ使者を遣わし問答を重ねるが、容易に決着しなかった。最終的に秀吉は、親王方・准后方の座次について三ヵ条の条書をもって次のような裁断を下した。

その第一条で、親王と准后の座次は隔座とすること、第二条で僧体のものについても同様、隔座とすること、第三条で前関白と僧体の准后も隔座とすることを定め、条文のあとに親王・准后相論（争論）の事については古今一決することがなかった、そこで大徳寺においてこの件を職の来歴や官における序列、両者の持つ旧記を検討し、この三ヵ条を定めた、後代の「亀鏡（きけい）」（拠りどころ）とすべきである、そしてこの趣をもって勅書をなされ治定したのであるから、諸家・諸門へ告げ触れるので、いよいよこの法度を守るように、と結んでいる。そして年号のあとに「関白（花押）」と署名している。

このように関白となった直後に秀吉の裁定が親王・准后を対象になされたことは、それ自身注目に値するが、さらにそれが正親町天皇の意を奉じる形式で伝えられたことは、秀吉自身の天皇との位置を考えるうえで興味深い。

秀吉の参内

秀吉による最初の正式参内は、先述したように内大臣任官にともなう天正十三年（一五八

年月日	対面所	献儀	進上物
天正13.3.10	常御所	三献	太刀折紙、銀100枚
天正13.7.11	常御所	三献	白鳥3、帷子30
天正14.1.14	儀伏所	三献	縮羅50端、白鳥1、鶴 1
天正15.2.6	儀伏所	三献	白鳥3、馬太刀
天正15.7.29	儀伏所	三献	白鳥3、生絹10、越後布50、五色の糸20斤、緞子巻物20
天正16.1.13	儀伏所	三献	馬太刀、白鳥3
天正16.7.28	儀伏所	三献	越後布30
天正17.1.14	儀伏所	三献	馬太刀、鶴1、白鳥3、雁1棹
天正18.1.1	儀伏所	三献	太刀折紙、鶴3、白鳥3
天正18.11.3	儀伏所	三献	銀300枚
天正19.1.12	常御所	三献	馬太刀1万疋
天正20.9.18	儀伏所	三献	馬太刀1万疋、白鳥3
文禄2.10.3	儀伏所カ	三献	御服20、沈香ノホタ3、白綿200把、白鳥5、太刀馬代銀100枚
文禄3.4.11	―	―	―（翌日禁中にて能）
文禄4.3.27	―	三献	太刀折紙1万疋、白鳥3、中折300把
文禄5.5.13	儀伏所	三献	馬太刀、銀1000枚、沈香5種、綿1万把、帷子200、白鳥20
慶長2.4.27	―	―	銀50枚、白鳥3、杉原紙10束、太刀折紙
慶長2.9.28	―	―	（秀吉・秀頼参内、秀頼従四位下少将に叙任）
慶長3.4.18	常御所	三献	銀50枚、白鳥3、太刀

秀吉の参内

五）三月十日である。次の表は、秀吉の正式参内の一覧である。個々の参内の詳細については、その都度述べるとして、ここでは全体的な傾向を概観しておこう。

表によれば、秀吉は内大臣任官以降、関白を退き太閤（たいこう）となって以降も含め、少なくとも年にほぼ一度は参内しており、一度も正式の参内をしなかった信長とは大きく異なっている。天皇・朝廷との関係は、信長が禁裏に一定の距離を置いたのに対し、極めて接近したものであった。

献上品に注目すると、必ずしも一定しないが、祝儀を象徴する白鳥がほぼすべての参内に見られるほか、太刀馬代は銀一〇〇枚あるいは銭一万疋である。この額は、足利義昭の時代と比較すると、雲泥の差がある。もちろん義昭と秀吉とではその豊かさに大きな差があるのは当然であるが、天皇側からすれば、参内にともなう朝廷側の収入は格段に増加したことになる。永禄十三年（一五七〇）、足利義昭の参内を正親町天皇が求めたように、武家の参内は、天皇の側にとっては政治的にも財政的にも求むべきものであった。

このことが象徴するように義昭・信長の時代と異なり秀吉の時代になると朝廷の財政は豊かとなり、個々の儀礼においてもその財源を求めて天皇が綸旨（りんじ）や女房奉書を所々に出し求めるような姿は、ほとんどみえなくなる。

正親町天皇の歌と秀吉の返歌

天正十四年（一五八六）の桜は、二月末ころに盛りを迎えた。お忍びで禁裏の花見に出かけた秀吉は、桜のもとで一献のあと歌を詠み、それに大きな桜の枝を付けて勧修寺晴豊を使いとして正親町天皇に届けた。それに対し、正親町天皇は、二月二十八日、次のような和歌を秀吉に贈った。

木立より色香ものこる花さかり
　ちらて雲井の春や経ぬへき

これに対し、秀吉はすぐさま返歌を詠み勅使に渡した。その返歌は、

忍ひつゝかすみとゝもになかめしも
　あらわれけりな花の木のもと

であった。この歌の遣り取りに感激したのであろう、秀吉は翌二十九日、多くの人にも歌を詠むように命じた。その中には、誠仁親王・和仁親王も含まれていた。二人の親王の歌は勧修寺晴豊・中山親綱・休庵を使いとして秀吉に届けられた。

この歌の遣り取りの一件は、正親町天皇と秀吉との良好な関係を印象づけるために秀吉によって企てられた一つの大きなイベントであったのではなかろうか。

3　戦いと天皇

紀州攻めにあたっての勅使

天正十三年（一五八五）三月二十一日、秀吉は根来・雑賀の一揆平定の紀州攻めのために大坂を発し、四月二十六日大坂に凱旋する。この秀吉の紀州攻めに際し、正親町天皇は伊勢神宮・石清水八幡宮・賀茂上下社等の神社だけでなく興福寺や園城寺にも綸旨を出して「内府」すなわち秀吉の出陣の祈願を命じた。石清水八幡宮に宛てられた綸旨をあげておこう。

内府(秀吉)出陣の儀について御祈の事、一社一同丹誠を抽きんずべきの旨、下知いたすべき由、
天気候ところなり、よって執達件のごとし、
　三月廿二日　左少弁(中御門宣光)（花押）
　　八幡宮検校法印御房

そして、それぞれの社寺から、祈禱の巻数が秀吉の陣所に届けられた。また、正親町天皇は、日時は明らかでないが、中納言日野輝資を勅使として秀吉の陣に遣わした。

このように正親町天皇は、秀吉の紀州攻めに際して秀吉側に立つことを明確にした。この天皇の姿勢は、秀吉にとって決定的とまではいえないまでも、紀州攻めの正当性を担保するものとなった。

秀吉煩いの祈禱

紀州を平定した後、天正十三年（一五八五）五月十日、大坂から上洛した秀吉は、二十日ころ近江坂本に行くが、そこで煩った。この煩いに対し、正親町天皇は、紀州攻め出陣の時同様、諸社寺に病気平癒の祈禱を命じる綸旨を発するとともに、見舞いの勅使を派遣した。その勅使派遣に際して誠仁親王から秀吉に宛てた消息が残されている。

御見舞として勅使下され候まゝ、一筆とり向き候、近日出陣のよしその聞え候、紅暑の時

分にて候まゝ、諸勢ハかりにて追討候やうにと、叡慮にも色々御肝煎候間、とかく上へまかせられ候はん歟、昇進も候へは、まへ〳〵には相替り候事候程に、何様にも名代として出馬しかるへく候、このとうふく(道服)一つゝみまいらせ候、猶くわしくハ中山大納言(親綱)申し候へく候、あなかしく、
(奥端切封ウハ書)「内大臣(秀吉)とのへ　　(誠仁親王)(花押)」

内容は、正親町天皇から御見舞いとして勅使が下されるので、その機会に手紙を書く、近日出陣（四国攻め）とのことであるが、紅暑の時分でもあり、諸勢ばかりで追討するようにとの叡慮でもある、とかく上にまかせられてはいかがか、また秀吉が内大臣に昇進したのだから、前々とは変わり、自ら出陣するのではなく名代を遣わすのがよいだろう、なお詳しくは中山親綱が申すであろう、というものである。見舞いと同時に秀吉自らの四国出陣を、内大臣に昇進したことを理由に思い留まらせようとしている。

島津への停戦命令

関白となった秀吉は、天正十三年（一五八五）十月二日、豊後府内の大友宗麟の求めに応じ、九州を席巻しようとする薩摩の島津義久に対し次のような御内書を送った。

勅諚について筆を染め候、よつて関東残らず奥州の果まで綸命に任せられ、天下静謐の

ところ、九州事今に鉾楯の儀、然るべからず候条、国郡境目相論互の存分の儀、聞こし召し届けられ、追って仰せ出さるべく候、先ず敵味方とも双方弓箭を相止むべき旨、叡慮に候、其意を得らるべき儀、もっともに候、自然此の旨を専らにされず候はば、急度御成敗なさるべく候の間、この返答、各 ためには一大事の儀に候、分別あって言上あるべく候也、

拾月二日　（秀吉）（花押）

嶋津（義久）修理大夫殿

この御内書のなかには秀吉自らに対する自敬表現がみられ、意の取りにくいところもあるが、その内容は、「勅諚」を伝えるために筆を執った、関東はいうに及ばず奥州の果てまでも、天皇の命により、天下静謐となったにもかかわらず、九州では今に戦闘が止まぬのはしかるべきでない、国郡の境目争いについては、その実状を聞き、追って命じるであろう、まず敵味方双方とも弓箭、戦闘を止めよというのが天皇の意向である、そのように心得られるが尤もなことである、万一、この旨を遵守しないのであれば「成敗」する、これへの返答は極めて重大のことであるので、よくよく分別のうえ言上するように、というものである。

この御内書は、実質的には秀吉がひとまず義久に臣従を求めたものであるが、注目したいのは、この停戦命令が「勅諚」「叡慮」として義久に示されたことである。正親町天皇が島津氏にこうした書状が送られることをあらかじめ了承していたとは思えないが、関白となっ

た秀吉は、積極的に天皇を利用している。この点は、天正八年に信長が島津・大友両氏に九州での争いを調停しようとしたときにはみられぬものである。

九州出陣

島津氏に停戦命令を出す一方、天正十三年（一五八五）十一月、秀吉は、家康とのあいだでの人質交渉がいっこうに進展しないなか、「家康成敗」を決断し、年末には上杉景勝をはじめ諸大名にそれを伝え、さらに翌年正月初旬には二月十日に出馬すると報じた。こうしたなか、尾張の織田信雄が正月二十七日、岡崎に家康を訪ね、秀吉と家康のあいだを仲介し両者は和睦することになった。その後、秀吉は、六月には上杉景勝を上洛させ、次いで十月家康を上洛させ、臣下の礼を取らせた。

家康上洛に先立ち、七月、秀吉は、島津攻めを決め、四国勢・中国勢を先手とし、そのあとに備前・播磨・丹波・美作・紀伊・淡路の軍勢を添えて羽柴秀長等を派遣することとした。一方、九州での戦局は島津側優勢で展開したため、秀吉は、自ら九州出兵を決断、天正十五年三月一日に出陣する。

こうした展開のなか、天正十四年十一月に即位した後陽成天皇は、翌年三月十三日、秀吉の九州出陣の祈禱を伊勢神宮に命じ、また十五日には同様の祈禱を石清水八幡宮にも命じた。その時の綸旨をあげておこう。

関白(秀吉)出陣儀について御祈事、明後日十七日より一七ケ日、一社一同丹誠を抽きんずべきのよし、天気候ところ也、よって執達件のごとし、

三月十五日　左中弁(中御門宣光)（花押）

八幡宮検校法印御房

また後陽成天皇は、三月二十四日に九州の秀吉の陣に中納言広橋兼勝を勅使として派遣し、勅書とともに生絹の帷子五を贈った。正親町上皇からも院使が秀吉のもとに遣わされた。なお、兼勝は五月十三日に帰京している。

一方、秀吉は、筑前秋月城に入った四月三日、菊亭晴季・勧修寺晴豊・中山親綱の三人の伝奏に宛て、それまでの戦況を後陽成天皇に披露するよう依頼した。この報は、四月十三日には後陽成天皇のもとに届いている。

七月十四日、大坂に凱旋した秀吉は、二十九日に参内。後陽成天皇は、儀仗所にて対面。そこで三献の儀があり、六宮（のちの智仁親王）・右大臣菊亭晴季・豊臣秀次が相伴した。秀吉からは白鳥三羽のほか土産として生絹一〇、越後布五〇、五色の糸二〇斤、緞子巻物二〇が進上された。

細部には違いがあるものの、秀吉の九州攻めに対する後陽成天皇の対応は、紀州攻めの折の正親町天皇と基本的には同様であった。

秀吉の北条氏直弾劾状

秀吉は、早くから家康を通じて小田原北条氏の服属を求めたが、北条氏はそれに容易には応じなかった。天正十四年（一五八六）十月、家康が上洛し秀吉に臣従したことで、北条氏への働きかけは一層強められ、天正十六年八月には北条氏直の叔父である氏規が上洛したことで、北条氏の秀吉への臣従が定まったかにみえた。しかし、北条氏と真田氏とのあいだで争奪戦が繰り返されていた上野沼田において、秀吉の裁定がなされたにもかかわらず、北条氏がこの地を攻め取ったことで、天正十七年十一月、秀吉は、小田原の北条氏を誅伐することを決し北条氏直に宛てた弾劾状を発し、その写しを、各地の有力大名に送りつけた。この弾劾状は五ヵ条からなり、第一条で「北条事、近年公儀を蔑ろにし、上洛あたわず、殊に関東において雅意に任せ狼藉の条、是非に及ばず」と、まず北条氏直の非をあげ、二・三・四条でここにいたる経過を詳細に述べたあと、第五条で、信長に仕えて以来、明智光秀・柴田勝家を退治し、関白となるまでの秀吉自らの経歴を記し、そのあとに、

> 然るところ氏直天道の正理に背き帝都に対し奸謀を企つ、何ぞ天罰を蒙らざらん哉、古諺に云う、巧詐拙誠にしかずと、所詮普天下勅命に逆らうの輩、早く誅伐を加えざるべからず、来歳必ず節旄を携え進発せしめ、氏直の首を刎ぬべき事、踵を廻すべからざる者也、

と、「天道」「天罰」を動員してその非を重ねて責め、さらには氏直が「勅命」に逆らうものとして、誅伐されるとする。これは一種のレトリックであり、島津攻めの時と同様、実際に勅命があった訳でもなく、また天皇から「節旄」（天子から使者に賜ったしるしの旗）が下賜されてもいないが、北条攻めの正当性が勅命に求められている。

北条攻めの祈禱と関東出陣

天正十八年（一五九〇）二月二十八日、後陽成天皇は、秀吉の関東出陣無事の祈禱を聖護院道澄に命じ、また秀吉に出陣のはなむけとして馬太刀代銀一〇枚を贈った。正親町上皇も秀吉に中山親綱・菊亭晴季を使いとして太刀折紙を贈った。

三月一日、秀吉は、懸案となっていた北条攻めのために京都を発ったが、この日、後陽成天皇は、禁裏四足門のそばに設けられた桟敷から秀吉の出陣の軍勢を見物した。山科言経はその日記に「美麗前代未聞言語道断也」と記し、また多聞院英俊は「人数六千斗云々、奇麗金銀唐和財宝事尽タル事、中々言語に及ばざる由」と記しており、この出陣の行列は行装を凝らしたものであった。四足門の前まで来た秀吉は、一人下馬し、天皇が観覧する桟敷に具足のまま上がり、後陽成天皇に「いとまこひ」をし、ついで正親町上皇のもとに行き、挨拶をするとともに、そこでは盃があった。

恐らく、後陽成天皇も正親町上皇も、自らの意志と関わりなく、秀吉によって出陣行列を見るよう求められたのであろう。秀吉にとっては、この出陣が、天皇支持のもとに行われたことを衆人に示すためのものであった。

四月十七日、正親町上皇は、妙法院常胤に命じて秀吉戦勝のために一七日の祈禱を行わせた。四月二十日は、北政所（秀吉の室）の立願で内侍所での臨時の御神楽が催された。北政所からは金三枚が献上され、一枚は後陽成天皇に、残る二枚は米一〇八石に替えられ、御神楽の費用として下行された。

一方、後陽成天皇は、聖護院道澄に命じて、二十三日から二十九日までの七日間、陣の祈禱として金剛童子法を清涼殿で執行させた。さらに四月二十六日、天皇は、勧修寺晴豊を勅使として秀吉の陣に遣わし、天皇からは、文と御服五重・薫物が贈られた。勅使勧修寺晴豊が京を出発したのは、五月二日のことである。勅使としてではないが、菊亭晴季・中山親綱・烏丸光宣もまた関東に下った。

六月一日、菊亭晴季が帰京し、ついで勅使の勧修寺晴豊も三日には京着し、その足で後陽成天皇と正親町上皇のところまで出向き、関白秀吉からの返事を申し入れるとともに、夕方には衣装を改めて祗候した。そこで「ちんもよくめてたきよし」を申し上げた。

七月五日、北条氏直は、自ら城を出て秀吉の陣に行き、降伏した。秀吉は、北条氏政と老臣たちに自刃を命じたが、家康の女婿であることを理由に氏直には死を免じ高野山に入らせた。そして秀吉は十一日付で伝奏の菊亭晴季・勧修寺晴豊・中山親綱に宛てて判物を出し、北条氏政等の首を刎ねたこと、それを京に送ること、さらに出羽奥州の仕置のため会津に向かうことを、後陽成天皇に披露するよう求めた。

天正十八年九月一日、秀吉は北条攻め、奥羽仕置を終え帰洛する。この秀吉の帰陣を聞いた後陽成天皇は、関白秀吉が「なに事なく、する〳〵と御のほり」になったことを悦んでいる。同月四日、秀吉は「大納言殿たち」（おそらく伝奏の勧修寺晴豊・中山親綱のことと思われる）を使いとして、後陽成天皇に、「すぐに参内すべきではあるが、新公家衆（新たに公家になった武家）がいまだ帰陣していないので、御礼が遅くなります」と申し入れ、参内の遅延を弁明した。

第四章　後陽成天皇と朝鮮出兵

1　後陽成天皇の即位と聚楽第行幸

さて、話は少し遡るが、正親町天皇の譲位と後陽成天皇の即位について述べよう。

誠仁親王の死

正親町天皇の譲位は、先述したように天正十二年（一五八四）十月には秀吉の「申沙汰」で行われることが決定しており、仙洞御所の建設も十三年春には始まり、譲位に向けての準備は着々と進められていた。

ところが、天正十四年七月二十四日、正親町天皇の跡を受けて近く即位する予定であった誠仁親王が突然死去した。それまで健康であった誠仁親王は、七月半ばに煩い、医者からは瘧と診断された。間欠熱の一種で、当時は「おこり」また「わらわやみ」とも称された病である。七月十六日、正親町天皇は、聖護院道澄に三日の加持祈禱を、また十八日には吉田兼見にも三日の加持を命じた。そうしたなか、誠仁親王は、二十一日には方違えのために小御所に出向くなど、小康状態であり、二十三日にも禁裏で「御おこりの御きとう」として御月待（月が出るのを待ち供物を供えること）がなされたが、翌二十四日死去した。享年三五であった。

誠仁親王の死去が突然であったことで、さまざま噂が流れたようである。奈良興福寺の僧英俊は、その日記に「廿四日ニ親王様崩御云々、疱瘡と云い、麻疹と云い、一説には腹を切り御自害とも云々、御歳三十五歳なりと、御自害ならば、秀吉王になさる一定か、天下の物怪なり、一天ただ諒闇（誠に暗い）とはかくのごとき事、浅猿々々、女御を誰ぞ盗む故と云々」と、また別のところで「秀吉は王になり、宰相殿（秀長）は関白になり、家康は将軍になる」とも記している。親王の病気を疱瘡あるいは麻疹としながらも、「腹を切り御自害」との噂を記し、もし自害であれば、秀吉が王（当時「王」とは天皇の意である）となるのではと記している。世上は、正親町天皇と秀吉の関係をなお確定的なものとは感じていなかった。

正親町天皇の譲位と後陽成天皇の即位

誠仁親王の死から三ヵ月あまり後の十一月七日、正親町天皇は和仁親王に譲位し、後陽成天皇が位に就いた。そして同月二十五日、即位礼が執行された。正親町天皇の即位礼が財政的裏づけが得られず践祚から三年目にようやく執行されたのとは大きく異なっている。

後陽成天皇となる和仁親王は、元亀二年（一五七一）十二月十五日に誠仁親王の第一皇子として誕生。母は勧修寺晴右の女晴子である。父の誠仁親王が死去した翌日の七月二十五日に正親町天皇の命で母の里である勧修寺邸から禁裏小御所に移った。そして同年九月十七日に親王宣下を受け、同月二十日には加冠を関白秀吉が、理髪を頭弁万里小路充房が務め、元服した。

譲位の日の十一月七日には関白秀吉も参内し、譲位の儀礼に加わった。正親町天皇は院御所に移り、禁裏には後陽成天皇がその日から入った。翌日には、秀吉から後陽成天皇に数々の調度品が贈られた。

同月二十五日、即位礼が紫宸殿で執り行われた。それに先立ち、秀吉を太政大臣とする陣儀が持たれた。この秀吉の太政大臣任官に際して、後陽成天皇は、秀吉に豊臣の姓を与えた。即位の礼は、未の刻（午後二時）に始まり、後陽成天皇が高御座に入御、そこに関白秀吉が高御座の南口から入り、後陽成天皇に灌頂を伝授した。この灌頂相伝は、本来摂家の二条家がほぼ独占してきたものである。

そして即位翌月の十二月十六日には近衛前久の女前子が、関白秀吉の養女として入内し、後陽成天皇の女御となった。形式的なものとはいえ、秀吉は天皇の外戚の地位に就いたことになる。

聚楽第行幸

天正十六年（一五八八）四月十四日、後陽成天皇は、聚楽第に行幸、十八日に禁裏に戻った。

これに先立ち天正十四年二月、秀吉は、京都内野に聚楽第の築造を始める。現在の二条城の規模を遥かに超える巨大な平城であった。聚楽第が建設された内野は、かつての内裏跡であり、現二条城の北、一条通、大宮通、出水通、千本通に囲まれた地である。この新邸は、当初、「関白新城」と称されたが、天正十五年正月、これを「聚楽」と称し、完成後には天皇の行幸のあることが所司代から触れ出された。

聚楽第が秀吉の本城となるのは、天正十五年九月のことである。同月十三日、秀吉は大坂から母の大政所、正妻の北政所を伴い正式に聚楽第に移徙した。これ以降、聚楽第は、秀次に譲られるまで、秀吉の居城、本城となった。

聚楽第行幸が間近となった三月二日、後陽成天皇は、聖護院道澄に命じて、清涼殿において行幸の無為を祈るために尊星王大法を執行させた。この行法は九日に結願し、聖護院道澄をはじめ行法に参加した僧へ布施と下され物があり、その後、後陽成天皇は儀仗所にて聖護院道澄に対面、そこで盃一献があった。この祈禱執行は、後陽成天皇が聚楽第行幸を不安に思ってのことだろうか。

天正十六年四月十四日の行幸当日、後陽成天皇は、正午ころ禁裏南殿に出御、晴れの御膳を召し上がったあと鳳輦に乗り込んだ。その折、室町将軍の例を破って自ら禁裏まで天皇を迎えに来た秀吉が天皇の裾をとり天皇が鳳輦に乗り移るのを助けた。秀吉をはじめ、摂家・清華の公家衆と多数の武家を従えた行列は、六〇〇〇人を超す警固のなか、聚楽第に向かうが、先頭が聚楽第についてもなお後尾は禁裏を出ていないほどだったと言われている。

行幸の初日は、七献の饗宴と管弦があった。饗宴には、秀吉・六宮（智仁親王）・伏見宮

邦房親王・中務卿宮・准后九条兼孝・准后一条内基・前関白二条昭実・左大臣近衛信輔・右大臣菊亭晴季・前内大臣徳大寺公維・内大臣織田信雄・右大将西園寺実益・前大納言大炊御門経頼・大納言久我敦通・左大将鷹司信房・大納言徳川家康・大納言豊臣秀長・中納言豊臣秀次・三位中将菊亭季持・参議花山院家雅・参議宇喜多秀家の二一人が相伴した。

翌十五日、秀吉から後陽成天皇に京中の地子銀五五三〇両余りが進上され、正親町上皇に京中地子米三〇〇石、「六宮」に五〇〇石が献じられた。さらに公家や門跡にも近江高島郡内で合計八〇〇〇石の地が与えられた。その折、智仁親王に宛てられた秀吉の判物をあげておこう。

今度聚楽行幸について、京中銀地子五百五拾参枚余の事、禁裏御料所としてこれを進上候、幷米地子の内参百石、院御所江進上候、此外五百石関白領として六宮へこれを進め、京中地子米銀共ニ一粒残らずありのままこれを進む上は、全く運上あるべし、諸公家・諸門跡へ近江国高嶋郡において八千石、それぞれの仁に配分せしめ候、朱印別帋にこれを遣わすといえども、自然無奉公の輩これ有らば、叡慮として召し上げられ、誰々によらず相励み御奉公仕る躰ニ御支配あるべきの条、件のごとし、

天正十六年卯月十五日　秀吉（花押）

六宮（智仁親王）御かたへ

ここで注意しておきたいのは、「此外五百石関白領として六宮へこれを進め」とある部分である。この部分から、この段階で六宮＝智仁親王が秀吉の猶子となり関白職を継承することを約束されていたことが分かる。いいかえれば、子のない秀吉は、その後継者を誠仁親王の子、六宮に託そうとしていたのである。

そしてこの日、秀吉は、大名から誓紙をとった。その内容は、第一は聚楽第行幸にさいし昇殿を許されたことへの御礼、第二は、禁裏御料所、公家・門跡領の保証、第三は関白秀吉の命には何事であろうといささかも背かないことであったが、この誓紙の最大の目的は第三条目にあったことは明らかであろう。

この時の誓紙の提出者は、二つのグループからなり、一つめのグループは、内大臣織田信雄、大納言徳川家康、大納言豊臣秀長、中納言豊臣秀次、参議宇喜多秀家、右近衛権少将前田利家の六人、二つめのグループは豊後侍従大友義統、丹後少将細川忠興ら二三名である。さらに注意すべきは、織田信雄が平姓、徳川家康が源姓など、数名が異なる姓であるが、過半の大名が豊臣姓であり、形式的とはいえ、豊臣姓をもって擬制的同族集団を出現させ、それを通じた政権の安定が図られたのである。

行幸は当初三日の予定であったが五日に延長され、十六日には歌会があった。十七日には舞があり、また秀吉の母の大政所から御服一〇重・檀紙一〇帖・麝香の臍一〇・香炉一・砂金五〇両が、正室の北政所から御服二〇重・檀紙一〇帖・麝香の臍一〇・香炉一・砂金五〇両が後陽成天皇に進上された。十八日は還御の日であったが、秀吉からは御服五〇重・金襴二〇巻・麝香の臍二〇・檀紙二〇帖・砂金一〇〇両・馬一〇疋が贈られた。

北政所の叙位

後陽成天皇は、聚楽第から還御の翌日十九日に、秀吉の正室北政所を従一位（じゆいちい）に叙した。室町幕府八代将軍足利義政（よしまさ）の室、日野富子（ひのとみこ）が寛正（かんしょう）六年（一四六五）に従一位に叙せられて以来のことである。この時の口宣案（くぜんあん）が高台寺（こうだいじ）に伝えられているのであげておこう。

上卿勧修寺大納言

天正十六年四月十九日　宣旨

豊臣吉子

宜令叙従一位

蔵人頭左近衛権中将藤原慶親奉

ちなみに「豊臣吉子」とあるのが北政所のおねのことで、恐らくこの叙任に際し、秀吉の「吉」の一字を採って名乗ったものであろう。

この叙任を含め聚楽第行幸以降、大政所・北政所と朝廷の関係は、密接なものとなっていく。

天正十六年閏五月十三日には、北政所の立願で、内侍所（ないしどころ）で臨時の御神楽が行われている。

また、同年六月、秀吉の母である大政所が煩った折、秀吉の奏請により大政所平癒を願う臨時の御神楽が内侍所で催行されたほか、伊勢・春日・石清水八幡・賀茂上下・祇園・住吉・稲荷・北野等へ勅使がそれぞれ派遣された。この時の事例は、大政所の病が平癒したこともあって、これ以後、秀吉の一族が病気になったとき、内侍所での御神楽催行と諸社への奉幣が恒例となる。

鶴松の誕生と八条宮家の成立

天正十七年（一五八九）五月二十七日、秀吉の子、鶴松が誕生した。この報に接した後陽成天皇は、翌二十八日、太刀を鶴松に贈った。また准后勧修寺晴子、女御近衛前子も産衣を贈っている。さらに、九月十三日、鶴松が大坂へ下ることを聞いた天皇は、勧修寺晴豊を勅使として遣わし、太刀を贈っている。

この鶴松誕生をうけて、十一月、後陽成天皇は、「六宮」に譲ることが約束されていた関白職を鶴松に譲ることを前提に近衛以下の宮家・摂家に勅問する。「六宮」は天正七年に誠仁親王の第六皇子として誕生、母は勧修寺晴子で、後陽成天皇にとっては八歳下の弟であり、聚楽第行幸のときまでには秀吉の猶子として関白職の継承を約束されていた。

この勅問にあたって作成された七ヵ条の覚書が残されている。そのうち四ヵ条は、勅問以前の後陽成天皇と秀吉とのあいだのやりとりを記したもので、後の三ヵ条が勅問にあたる。一ヵ条目には、天皇の意向が記されており、「若公御方」すなわち鶴松が誕生した以上、関白については六宮に譲るとの約束であったが、関白職は鶴松に譲るべきだとするものであった。二ヵ条目はそれに対する秀吉の返答で、鶴松に関白職を譲るべきとの勅意であり、かたじけないことでお請けすべきではあるが、人の子を養子として申し受け、その人物に特段の異議もないのに、いわんや六宮方とは契約しており、今更替えることは、叡慮といえどもお請けしがたい。三ヵ条目は、天皇からの重ねての仰せである。そこでは、これ以上斟酌には及ばない、余のことでも関白（秀吉）に談合せずにかなわないのに、ましてやこのような筋目の儀を仰せたのに、あまりたびたび遠慮すべきではないとの仰せである。四ヵ条目で、秀吉は、鶴松はいまだ幼少でありこの先どうなるかは分からないのでと、遠慮の意向を重ねて示した。

智仁親王像　町尻量聡筆。御物

こうした状況をうけて、後陽成天皇は三つの勅問を発した。その第一は鶴松によらず誰であっても、関白（秀吉）の「御家」を相続する人物へ関白職を与奪させることは苦しからずやというもの、第二は六宮の「御進退」について、第三は六宮の位とその家の呼び名についてのものであった。

これに対する摂家筆頭の近衛からの返答は、まず、六宮のことについては叡慮も関白

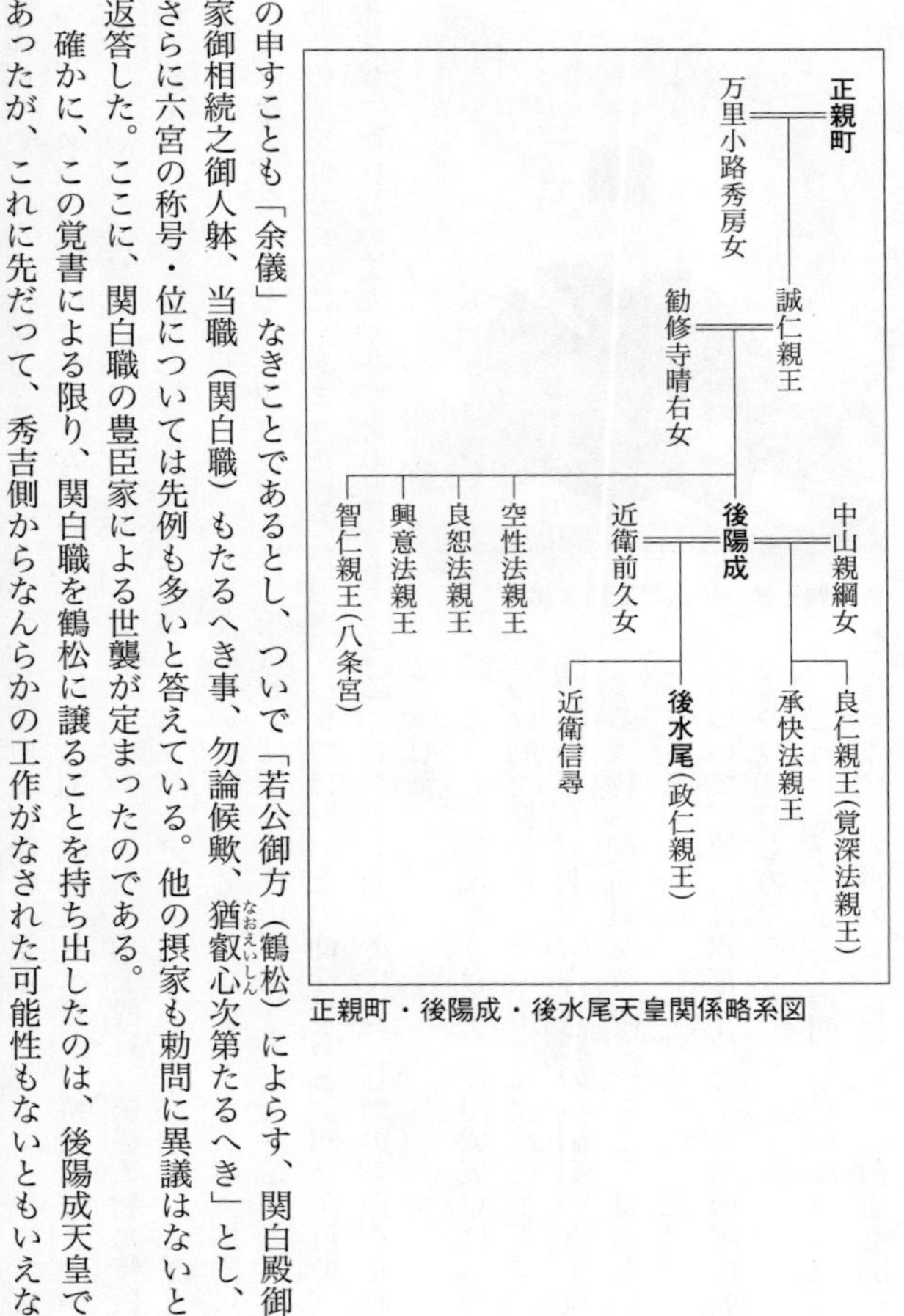

正親町・後陽成・後水尾天皇関係略系図

の申すことも「余儀」なきことであるとし、ついで「若公御方（鶴松）によらす、関白殿御家御相続之御人躰、当職（関白職）もたるへき事、勿論候歟、猶叡心次第たるへき」とし、さらに六宮の称号・位については先例も多いと答えている。他の摂家も勅問に異議はないと返答した。ここに、関白職の豊臣家による世襲が定まったのである。

確かに、この覚書による限り、関白職を鶴松に譲ることを持ち出したのは、後陽成天皇であったが、これに先だって、秀吉側からなんらかの工作がなされた可能性もないともいえないし、また後陽成天皇は六宮の行く末を心配して、このような行動に出たとも考えられるが、いまその真相を明らかにしえない。

結局、六宮は秀吉の猶子でなくなり、十二月二十九日、称号を八条宮、一品親王とすることが秀吉の上奏により決定し、智仁親王を称することになる。そして翌年二月十九日に八条宮の屋敷の縄打ちがあり、十二月二十三日に八条宮智仁親王は新しい屋敷に移徙した。

豊臣秀長の病気

天正十七年（一五八九）の末、秀吉の弟で当時大納言に任官していた豊臣秀長が煩う。これに対し、後陽成天皇は、十二月七日、大和郡山にいた豊臣秀長のもとに病気を見舞うためとして勧修寺晴豊を勅使として遣わし、練香を贈った。さらに翌年十月二十二日に、秀吉から秀長の病気平癒を願って、大政所の吉例にならって諸社へ勅使を立てられ立願するよう申し入れがあり、後陽成天皇は、それに応えて勅使九人を諸社に派遣した。具体的には伊勢へは柳原淳光、賀茂上下へは中山親綱、八幡へは久我敦通、春日へは中御門資胤、住吉へは日野輝資、稲荷へは菊亭晴季、御霊へは広橋兼勝、祇園へは勧修寺晴豊、松尾へは白川雅朝が勅使として遣わされた。この時、秀吉から諸社へ二〇〇〇疋三〇〇〇石が贈られた。

しかし、こうした祈禱も実らず、秀長は、天正十九年正月二十二日に郡山城で死去した。

鶴松の死去と秀次関白任官

鶴松は、秀吉の後継者として関白職を約束された存在となったが、天正十八年（一五九〇）十一月、口中を煩った。同月十八日、秀吉からその平癒を願って、天正十六年の大政所の病気平癒祈願のときと同様、諸社へ「御立願」の勅使を立てるよう禁裏へ申し入れがあり、それをうけて後陽成天皇は、勅使を諸社に派遣した。また正親町上皇も同様に使者を諸社に遣わした。諸社へは秀吉より一〇〇〇石が贈られた。さらに同月二十一日には、後陽成天皇自ら「くわんはく（関白）殿若きみ（鶴松）のきたう（祈禱）」に千返楽を奏している。

この時の鶴松の煩いは本復したようであるが、朝鮮出兵を目前とした天正十九年八月五日にわずか三歳で夭折してしまう。

この鶴松の死は、ふたたび後継者問題を浮上させた。秀吉は、すぐさま甥の秀次を養子に迎え、秀次に関白職を譲ることとした。

天正十九年十二月四日、後陽成天皇は、十一月二十八日に大納言に任じられたばかりの秀次を内大臣に任じた。恐らく秀吉の奏請によってであろう。内大臣に任じられた秀次からは、後陽成天皇に銀一〇〇枚、正親町上皇に銀五〇枚が進上され、また伝奏四人に銀五枚ずつが贈られた。

この秀次への関白職与奪を前に秀吉は、十二月十六日、尾張での鷹野（鷹狩り）を終え、美麗に飾った鷹野の行装で二、三日滞在した大津から京に戻ってきた。その行列は、尾張での鷹野によって得られた鳥だけでなく、周辺の国々から集められた鳥をも加えたもので、一番に鶴、二番に雁、三番に鴨、四番に雉(きじ)、五番に鶉(うずら)、その後に狐・猪・狸も続いた。この行列を見た近衛信輔はその日記に「鳥のつゝきたる事前代未聞」と記している。

行列は、禁裏・院御所の外を通り、聚楽第へと向かったが、後陽成天皇・正親町上皇は築地(ついじ)に櫓(やぐら)を設け、そこから見物した。秀吉は、南蛮渡来の輿(こし)に乗り傘鉾(かさぼこ)を差し掛けられて現れた。後陽成天皇の桟敷の前では一献があり、秀吉はしばらくその場に滞留した。秀吉から鷹野の鳥が、後陽成天皇には記録によってその数は定まらないが、『晴豊公記』によれば鶴四つ二棹、雁七つ五棹、小鳥一〇棹一〇〇が、正親町上皇へは鶴一つ棹二、雁三棹、鳥五棹が進上され、その場に居た公家衆へも鷹の鳥（鷹野で狩った鳥）が贈られた。また、摂家・親王・門跡等も禁裏の四足門に出て、秀吉の行列を迎え、秀吉に面謁した。

この鳥行列のイベントは、秀次の関白任官を前にして天皇・公家等への下工作の一つとることもできよう。

秀次関白宣下

天正十九年（一五九一）十二月二十五日、「夜中関白勅許」があり、勅使として伝奏が秀次のもとに遣わされ、二十七日には秀次が「関白之御礼」として参内、後陽成天皇に銀五〇枚、正親町上皇に銀三〇枚を進上し、伝奏等にも銀二枚ずつを贈った。なお、『公卿補任(くぎょうぶにん)』は秀次の関白任官を十二月二十八日のこととしている。

そして、翌天正二十年正月一日、秀次が参内、後陽成天皇は、儀仗所で対面、三献の儀があり、秀次より白鳥と一万疋が進上された。この様子は秀吉の参内時と基本的に変わるところはない。

さらに正月二十六日、後陽成天皇は、秀次を新たな主とする聚楽第に行幸する。行幸の次第は、天正十六年の秀吉による聚楽第行幸にならって行われた。二十六日、午(うま)の刻（昼の十二時）に禁裏を出て、聚楽第の二階御殿に入り、その夜は、後陽成天皇をはじめとして関白秀次、摂家・清華・大納言が参会して和歌会が催された。二十七日は、一献の後に舞があり、その後、関白秀次より後陽成天皇へ太刀・小袖が進上され、摂家・門跡・公卿へも太刀や小袖が贈られた。二十八日、後陽成天皇は巳(み)の刻（午前十時）に聚楽第を発ち禁裏へと戻った。そして翌二十九日、後陽成天皇は、近衛信輔に左大臣を辞退させ、秀次を左大臣に任じた。近衛信輔の左大臣辞退の理由を、『多聞院日記』は「近衛殿ハ先度(せんど)行幸に付面目を失うとて逼塞(ひっそく)し了」と、行幸における失態としている。

2　北京への移徙――朝鮮出兵

朝鮮使節の来日

天正十五年（一五八七）の島津攻めが一段落し、いまだ九州にいる時点で、秀吉は引き続き朝鮮へ兵を進めようとし、対馬(つしま)の宗(そう)氏にその手筈(てはず)を整えるよう求めた。しかし、宗氏は、朝鮮と交渉し、使節を派遣させるよう取り計らうことでその場を凌いだ。

そして宗氏は、朝鮮からの使節派遣を粘り強く交渉し、ようやく使節派遣を天正十八年に実現させた。同年七月二十一日に朝鮮使節は、管弦を奏でながら上洛してきた。その時には、秀吉は小田原の北条攻めのために京を留守にしており、朝鮮使節は、大徳寺を宿所として、秀吉の帰洛を待った。

天正十八年九月一日に帰洛した秀吉は、伝奏の菊亭晴季・勧修寺晴豊・中山親綱を使いとし、後陽成天皇に新たに完成した新殿への移徙後に朝鮮の使節を召し連れ参内したいと申し入れた。それに対し後陽成天皇は、その場は「御心えのよし」と返答するが、秀吉から重ねて朝鮮の使節を伴って参内したい旨が申し入れられると、天皇は、十月十九日、菊亭晴季・勧修寺晴豊・中山親綱・久我敦通を所司代前田玄以のもとに遣わし、「中〱かうらい(高麗)の物なとハ内参あるまじく候由」すなわち「高麗人」の参内を許すことはできないと伝えさせた。さらに、同月二十五日には菊亭晴季・勧修寺晴豊・中山親綱が前田玄以のもとに行き、関白の参内について問いただしたところ、なお定まっていないとのことであり、その理由は「高麗人」を召し連れることが依然として問題となっていたようで、その場で再度、菊亭等から「狛人めしつれられ候ハん事、中々あるまじく候由」との後陽成天皇の意向が再度伝えられた。

すなわち後陽成天皇は、「高麗人」に会うことを拒絶したのである。天皇の異国人との不対面の原則は、このあたりで明確化していくようであるが、朝鮮使節を参内させることで朝鮮の日本への臣従を演出しようとした秀吉の意図は打ち砕かれた。

結果、朝鮮使節の参内は中止となり、十一月三日、秀吉は朝鮮使節を伴うことなく参内し、後陽成天皇へ銀子三〇〇枚、正親町上皇へ一〇〇枚、准后へ三〇枚、女御へ三〇枚を進上した。そして、五日後の十一月七日、高麗人が秀吉のもとに参向した。主要な使いは四人、そのほか五〇人ばかりが秀吉に拝謁した。その席には、あらかじめ出仕を求められた聖護院道澄・菊亭晴季・勧修寺晴豊・中山親綱・日野輝資・高倉永孝の姿があった。朝鮮の使節からは、虎の皮一〇〇枚、唐鞍二口、蜜桶五、人参一箱、白米五〇石が進物として贈られ、秀吉の前で「楽をふきてきかせ」た。

この時秀吉に贈られた白米は、秀吉から後陽成天皇・正親町上皇に贈られたようで、十一月二十五日に禁裏で「高麗の米」が内々衆に振る舞われ、十二月四日には「院ノ御所」でも「かうらい（高麗）の八木」が振る舞われた。なお「八木」とは米のことである。

御土居の建設

天正十九年（一五九一）閏正月、秀吉は、東は鴨川、北は鷹峯、西は紙屋川、南は九条を限りとする全長約二二・五キロメートルの堀と堤とで京の町を取り囲むいわゆる御土居の築造にとりかかった。

この御土居は、これまで秀吉による都市京都の大改造という文脈で語られてきた。しかし、より直接には、「唐入り」を前にして京都の治安を確保することにその目的があったようである。

当時左大臣であった近衛信輔は、その日記に「天正十九年閏正月ヨリ、洛外ニ堀ヲホラセラル、竹ヲウヘラル丶事モ一時也、二月ニ過半成就也、十ノ口アリト也」と、その様子を記すとともに、続けて「此事何タル興行ソト云ニ、悪徒出走ノ時、ハヤ鐘ヲツカセ、ソレヲ相図ニ十門ヲタテ丶、其内ヲ被捲為ト也」と、御土居が作られた目的を、洛中から「悪徒」が逃げ出すのを、一〇の門で搦め取ることにあったとしている。確かに、江戸期の御土居の絵図をみても、近年の発掘結果からしても、門の部分には城郭の出入り口にしばしばみられる

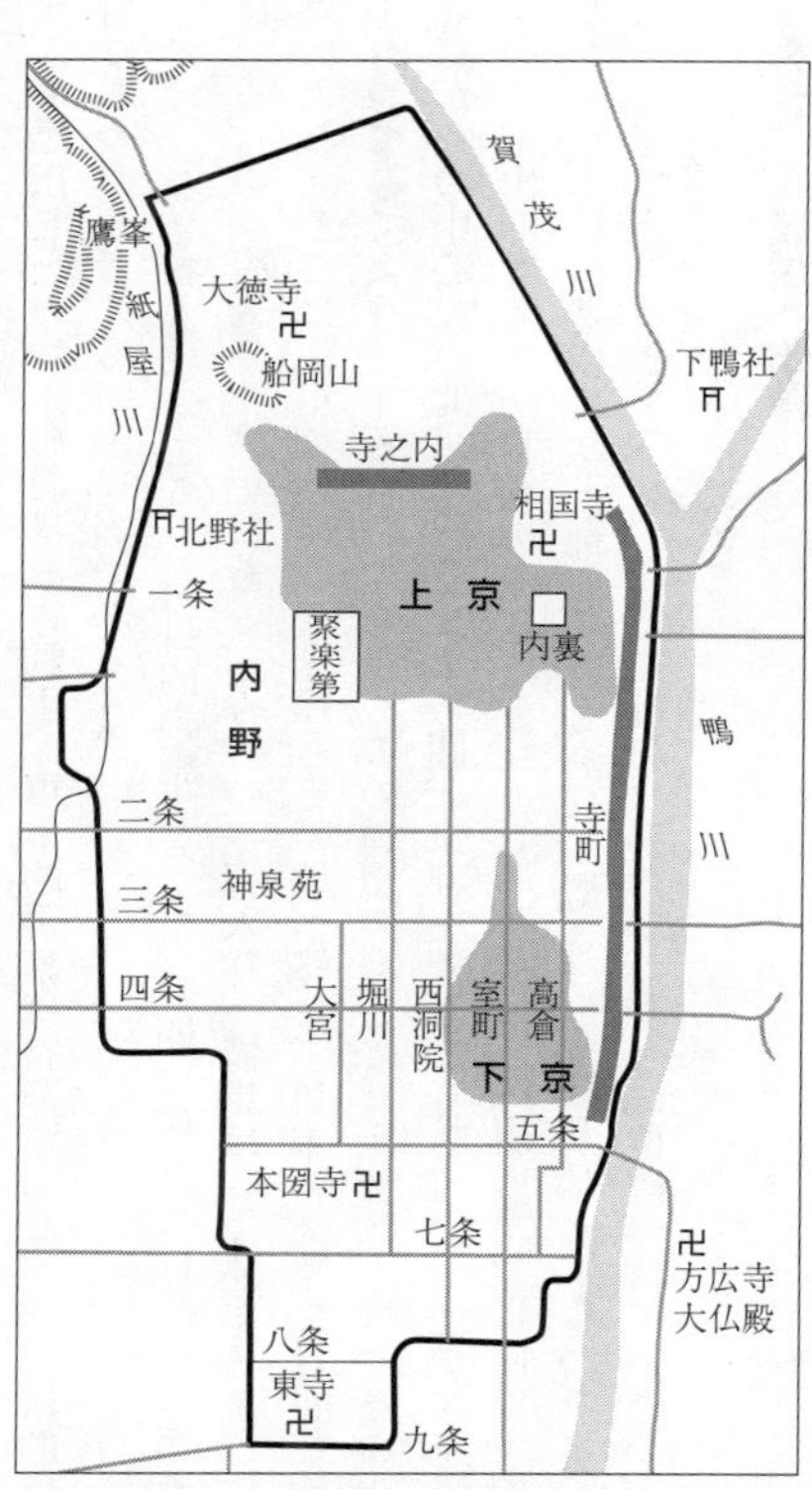

御土居図　━が御土居。京都市編『京都の歴史』をもとに作成

枡形や馬出しといった施設はみられず、軍事的要素は希薄であり、その目的は京都の治安維持にあったと考えるのが妥当であろう。

では、なぜ秀吉は、こうした目的の施設をこの時期に作り上げたのであろうか。その鍵は、秀吉の「唐入り」構想にある。秀吉の「唐入り」構想は、後述するようにまず自らが北京に入り、そこに天皇を迎え、公家達もその地へ移し、日本の天皇には良仁親王か智仁親王をもってあてようとするものであり、この構想のもとでは京都はもはやその中心にはなく、北京がその中心で、北京に移るまでの間、京都を安泰に守ろうとしたのである。肥前名護屋に向けて出陣する六ヵ月前の天正十九年九月、秀吉は、「唐入り」に向けての指示の一つとして、日本には豊臣秀次と蒲生氏郷とを残し置き、「令守帝都」すなわち京都を守らせることをあげていることからも、当時秀吉が京都をどのように位置づけていたかが窺い知れる。

秀吉、名護屋へ出陣

天正十九年（一五九一）十二月二十五日、秀吉は、関白職を甥の秀次に譲り、同日、来春三月の朝鮮への渡海を表明し、「唐入り」に踏み出した。秀吉は、天正二十年正月五日に発した「掟」のなかで「今度大明国へ御動座に付いて」と書き出したように、「御動座」の先は、朝鮮ではなく「大明国」であった。

そして同月十八日、秀吉は、「唐入り」にあたって異議なく日本軍が朝鮮を通ることを認めるよう、もし聞き入れないならば三月中に軍勢を壱岐・対馬に派遣し、四月には渡海させ朝鮮を「退治」すると朝鮮に申し送った。この要求を朝鮮王朝は、一旦拒んだ。

この朝鮮からの返事が秀吉のもとに届かないうちの三月二十六日、秀吉は、肥前名護屋に向けて出陣した。その日、禁裏の四足門と唐門の間には桟敷が設けられ、後陽成天皇・正親町上皇はそこで秀吉出陣の行列を見物した。秀吉は馬上姿で、桟敷の前で馬をおり、後陽成天皇のもとに参上、そこで三献の儀があった。正親町上皇のもとでも同様に献の儀があった。天正十八年の関東出陣時と同様の光景である。

さらに、五月十八日、後陽成天皇は、伊勢・春日・八幡等に勅使を派遣し、秀吉出陣の祈禱を行わせた。これも小田原出陣とほぼ同様であり、秀吉の出陣への後陽成天皇の対応がほぼ確定した様子が窺える。

天皇、北京へ――三国国割構想

宗義智・小西行長等一万八七〇〇人を第一軍、加藤清正・鍋島直茂等二万二八〇〇人を第二軍とし、合計九軍一五万八七〇〇人が、天正二十年（一五九二）四月十二日を皮切りに朝鮮に陸続と渡海していった。日本軍は、朝鮮側の大きな抵抗もなく、三方向から漢城（ソウル）に向け進軍し、二十八日には第一軍と第二軍が漢城近くで合流し、五月三日払暁、漢城に入った。ただ、この報は、日本へは五月二日のこととして伝えられる。これに先立つ四月二十九日、朝鮮国王は漢城を脱出し、平壌へと移った。

漢城入城の報を受け取る以前の五月六日、相次ぐ快進撃の報に接した秀吉は、北政所に対

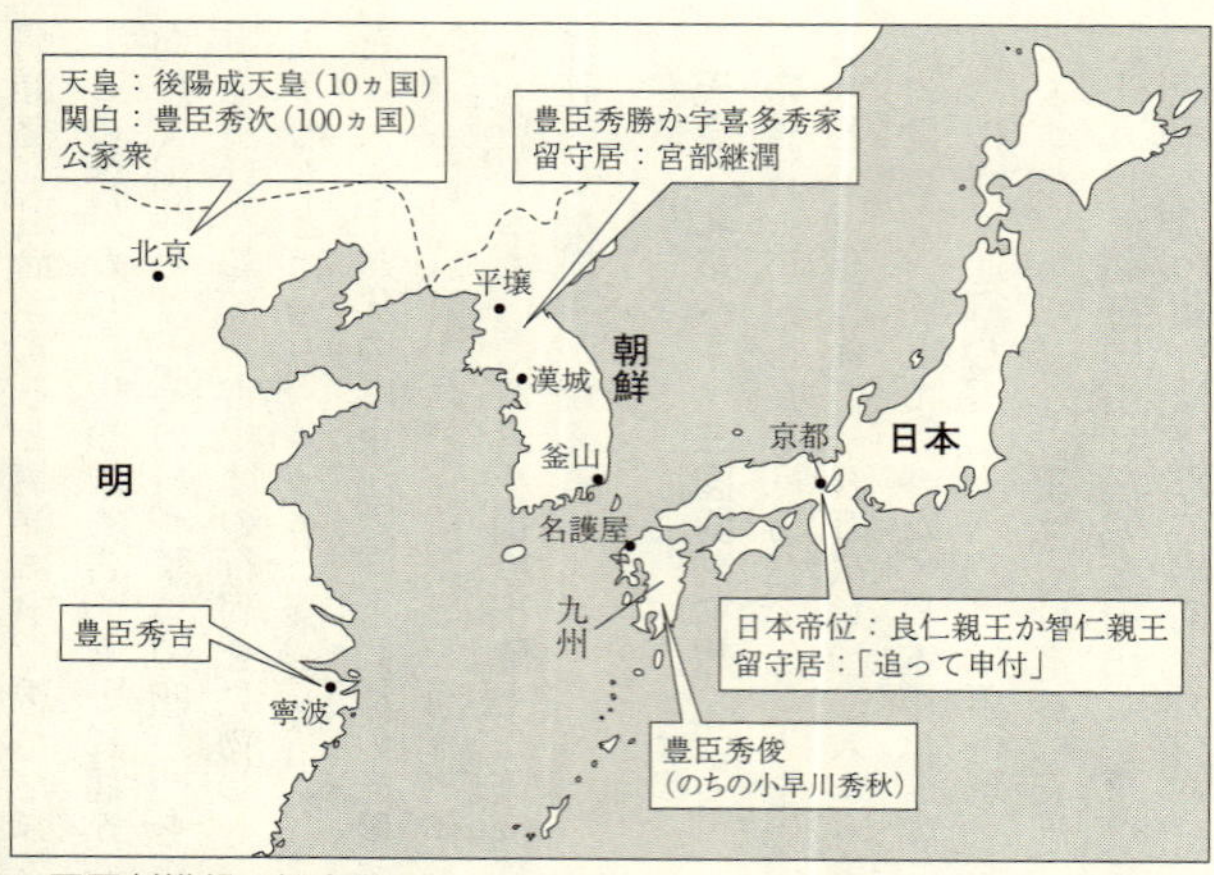

三国国割構想の概念図

し、朝鮮の都を攻略するために軍勢を派遣したことを伝えると同時に、「から（唐）をも九月ころにはとり申すべし、九月のせつく（節句）の御ふく（服）は、からのみやこ（都）にてうけとり申すべく候（そうろう）」と、九月の節句は北京で迎えるつもりだと報じた。

五月十六日、清正から五月二日（実際には三日）に漢城に入城したとの報を受けた秀吉は、朝鮮国王の探索、「御座所」の普請を命じるとともに、十八日、関白秀次宛に二五ヵ条の「三国国割構想（さんごくくにわり）」を送った。そこでは、関白秀次の明年正月か二月の出陣を命じ、自らは渡海し、「大明国」まで手中におさめるつもりであるとし、以下で秀次の出陣にあたってのさまざまな準備や嗜みを数ヵ条にわたって指示したあと、三国国割構想の詳細が述べられている。

その一九ヵ条目には、後陽成天皇を「大

唐都」すなわち北京に移すこと、そのための「用意」をすること、明後年「行幸」のこと、北京に移ったときに都廻の一〇ヵ国を後陽成天皇に進上すること、その国々において公家衆への知行を仰せつけられることが記されている。

二〇ヵ条目には、「大唐関白」は秀次に譲り、都廻で一〇〇ヵ国を渡すこと、「日本関白」は豊臣秀保か宇喜多秀家を充てることが、二一ヵ条目では「日本帝位」に若宮の良仁親王か皇弟の八条宮智仁親王を就けることを、二二ヵ条目では、朝鮮には豊臣秀勝か宇喜多秀家を、九州には豊臣秀俊（のちの小早川秀秋）を、京都の御所と聚楽第には留守居を、朝鮮の留守居は宮部継潤を置くとした。

二三ヵ条目では、「震旦国」すなわち中国への後陽成天皇の「路次例式」は「行幸」の「儀式」とすること、その「御泊々」はこのたびの「御出陣道路御座所」とし、「人足伝馬」を国限に申し付けること、二五ヵ条目では、「平安城」すなわち京都と「聚楽御留守之儀」は追って申し付けることが指示された。

所司代玄以への指示

関白秀次へ「三国国割構想」を送ったのと同じ日、秀吉は所司代の前田玄以に対し、「高麗都」の落居、秀吉の渡海、大明国征服を述べたあと、「其方事」もやがて召し寄せるので用意をしておくように、その上で明後年に天皇を「大明国」へ「相渡」すので、「日本御即位」は良仁親王か智仁親王のどちらかとする、また公家衆には「供奉」の用意をするよう申し付け、天皇の路次は「行幸」の「儀式」とすることを命じている。

この秀吉からの指示を受けて、玄以はその準備にとりかかるが、六月七日、当官・散位を問わずほぼすべての公家にたいし、「勅定」として後陽成天皇の「太唐」への行幸のために「行幸之儀式」などについての「諸家之記録」を提出し、「叡覧」に備えるよう指示した。

高麗落居に付、太閤（豊臣秀吉）御渡海候、すなわち太唐へ出勢有て、御治り次第当今様（後陽成天皇）江太唐進上あるべく候間、内々其御用意仰せ付けられ候へと、太閤より仰せ上げられ候、然者、行幸の儀式等、諸家の記録を糺され、今月廿日の内に叡覧に備えらるべきの旨、拙者（前田玄以）より申し触るべきの由、伝奏衆を以て、勅定の間、其意なさるべき事肝要候、御油断あるべからず候、恐々謹言、

民部卿法印

玄以（花押）

六月七日

伏見殿（邦房親王）（花押）

九条殿（兼孝）（花押）

（以下、四四名略）

触れの内容は、高麗（朝鮮）攻めが終わり、秀吉が渡海することになった、すなわち「太唐」へ軍を進め、その地が治まり次第、後陽成天皇へ「太唐」を進上するとのことであるの

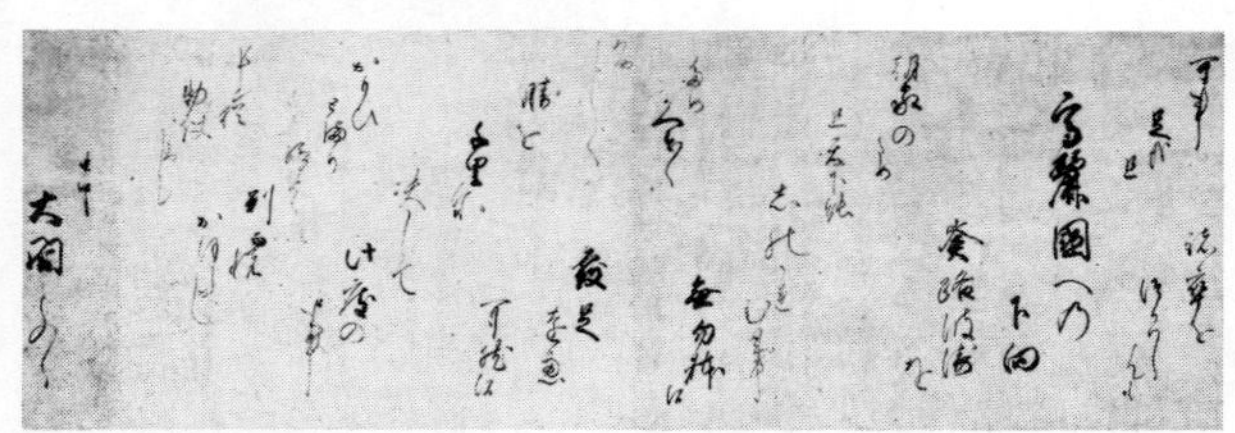

後陽成天皇宸翰女房奉書　天皇は秀吉に渡海を思いとどまるよう宸翰を下し、高麗への下向をやんわりと拒否している。女房奉書の特徴を示す散らし書きになっていて、右から４行目の一番大きな文字「高麗国への下向」から読み始める。京都国立博物館蔵

で、内々その用意を後陽成天皇から命じられるよう、秀吉から奏上された、だから「行幸の儀式等」について諸家の記録を糺し、今月二十日までに「叡覧」に備えるよう、「拙者」玄以から公家衆に触れるよう伝奏衆を介して勅定があったので、その積もりをするように、油断があってはならない、というものである。宛名の伏見宮邦房親王以下四四名の下には、それを承認したことを示す花押が、近衛信輔等五人を除き据えられており、この命令が厳格に触れられたことが窺える。

玄以の触れに「行幸」の儀式の調査が「勅定」として命じられたとあることからも、天皇の耳にも「太唐」移徙の報は伝えられている。後陽成天皇にとっては、青天の霹靂であったろう。ともかく秀吉の指示に従って「行幸」の儀式の調査が公家衆に命じられたのである。

後陽成天皇の対応

この「太唐」移徙を命じる秀吉に対して、後陽成天皇は、やんわりと返答する。それが次にあげる秀吉宛の後陽

成天皇宸筆の女房奉書である。

高麗国への下向、嶮路波濤をしのかれむ事、無勿体候、諸卒をつかハし候ても、事足るべき哉、且朝家のため、且天下のためかへす〳〵発足遠慮可然候、勝を千里に決して、此度の事おもひとまり給候ハヽ、別而悦おほしめし候へく候、猶勅使申候へく候、あなかしく、

（切封墨引）

太閤とのへ

内容は、高麗国（朝鮮）への下向は、嶮路波濤を凌がねばならず、勿体ないことである、諸卒を遣わしても事足りるのではないか、朝廷のためにも天下のためにも高麗への発足を思い止まるのがよかろう、勝を千里に決して、このたびのことを思い止まれれば、別して悦ばしく思う、なお勅使が申すであろう、というものである。

後陽成天皇は、この勅書で、秀吉の朝鮮渡海を思い止まらせることで、秀吉の三国国割構想、なかでも天皇の北京移徙をやんわり拒否したのである。

3 対明講和交渉と後陽成天皇

朝鮮情勢の展開

京都で「行幸」へ向けての用意が始まったころ、朝鮮、名護屋では、情勢変化の兆しがみえ始めた。

国王が逃亡した漢城に集結した諸将は、征明（みん）をひとまず措き、朝鮮全土の支配のために、各軍が朝鮮八道（はちどう）をそれぞれ担当することに決し、行動に移った。天正二十年（一五九二）六月十五日には小西行長が朝鮮国王が退去した平壌（ピョンヤン）を占領、七月には加藤清正が朝鮮最北の会（フェ）

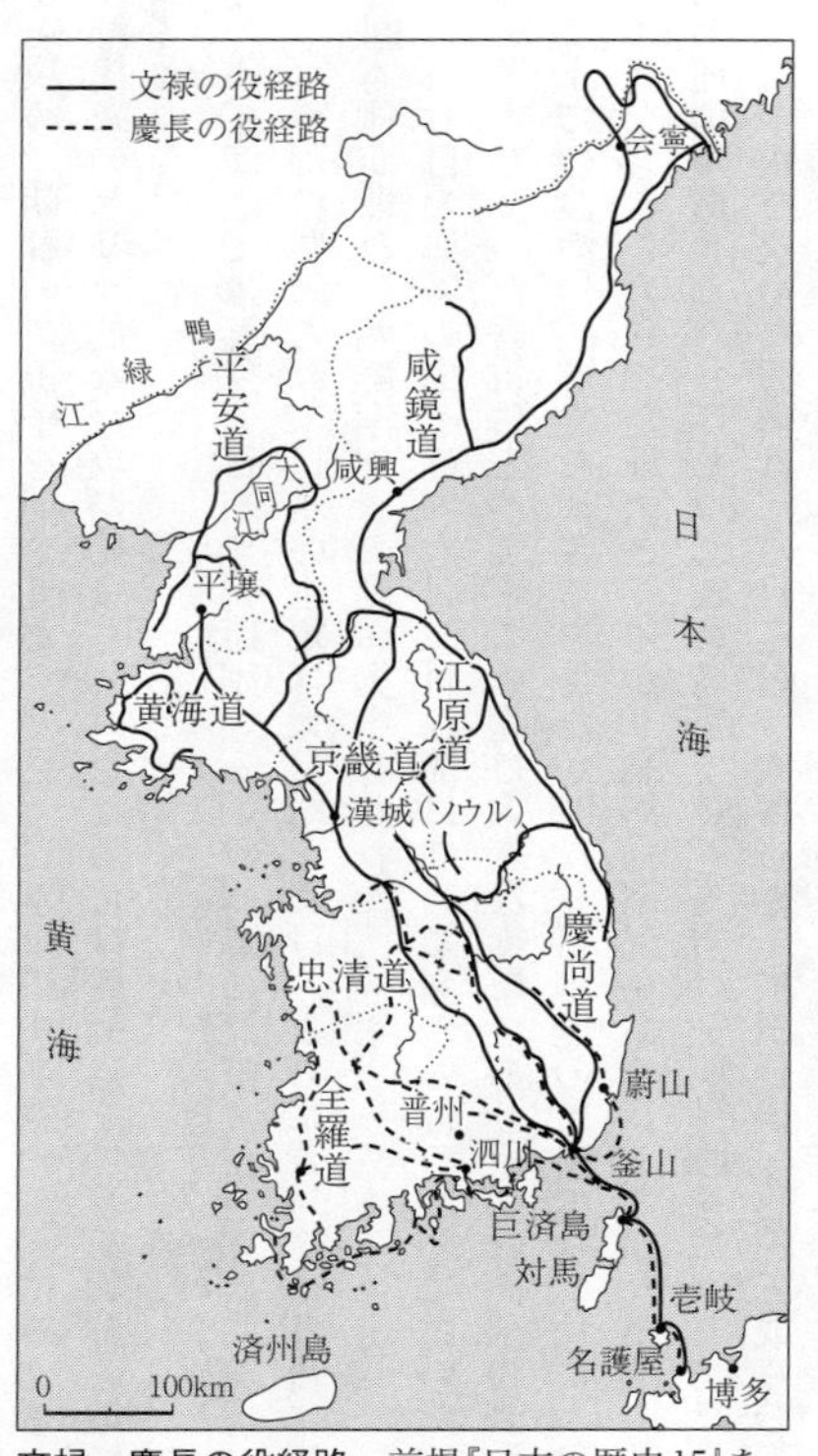

文禄・慶長の役経路　前掲『日本の歴史15』をもとに作成

寧(リョン)を攻め、朝鮮の二王子を捕らえた。一見、日本軍の快進撃のようにみえるが、五月末から朝鮮民衆のゲリラ的な反攻が始まり、六月ころには慶尚道(キョサンド)をはじめ朝鮮各地での義兵活動が本格化する。

一方、海上では五月七日、李舜臣(イスンシン)率いる朝鮮水軍に巨済島(コジェド)付近で藤堂高虎(とうどうたかとら)・脇坂安治(わきさかやすはる)等の日本水軍が打ち破られ、日本の水軍は大打撃を受け、さらに五月二十九日には泗川(サチョン)沖の海戦で日本側が敗れ、朝鮮南部での制海権を奪われた。

五月七日の海戦の様子は、六月二日以前には名護屋の秀吉のもとに届いた。六月初めの渡海を予定していた秀吉にとって、この報は大きな衝撃であり、朝鮮南部の制海権を確保しないままでの渡海は、あきらめざるを得なかった。日本側の史料では、秋にかけての天候が秀吉渡海をあきらめさせた理由とするが、制海権確保があやうくなった事態こそ渡海中止の本当の理由であった。しかしなおこの時点では、秀吉は征明計画を放棄してはいない。

渡海中止を決めた秀吉は、六月三日、大谷吉継(おおたによしつぐ)・増田長盛(ましたながもり)・石田三成(いしだみつなり)らの奉行衆を朝鮮に派遣し、朝鮮にいた諸将へ明への侵攻を命じた。しかし、この指示は現地での作戦とは異なる、状況を踏まえぬものであった。

天正二十年七月中旬、小西行長等が占領した平壌を祖承訓(そしょうくん)率いる明軍が急襲するが、撃退される。しかし、この明から救援軍が朝鮮に入ったことで、漢城では秀吉の明への侵攻は無理だろうとする空気がながれ始めた。

七月には朝鮮各地で義兵が蜂起(ほうき)し、朝鮮南部の海域では、七月五日に出撃した脇坂勢が朝鮮水軍に敗れ、九日には加藤嘉明・九鬼嘉隆の船手も打撃を受けた。

七月十五日、名護屋にいた秀吉は、明への侵攻を命じた六月三日の軍令を撤回し、朝鮮の安定支配を優先するよう命じる。この段階で「大明国へ御動座」はまず延期することになるが、来春の自身の渡海と、そのうえでの朝鮮の国割の意向をなお示している。

この直後、秀吉の母、大政所の危篤の報が秀吉のもとに届く。七月二十二日、秀吉は急遽、名護屋を離れ大坂へと戻った。七月二十九日に大坂に着くが、その時には大政所は聚楽第で死去していた。

一方、明は、平壌での敗北を受けて、宋応昌・李如松を改めて朝鮮に派遣する。その明軍の遊撃に任じられた沈惟敬は、八月二十九日、小西行長と平壌郊外で会談を持った。この会談の詳細は判明しないが、ともかく明軍と日本軍の間で五〇日間の休戦協定が結ばれた。しかし、朝鮮側は、日本との和平には反対で、各地で義兵と朝鮮政府軍とが力をあわせ、日本軍に立ち向かった。

十月六日、日本勢は、慶尚道の重要城郭である晋州城（牧使城）を囲むが、数日の戦闘後、攻め落とすことなく軍を引いた。

秀吉の名護屋再下向を抑留

天正二十年（一五九二）九月初め、後陽成天皇は、大坂にいた秀吉に再度の名護屋下向を延期するよう勅書を送った。大政所危篤の知らせを受け急遽肥前名護屋から大坂に戻った秀吉は、八月十七日に伏見を自らの隠居所と定め、築城に取りかかるが、九月になると再び名護屋下向の準備にとりかかる。それを聞いた後陽成天皇は、秀吉に勅書をもって年内の発足を思い止まるよう求め、菊亭晴季・勧修寺晴豊・久我敦通等を勅使として秀吉のもとに送ったのである。

この後陽成天皇の勅書に対し秀吉は、右大臣菊亭晴季に条書を送り、天皇への披露を求めた。その条書には、今日九日辰の刻（午前八時）に勅書をいただいた、寒天に向かう折、名護屋へ越すのは如何と覚しめされ、菊亭右大臣・勧修寺大納言・久我大納言を勅使として、延引すべき旨を仰せられたこと、忝なく存じます、とした上で、①叡聞に達しているように朝鮮については「丈夫」に申し付けているのでご安心くださるよう、②筑紫九ヵ国についても関東八州・出羽・奥州・北国諸勢が名護屋には在陣しており「丈夫」に申し付けているので、これまたお気遣いには及びません、③右のように申し付けているので叡慮に任せ、当年中は逗留して、細々参内し、お目に掛かりたく思います、しかし九州・中国・四国・壱岐・対馬さらに名護屋には朝鮮へ渡海を申し付けた六十余州の侍が、士卒同然に在陣しており、長陣であることは不便であるので、叡慮とは申しながら、秀吉がこの地に留まっていては、諸勢のものたちから秀吉が「退屈」し「油断」しているように思われ、天皇のためにもよくなく、彼らが秀吉を見限ってしまってはこれまで諸事申し付けたことが無になってしまうのではないか、しかし勅定に背いたように下々のものが思っても如何と思うので、今月中は下向を延引し、来月まかり下ることにする、幸い十月は風も長閑で海上も穏やかなので、安心してお暇を下さるよう、天皇に披露を頼むというものである。

これを踏まえて、秀吉は、名護屋に残っていた徳川家康・前田利家に、名護屋下向を抑留する綸旨(りんじ)・院宣(いんぜん)が出たが、それを受け入れなかったこと、しかし勅命でもあるので発足を一ヵ月延引することにしたと報じている。

ところで、三人の勅使は、後陽成天皇の勅書のほか正親町上皇の「御文」を携えていたが、彼らが大坂に下ったのは九月五日の夜のことであった。翌朝、三人は、前田玄以に会い、勅書と院御文について相談し、結果、勅書・院御文を書き改めることになり、その案文が京都へと使者をもって届けられた。翌七日、京都から使者が戻り、再度玄以と談合がなされ、八日には秀吉見参の打ち合わせをし、九日朝、秀吉の見参があり、秀吉は、勅書・院御文をみ「御機嫌不斜(ななめならず)候」であった。この経過をみると、三人の使者が大坂に下る時点では、勅書・院御文の内容は最終的には決まっておらず、前田玄以との相談の上で内容が確定したのである。この事実は、勅書や院御文に秀吉側の意向が程度はわからないが一定反映していることを示し、秀吉が応えやすい文面へと改変されていたと推測される。九日朝の秀吉見参は、勅書等を受け取るためにかたちを調える儀礼であったのである。

翌十日、秀吉は、大坂城山里丸(やまさとまる)に勅使等を招き茶会を催し、十四日に上洛、十八日に参内した。この参内は正式の参内であり、秀吉から後陽成天皇へ一万疋と白鳥三羽が進献され、また女御以下にもそれぞれ贈り物があった。後陽成天皇は儀仗所で秀吉に対面、三献の儀が摂家衆等の相伴のもとでなされた。三献が終わり後陽成天皇が入御したあと、秀吉は女御のもとで大酒のあと、院御所にも参上し、ここでも三献の祝儀が執り行われた。

そして九月二十三日、秀吉は京都を発し、山城山崎を経て大坂に戻った。十月一日に大坂を発し、九州へと向かい、十一月一日、名護屋に着いた。

後陽成天皇と正親町上皇とは、秀吉の名護屋下向延引を求めることで、うまくいけば秀吉が五月にぶち上げた三国国割構想、後陽成天皇にとっては北京行幸を阻止でき、うまくいかなくとも、その意志がないことを暗に伝えることを意図したのではなかろうか。秀吉の側も、後陽成天皇の意向を知りつつも直接にはそのことには触れず、一ヵ月の逗留を条件に十月の再下向を天皇側に認めさせたのである。

この上方滞在の間にあたる八月三十日に木下吉隆（きのしたよしたか）が在陣中の吉川広家（きっかわひろいえ）に宛てた書状のなかで、秀吉が来春渡海し「高麗の御国わり」を行うとともに、「大明国へ御動座の儀は、まず相延べらるべき由」と報じたこと、さらに年も押し詰まった十二月二十八日に秀吉が自ら吉川広家の留守居に宛てた朱印状のなかで、「来三月高麗に至り御渡海なされ、御仕置きなど仰せつけられ、早速御帰朝たるべく候」と述べているように、来春三月に渡海するものの、それは朝鮮の仕置きのためであり、明へは行かず、帰国するというのである。この時点で、秀吉は、「唐入り」を明確に放棄しており、当然のことながら三国国割構想も瓦解したことになる。

正親町上皇の死

正親町上皇は、天正二十年（一五九二）八月上旬に煩い、十一日には「御不予御祈禱」として三日の千座祓いが修された。十七日ころには少し回復し、九月十八日には秀吉の院参を迎えた。しかし十二月二十三日ころから病状が悪化し、祈禱がなされたものの、翌文禄二年（一五九三）正月五日辰の刻、仙洞御所において崩御した。七七年の生涯であった。

その場には親王・門跡・摂家・清華・諸卿・雲客が群参。御殿の上から「音楽ノ声」が聞こえた、竹園・新宮（道勝）・竹門（曼殊院良恕）らがそれを聞いたとのことである。「聖衆の来迎」ならんという。後陽成天皇は諒闇（喪に服する期間）に入り、小御所へと入った。

六日、関白豊臣秀次のところで公家の参賀が「不似合い」とされながらも行われた。一方、禁裏では常御所・清涼殿の格子は下ろされ「忌々しき躰」であり、立春ではあったが「御盃」もなかった。そうしたなか暁を迎えるころ、正親町上皇の遺体が秘かに院御所から運び出され、泉涌寺へと移された。いくら「御忍」とはいえ、公卿・雲客はいうに及ばず北面の武士さえ供奉することなく、泉涌寺の僧二人に金物（飾り金具）もない俄作りの張輿に乗せての運び出しであった。西洞院時慶は、誰の計らいとは知らないが、正親町天皇の存命中とは異なるのをみて、「御痛ましさ又ハ計り申セシ人ノ行衛ヲソロシト、見シ人ハ申ト」とその日の日記に記している。

また同じ六日に追号定があり、「正親町院」と定まった。この号を推したのは二条昭実であったが、その理由を「院ノ北ノ御門正親町通ナル故ト」と『時慶記』は記している。あまりにも安直の感がある。山科言経は、その日記に「正親町院と付け申し奉る也、是又不審た。

也」と記している。そして、二月二十三日、泉涌寺において正親町上皇の葬礼が執行された。

葬儀に先立ち、恐らく正親町上皇の死去を伝えるため、日野輝資が勅使として名護屋に下向した。

対明講和案と明使

秀吉が「唐入り」放棄に向けて歩を踏み出した文禄元年（一五九二）末、明軍が鴨緑江を越えて朝鮮に入り、文禄二年正月六日から八日にかけて朝鮮政府軍・義兵をも含め、小西行長等が守る平壌を攻めた。日本軍は、その攻撃をどうにか凌いだものの、その夜、平壌を放棄し、漢城へと撤退した。正月二十七日、日本軍は、追撃してきた明軍と漢城の北の碧蹄館で激突し、この戦いには勝利するが、もはや明軍を追撃する余裕なく、漢城に軍を引いた。

平壌撤退の報に接した秀吉は、渡海延期を決断せざるを得なくなり、二月十八日、宇喜多秀家を現地の「大将」とし、名護屋の秀吉からの指示を待たずに、現地で時々の戦況に応じた判断をまかせることにした。

しかし、相次ぐ撤退と兵粮不足に悩まされた日本軍には厭戦気分が広がり、また碧蹄館の戦いで敗れた明軍にも厭戦気分が広がるなか、朝鮮側の講和反対にもかかわらず、日本と明との講和交渉が、小西行長と沈惟敬とのあいだで始まった。

講和交渉は容易にまとまらなかったが、四月にはいって、おおよそ四つの条件で講和が提案された。その内容は、①明からの講和使節の派遣、②明軍の朝鮮からの撤退、③日本軍の漢城からの撤退、④朝鮮の二王子の返還、であった。

四月末、明からの「勅使」が派遣されるとの報が名護屋に届いた。明側は、漢城の奪還と「講和」の可能性を探り、日本側は、明からの降伏の使節と期待も含めそれを「大明より御詫言(わびごと)」のための使節と読み替えようとした。

五月一日、秀吉は、朝鮮在陣の諸将に対し長陣をねぎらうとともに、晋州城の攻略、さらに全羅道(チョルラド)（日本側史料では赤国）への侵攻を命じた。

ここに秀吉が、朝鮮半島の南端部の確保を目指していたことがみてとれよう。逆にいえば、秀吉は、この時点で「唐」明はおろか朝鮮全土をその支配下に置くことを断念していたのである。

そして、五月十五日、小西行長に伴われた「明使」が名護屋に到着した。しかし秀吉は、すぐには引見しなかった。「明使」が名護屋に滞在するなか、五月二十日、秀吉は、晋州城攻撃のための総勢一二万を超える軍勢の詳細な陣立てを作成し、それを通達した。二十二日、秀吉は、毛利輝元に宛てた朱印状のなかで、大明国から勅使がやってきた、しかし和平については、自らの意向に合致せぬときには、受け入れない、どちらにしても牧使城（晋州城）を取り巻き討ち果たし、城々を普請するように、そして重ねて和平については「条数」をもって「大明」へ仰せ遣わされたので、それに同意すれば従うが、そうでなければ和平を受け入れないと報じている。

そしてようやく五月二十三日、秀吉は、明の「勅使」を引見する。そして翌日には、明の「勅使」は朝鮮に戻っていった。

対明講和案と天皇

ついで六月二十八日、秀吉は、朝鮮に渡海していた石田三成・増田長盛・大谷吉継と小西行長に対し「大明日本和平条件」を送った。その内容は、①明の皇女を日本天皇の后妃とすること、②日本と明の貿易を再開すること、③明と日本の大官との間で誓紙を交わすこと、④和平が成立するならば、朝鮮を赦し、漢城近辺の四道を朝鮮国王に遣わすこと、⑤朝鮮の王子と大臣一両人を質として渡海させること、⑥生け捕った王子二人を沈惟敬に引き渡すこと、⑦朝鮮国王の権臣が「累世違却」なしとの誓紙を提出することを指示した。

ここで注目したいのは、この講和条件を作成するにあたって、秀吉は、後陽成天皇の同意を求めた。このことは、次の書状から知ることができる。

> 勅書謹んで頂戴、忝なく存じ候、最前叡慮を経候条目のごとく申し渡し、大明両使差し戻し候、懇望の筋目急と返答に及ぶべき旨申し究め候、次で朝鮮国の儀、去月廿九日木蘇城乗り入れ、一人も洩らさず悉く討ち果し候、則仕置城々普請丈夫に申し付け候条、頓て帰陣せしめ、参内を遂げ、天気を伺うべきの由、急ぎ御披露に預かり候、恐々謹言、

七月七日　秀吉（花押）

菊亭（晴季）右大臣殿

「最前叡慮を経」とあることから、形式的外交権が天皇の側にあることの証左であるとする評価もあるが、より直接的には、かつて朝鮮使節の参内を画策したときと同様、この外交交渉に天皇・朝廷を巻き込もうとする秀吉の戦略のなせるものであったといえよう。

一方、朝鮮では六月二十九日に晋州城は陥落し、その報は、七月五日までには名護屋の秀吉のもとに届き、同日秀吉は、田丸直昌（たまるなおまさ）に宛てた朱印状で、「御仕置の城々出来次第、御馬を納めらるべく候」と、朝鮮の仕置完了次第、戦いを終結することを表明した。事実上の文禄の役の終結であった。八月十五日、秀吉は、肥前名護屋を出て、二十五日、大坂に帰陣した。そして、十月三日参内する。三献の儀があり、秀吉・智仁親王・菊亭晴季・徳川家康・豊臣秀俊・織田秀信・徳川秀忠・宇喜多秀家・上杉景勝・毛利輝元・前田利家が相伴した。相伴のメンバーは、これまでの秀吉参内のときと大きく異なり武家中心であったことが特徴的である。

近衛信輔の薩摩左遷

文禄三年（一五九四）四月、近衛家の当主である近衛信輔（このえのぶすけ）が秀吉の勘気に触れ薩摩（さつま）に配流された。ここにいたる信輔の行動をみておこう。

天正二十年（一五九二）正月、信輔は、秀次が迎えた後陽成天皇の聚楽第行幸に供奉するが、その折、前田玄以と口論に及び面目を失い、京都を出奔（しゅっぽん）し、しばらく奈良にあった。二月十四日に京都に戻り四月後半まで京都にいたが、それ以後、肥前名護屋に下向し、同年七月ころに京都に戻ってきた。そして同年十二月十四日にふたたび京都を離れ、翌文禄二年正月半ばにはふたたび肥前名護屋に到着したようで、三月上旬には帰洛している。そして一年後の文禄三年四月に薩摩に配流され、十四日夜半に京を離れた。

信輔が配流された理由については、橋本政宣氏の詳細な分析があり、ここではそれに多くを拠りながら、信輔が配流にいたった背景と理由をみていくことにする。

文禄二年二月十日、後陽成天皇は秀吉に宛て勅書を書いた。

近衛前左府（信輔）高麗下向のよし、きこしめし及ばれ候、事実にをきては、摂家の一跡も断絶のやうにては如何と、おぼしめし候、申なべ留られ候はば然るべく候はんや、おどろき入らせられ、筆をそめ参らせ候、あなかしく、

二月十日

大閤（豊臣秀吉）とのへ

近衛信輔が朝鮮へ下向することを聞き及んだ、もし本当であれば、摂家の一跡も断絶となっては如何と思い、朝鮮下向を押し止められればしかるべきであろう、おどろいて、この書

を書いた、というのである。この勅書が出される背景には、名護屋にいた秀吉から前田玄以を通じて近衛信輔のことが菊亭晴季・勧修寺晴豊・中山親綱の三伝奏に申し送られてきていたのを、天皇に披露するのが遅れ、この日に披露された。それを聞いて、天皇はすぐさまこの勅書を書いたのである。そしてこの勅書は名護屋の秀吉のもとに送られ、それを受けた秀吉は、信輔に京都への帰還を命じた。

このとき秀吉が前田玄以を通じて天皇の耳にどのように近衛信輔のことを報じたかは分からないが、翌年四月、信輔の配流を求めた秀吉の覚書では、最初に名護屋に来た信輔は、秀吉が渡海するのであれば、同道したいと申し出たが、それは「上儀」を軽からしめるものであり、朝鮮行きは「あい届かざる」のむねを申し渡し帰洛させた、それに対し信輔は重ねて準備をして来春に来ると申したので、秀吉が「右之狂気人」を許容したのかと、後陽成天皇に思われるのではないかと、名護屋へは来ないようにと内々に申してきた、また関白秀次へも堅く止めるように朱印をもって申し渡したにもかかわらず、名護屋にふたたびやってきたと述べている。この覚書が後陽成天皇に事実上宛てられたものであることからすると、その内容はそれなりに信頼できよう。

信輔配流の理由

さて、文禄三年（一五九四）四月十二日付で秀吉が後陽成天皇に信輔配流の理由を書き立てて送った七ヵ条の覚書をみてみよう。形式は三人の伝奏に宛てた披露状である。

述べる。

第一条では、信輔の身持ちは平人同然で、天皇を軽からしめる振る舞いであること、第二条では、近衛・二条の間で関白職をめぐる争論があり、叡慮として秀吉に関白となるよう求められ、近衛・二条も了承、十分斟酌のうえお請けしたと、秀吉が関白となるまでの経緯を述べる。

第三条では、関白職は「御劔あつかり候やく」であると聞いており、一在所さえ切り従えることができない五摂家より秀吉がこの職を預かるのがましだと、その正当性を主張し、第四条では、信輔は、関白にも届けず「内覧」を望んだことをあげる。

第五条では、信輔が公家としての道を立て、学問等にすぐれ、諸事天下の重宝とみなされれば、「内覧」を望まなくとも、関白・太閤に限らず、天皇の御前の取り合いも馳走できるものを、道を忘れ果て武家の装束である袴肩衣で太刀をさし、菊亭晴季や前田玄以のところへやってきて、雑言を吐くなど沙汰のかぎりであるとする。第六条と第七条は、先に述べた信輔の名護屋下向に関わるものである。

そして最後に、天皇もこれらのことについて少しは聞き及んでおられるはずだが、信輔に対面を許しておられるのは不審であるとし、秀吉としては信輔に腹を切らせようかと思案したが、一族でもあるので、天下の法度に背き、遠慮した、そこで遠国に配流することとした、しかしこの秀吉の覚書の趣が間違っていると思われるのであれば、処分を延引する、この事を天皇に披露し、その処置を関白秀次に仰せつけられたい、とする。

信輔が内覧を望んだのは二年前、また名護屋下向は一年半以上前のことであり、この処分の直接の契機とは考えにくい。むしろ信輔の日常の行為・行動が目に余り「公家」らしからぬことがこの処分に繋がったと思われる。

ともかく、秀吉の申し出に後陽成天皇は抗うことなく、信輔を勅勘とし、薩摩への配流を認めた。本心から同意してのことであったか。

薩摩へと京を発った二日後の十六日、近衛信輔は、秀吉の側近くに仕え、この一件を前田玄以とともに扱った木下吉隆に一つ書の弁明書を書いた。そこでは、①関白職に執心するゆえに狂気したと秀吉の耳に入ったのか、まったくそうしたことはない、②関白秀次への後陽成天皇の行幸の際、天皇に申し上げたのは事実であるが注意といったものではない、そのように言われるのは迷惑千万である、③内覧を望んだのは、左大臣として節会の内弁も務めえず、であれば内覧になって役に立てばと思ったまでで、秀次の左大臣任官がよい機会と内覧を申し出たまでであり、分別してほしい、④名護屋への下向は、太閤から種々懇情をえ面目を施し、また重ねて下向する筋目もあって下向したので、その内に下向「無用」との仰せは聞いていない、名護屋に着いたら抑留された、秀吉からは種々拝領しておりながら在京していては如何と思い罷り下ったまでである、とある。秀吉の七ヵ条の覚書とは微妙にズレをみせている。しかし、天下人秀吉の処断には逆らうことはできなかった。

なお、文禄五年四月二十九日、秀吉は、徳川家康・前田利家を使者に立て、越後に配流した菊亭晴季とともに近衛信輔の召し出しを申し入れ、それを後陽成天皇が受け入れる形で信輔は帰京を許された。

4　晩年の秀吉と後陽成天皇

秀次追放

秀次が関白となったことで、天皇の意志を取り次ぐのは関白秀次の任務となり、秀吉が思うにまかせぬことも出てきた。また秀次が関白になった当初は、朝鮮出兵にあたって人掃令(ひとばらいれい)を出し、全国の家数・人数の調査を行ったり、秀吉の段階で始まった全国の石高を調査するための御前帳(ごぜんちょう)の集約を、秀次のもとで行うなど、豊臣政権を担う役割を果たしていたが、秀頼の誕生を契機に、秀吉との関係はじょじょに悪化していく。

文禄三年（一五九四）正月には、秀吉は秀頼に大坂城を与え、伏見に自らの城郭を建設しはじめる。そして、これに前後して秀吉は、関白秀次を大坂や伏見に度々呼び出している。とても関白の姿とはいえない。秀吉が関白秀次の上位にあることを見せつけるための行為であったといえまいか。

文禄四年七月三日、秀吉は、石田三成(いしだみつなり)、増田長盛(ましたながもり)を派遣し秀次に謀反の有無を詰問、八日、秀次を伏見に呼び出し、関白職を剥奪し、剃髪させ高野山に追放した。そして、使いを高野山に派遣し、十五日に秀次に死を命じ自刃させた。

後陽成天皇へは、追放が決まった八日、秀吉より使者が来て、秀次が「むほん（謀反）とやらんのさた（沙汰）」があり、追放する、と伝えてきた。それに対し後陽成天皇はなんの行動もとれなかった。

　さらに「ふしのうへはしれぬ事とて」（不自由のことははかり知れないので）との理由で関白秀次が進献した後陽成天皇への銀三〇〇〇枚、若宮への五〇〇枚、准后への五〇〇枚、女御への三〇〇枚、八条殿への五〇〇枚、聖護院殿への五〇〇枚、合計五三〇〇枚について詮索があり、八月五日、進献された銀五三〇〇枚すべてが、秀吉のもとに返された。使いは前田（まえだ）玄以（げんい）である。さらに八月十六日には、前田玄以が長橋局（ながはしのつぼね）までできて、関白秀次から進献された「御たうく（道具）とも、なに〳〵（何）と御もくろく（目録）」にて提出するようにとの指示があった。それを後陽成天皇は受け入れざるを得なかった。この秀次から天皇に進献された道具等がその後どのように扱われたかは、いまのところ明らかではないが、おそらく秀吉によって没収されたのであろう。

　この秀次追放と連動したものかは明らかではないが、七月二十五日、秀吉から前田玄以と石田三成が使いとして派遣され、これまで伝奏（てんそう）を務めていた右大臣菊亭晴季（きくていはるすえ）を「色々とゝかさる事につき」越後の国へ遠流（おんる）するとの通告があり、それを伝奏の勧修寺晴豊（かじゅうじはれとよ）・中山親綱（なかやまちかつな）が長橋局まできて披露した。現職の右大臣左遷という事態に対しても、後陽成天皇はなすすべはなかった。

　関白秀次の追放、右大臣菊亭晴季の遠流は、太閤秀吉によって決められ、ことの案内、通告が後陽成天皇になされるだけであったことは、秀吉の権力の強大さを示すとともに、後陽成天皇にはそれに抗う力はほとんどなかったことを示していよう。

文禄四年八月三日、秀次事件によって惹起された危機的状況への対応の一つとして「御掟」「御掟追加」が出された。その内、朝廷に関わるものとしては、九ヵ条からなる「御掟追加」の第一条がある。文面をあげよう。

一諸公家・諸門跡、被嗜家々道、可被専公儀御奉公事、

すなわち、諸公家・諸門跡に対し、家々道を嗜み、公儀御奉公に努めることが求められたのである。この「御掟」「御掟追加」は、その内容は必ずしも整然としたものとはいいがたいが、全階層を対象とした法としては豊臣政権唯一のものといってよく、後の江戸幕府のもとで出された禁中并公家中諸法度（きんちゅうならびにくげちゅうしょはっと）や武家諸法度に先行するものとして注目される。

公家大臣の消滅

天正十三年（一五八五）七月、秀吉が関白となった時には左大臣は近衛信輔、右大臣は菊亭晴季、内大臣は秀吉であった。翌天正十四年は秀吉が十二月に太政大臣となると、内大臣はいなくなるが、左右大臣には変化がない。天正十五年十一月、織田信雄が内大臣に任官するも左右大臣は近衛と菊亭の二人である。天正十六年、十七年は十五年末の体制が続く。天正十八年八月、織田信雄が出家したため、ふたたび内大臣は欠けるが、左右大臣には変化がない。天正十九年十二月、豊臣秀次が内大臣となり、翌天正二十年正月、近衛信輔が左大臣

を辞し、秀次が左大臣となったことで、公家の大臣は右大臣菊亭晴季一人となる。この体制は、翌文禄二年（一五九三）から文禄四年の秀次追放まで続く。

文禄四年七月、秀次が追放されたあと関白が闕官となっただけでなく左大臣も新たに任じられることはなく、さらに七月二十五日、右大臣の菊亭晴季が、秀次事件に関連してか、秀吉の命で越後に配流されたことで、右大臣も欠き、ここに現職の公家大臣は一人もいない事態となった。この状態は文禄五年五月に徳川家康が内大臣に任官して以降も秀吉が死去する慶長三年（一五九八）まで続く。なお、菊亭晴季は、文禄五年四月に配流を許されるが、その時には現職への復帰はなく散位となった。

こうした現職の公家大臣が一人もいない体制を秀吉が意図して作り出したのかは、いま明らかにしえないが、朝廷はいうに及ばず関白職だけでなく大臣にほぼ恒常的に任官してきた摂家にとっても、異常な事態であった。

秀吉の病気平癒祈禱

文禄四年（一五九五）十一月十四日、伏見の太閤秀吉から自らの煩い平癒のため禁中で修法を行うよう求めてきた。この申し出を受けた後陽成天皇は、青蓮院尊朝法親王を導師と定め、清涼殿において一七日の不動准大法の祈禱を執行させることとした。また平癒立願のために内侍所で御神楽を催し、さらに祇園・北野・愛宕・賀茂上下・松尾・清水・八幡・春日に天皇自ら立願し、それぞれ勅使を派遣することとした。翌十五日、勧修寺晴豊と中山親綱の二人が伏見へ出向き、立願すべき諸社の確認をしたあと、青蓮院に行き導師のことを相談した。十七日伏見から返事が届き、秀吉の容態に変わるところはないので、御神楽、諸寺社への勅使を急ぐよう求めてきた。そして十八日から清涼殿にて青蓮院尊朝を導師として不動法が執行され、二十一日に各社に勅使が派遣された。御神楽は、天皇の出御のもと内々・外様の公家衆が参向するなか二十六日に催行された。

秀吉・秀頼参内と禁裏での能興行

文禄五年（一五九六）五月十三日、秀吉は秀頼を伴って参内する。この参内は、この年の歳首（さいしゅ）の賀を表すとともに、進上の銀が例年一〇〇枚であるのがその一〇倍の一〇〇〇枚であったことからも推測されるように、前年の病に際しての朝廷での修法や御神楽催行に謝意を表すためのものでもあったようである。さらに秀吉に伴われてとはいえ任官以前の秀頼の初めての参内は、後継者を認知させようとする秀吉の意図が見え隠れする。

参内は、秀頼を秀吉の車に同乗させ、供に車の使用を秀吉から許された徳川家康、輿に乗った前田利家等を従えたものであった。これもまた従来の秀吉の参内にはみられぬものである。秀吉から後陽成天皇への進上物は、馬太刀、銀一〇〇〇枚、沈香（じんこう）五種、綿一万把、帷子（かたびら）二〇〇、白鳥二〇羽であった。この他、秀頼より摂家・宮・親王方・女中・公家衆に祝儀が贈られた。禁裏では三献の儀があり、また謡（うたい）があり、秀吉・家康が扇で舞った。

次いで十五日、秀吉は、禁裏で能八番を催し、自らも脇能を舞った。後陽成天皇は南殿に出御、諸家・諸門跡残らず出仕、初献の相伴は、南方に八条宮智仁親王・伏見宮邦房親王・前左大臣九条兼孝・前左大臣二条昭実・大納言鷹司信房、北方に聖護院道澄・青蓮院尊朝・妙法院常胤・大覚寺空性・三宝院義演・聖護院興意・三千院最胤・曼殊院良恕であった。初献の間に清華衆その他諸国新公家衆が召し出され、天皇の御前で御酒を賜った。

この一連の参内・能の興行等は、秀吉が思うがまま禁裏でことを進める魁となる事件のようにもみえる。

太閤への惣礼

参内直後の文禄五年（一五九六）五月二十五日、秀吉の前年からの煩いによって延期されてきた惣礼が、秀吉だけでなく初めての若公秀頼への礼として公家・門跡・諸大名等を集めて伏見において行われた。その席に後陽成天皇は、勅使を送り正月を賀した。

この惣礼の次第は、まず勅使、続いて八条宮智仁親王、前左大臣九条兼孝、前左大臣二条昭実、大納言鷹司信房、九条忠栄、鷹司信尚の御礼があり、着座の形での御礼が左方、准后近衛前久、准后足利義昭、聖護院道澄、青蓮院尊朝、妙法院常胤、大覚寺空性、三宝院義演、三千院最胤、曼殊院良恕、一乗院尊勢、随心院増孝、次に内大臣徳川家康、大納言西園寺実益、大納言久我敦通、大納言前田利家、中納言織田秀信、中納言上杉景勝、中納言小早川隆景等以下続き、右方に勅使、摂家衆が着座しての御礼があり、その後、これらの衆がそれぞれの座敷に退出したのち、堂上衆の対面、次いで諸国諸大名衆が御礼をした。以上を伝えた三宝院義演は、その日記にこの惣礼の様子を「近代歴々筆舌に述べがたし」と記し、さらに「諸国の諸大名出仕目を驚かす」とこの惣礼が大規模なものであったことを述べ、その理由を「既に知る、大唐国ヨリ勅使上洛、帰伏せしむるの上は、予(余)儀なき者也、日本国の諸侍一人として出仕せざる者はこれなき也、珍重〳〵」と記した。

この惣礼が、秀頼が後継者であることを周知させるために行われたのは疑いないところであり、こうした勅使の扱いも上席とはいえ臣下の位置に座し、これまでとは明らかに異なったものとなり、あたかも秀吉がすべての上位に立つかのような形がそこには現出している。

明使節・朝鮮使節

文禄五年(一五九六)八月中旬に和泉堺に到着した明使節と朝鮮使節の引見は八月下旬に伏見で予定されていたが、閏七月十二日の深夜に襲った大地震によって、伏見城は大きく損壊し、明使節等の引見は延期され、九月一日、大坂城での引見となった。その場で秀吉は、万暦二十三年(文禄四)正月二十一日付の明皇帝勅諭として出された冊封文と明皇帝から贈られた常服等を受け取った。従来この場で秀吉は、秀吉を日本国王に冊封するとしたことに激怒し、朝鮮への再出兵に踏み切ったとされてきたが、近年の研究では、そうではなかったことが明らかになってきている。

秀吉の引見のあと堺へ戻った明使節を接待するために遣わされた使僧達に、明の使節が朝鮮におけるすべての城塞の破却と軍勢の撤退を求める書翰を言づけた。それを読んだ秀吉が激怒し、その怒りは、王子を伴わなかった朝鮮使節に向けられ、秀吉は、朝鮮の無礼を責め、和を許し得ないとし、再征に踏み切ったのである。

　朝鮮使節の正使の記録には、「天朝、則ち既に使を遣わして冊封す、我姑らく之を忍耐す、しかるに朝鮮は則ち礼なくして、ここに至る、今や和を許すべからず、我まさに再び廝殺（戦闘）を要すべし、況や撤兵の事を議すべけんや」と秀吉の言を記している。朝鮮の立場で書かれたものであるので、秀吉が明を「天朝」と呼んだかなど、そのまま事実とすることには慎重でなければならないが、この段階では、秀吉は冊封自体をともかく受け入れたものの、矛先を朝鮮に向け、朝鮮の「礼」なきことを責め、朝鮮使節には会おうともしなかったのである。

慶長の朝鮮出兵

　文禄五年（一五九六）九月、朝鮮への再出兵を決した秀吉は、慶長二年（一五九七）二月二十一日付で再出兵の条々と陣立書を出した。朝鮮に渡る主力は、これまで同様、九州・中国・四国の大名たちであったが、その目標はもはや「唐入り」ではなく、朝鮮南部、なかでも全羅道の制圧にあった。

　慶長元年（一五九六）の十二月から朝鮮とのあいだで服属交渉がなされるが、うまくいかず、翌年五月から七月にかけて日本軍は朝鮮へと渡海していく。そして八月から全羅道への侵攻が始まる（二〇七頁地図参照）。陸では日本軍が優位に戦いを進め、全羅道を制圧、忠清道（チュンチョンド）まで軍を進めた。一方全羅道の南の海域では、当初日本側優位の展開をみたが、その後は李舜臣（イスンシン）率いる朝鮮水軍によって、日本水軍は大敗を喫し、海上からの全羅道攻略は頓挫する。厳寒を控えて、日本軍は、軍を忠清道に駐留させることなく、南部の海岸部に引き、冬期の駐留拠点となる城普請にとりかかった。

慶長二年十二月二十二日、明・朝鮮軍による蔚山（ウルサン）城攻撃が始まり、翌年正月四日まで大規模な攻防戦が続いた。この報は、正月十七日、伏見の秀吉のもとに届いた。蔚山城は、落城の一歩手前まで追い込まれるが、援軍を得て明・朝鮮軍を崩し、危機をようやく脱した。しかし、絶対的な兵粮不足は、明・朝鮮軍を追撃することを許さなかった。

二月、朝鮮在陣の諸将によって在番城の縮小再編案が作られ、秀吉のもとに送られるが、秀吉はその戦線縮小ともみえる案に激怒し、それを許さなかった。秀吉は、一方で兵粮米備蓄を強化し、五月には在番城の再編を命じ、翌年に大規模な派兵を行うと言い続けるものの、もはや新たな軍事行動をするだけの状況にはなかった。

このように、日本軍は、朝鮮において劣勢へと追い込まれていくなか、秀吉の関心はじょじょに朝鮮から薄れていき、代わって自らの政権の将来へと移っていく。

醍醐の花見

秀吉は、文禄五年（一五九六）はじめの病気から快復し、秀頼参内、公家・門跡・諸大名等の惣礼など、政権継承のための手だてをさまざまに施したものの、慶長二年（一五九七）

末にふたたび煩った。その後、一時快復し、慶長三年二月には醍醐寺での花見を計画する。そのため秀吉は、二月九日から数日おきに自ら醍醐寺を訪れ、花見のための御殿や庭作りを自ら指揮した。そして、三月十五日、北政所・淀殿・松の丸殿・三の丸殿・加賀殿、前田利家の室、それに秀頼と、家族だけの花見を終日楽しんだ。世にいう醍醐の花見である。

醍醐での花見が終わって、四月十八日、秀吉は、この年の参賀のため参内。後陽成天皇へ秀吉より進物として銀五〇枚、白鳥三羽、太刀が、秀頼より銀五〇枚、中折紙一〇〇把、白鳥二羽、太刀が、秀吉より良仁親王へ銀二〇枚、白鳥二羽、樽が、秀頼より銀二〇枚、白鳥二羽、太刀が進上された。秀吉の供として徳川家康・前田利家も参内した。

新伏見城における惣礼

文禄五年（一五九六）閏七月十二日のいわゆる慶長の大地震によって伏見城が倒壊するが、秀吉は、城地を小幡山に移して新造した。新造なった伏見城で慶長二年（一五九七）五月十七日、年頭と新たになった伏見城への秀吉・秀頼の移徙を祝う惣礼が催された。秀頼は、地震後大坂に下っていたが、五月十四日に大坂より伏見城に移っている。

この惣礼は、三宝院義演がその日記に「勅使を始めとして、諸公家諸門跡諸国諸大名、一人残らず」と記したように大規模な礼であった。まず勅使、次いで前左大臣九条兼孝・前左大臣一条内基・前関白二条昭実・左大臣近衛信輔・大納言鷹司信房・九条忠栄・内大臣徳川家康が礼をし、次いで法中、近衛前久・照高院道澄・妙法院常胤・三宝院義演・大覚寺空性・聖護院興意・三千院最胤・曼殊院良恕・一乗院尊勢・大乗院義尋・本願寺光昭が礼をし、その後、清華中、諸大名の礼が行われ、さらに「洛中洛外諸寺諸社、残らず御礼」があった。

この惣礼は、「結構筆舌に及び難し」とされるほどの規模・内容のものであると同時に、前年同様、太閤秀吉とともに秀頼も礼を受け、また勅使の扱いも前年とほぼ同様であった。

秀頼叙爵

文禄二年（一五九三）八月三日、大坂城で誕生した秀頼は、文禄三年十二月、完成した伏見城に大坂より移る。これを機に秀吉は、翌年二月二十七日、朝廷に秀頼の叙爵を願い出る。『御湯殿上日記』の同日条には「大かう（秀吉）よりわかきミ（若君）（秀頼）三さいに御なり候を、ちよしやく（叙爵）御申、ちよつきよ（勅許）」とあり、この時、勅許され、秀頼叙爵が実現したかにみえるが、この時の叙爵はなかった。

また文禄五年正月二十七日にも秀頼の叙爵が秀吉から申し入れられたが、その後しばらく秀吉の病状もあってか、この時も実現していない。

慶長二年（一五九七）の正月、秀吉は、下京の東部分に秀頼のための新城を計画する。しかし、四月には禁裏の東南の地にそれを変更し、五月に縄張り、九月には完成をみる。この屋敷は「秀頼卿御城」また「京の城」とも呼ばれたが、当初「太閤御屋敷」「屋形」「新宅」と呼ばれたように城というより屋敷とみてよいだろう。秀吉は、九月二十六日、秀頼とともにこの「新宅」に入った。そして二十八日、秀頼を伴って参内し、秀頼は、そこで元服し、従四位下左近衛少将に叙任され、次いで翌二十九日左近衛中将に任じられた。

秀頼のための京都の新城、禁裏での秀頼の元服、叙爵という一連の動きは、秀吉側からの朝廷への一層の接近を示すものといえよう。

秀吉、最後の参内

慶長三年（一五九八）三月二十日、二十三日の参内が秀吉より申し入れられたが、翌二十一日、理由は不明であるが延引となった。四月十六日になってふたたび近く参内したい旨が秀吉より申し入れられ、後陽成天皇は男達を召して準備を命じた。同じ日、秀吉より秀頼を伴っての参内を十八日にするとの案内があり、御振る舞いの内容は所司代前田玄以によって準備された。

十八日、秀吉・秀頼が参内した。常御所にて三献の儀があったのはこれまでと変わらないが、その後の展開はこれまでと少し趣が異なる。二献目が終わったところで、後陽成天皇から秀頼を中将から大納言に任じようとの意向が勧修寺晴豊・中山親綱をもって仰せられた。秀吉はそれを辞退するが、後陽成天皇から重ねての仰せがあり、それならば中納言ならばお受けすると秀吉は返答した。その後も伝奏衆が説得するが、結果は中納言となった。この遣り取りが自然なものであったか、先に結論ありきの演出であったかは定かではないが、こうした席での官位推任は珍しいことであった。

また、幼い秀頼の参内とあってか、准后より珍しい小鼓、女御より「はうか」(大道芸)の操りが披露された。三献の後、供御があり、親王御方・准后・女御・太閤秀吉・秀頼が相伴した。供御が終わってもなお、秀吉は常御所で菓子を食べていたが、後陽成天皇は清涼殿に行き、新公家衆の年頭の礼を受けた。この参内にあたって、秀吉より年頭の御礼として銀五〇枚、白鳥三羽、御太刀が進上された。秀頼よりも銀五〇枚、中折紙一〇〇帖、白鳥三羽、御太刀が献上された。良仁親王へも秀吉より銀二〇枚、白鳥二羽、御樽、秀頼より銀二〇枚、白鳥二羽、御太刀、杉原紙一〇束が贈られた。この他秀吉より、准后・女御をはじめ禁中に仕える女房衆・女官残らず土産が贈られた。

この時の参内における秀頼の扱いは、秀吉の後継者としての秀頼の地位を禁裏という場を借りてより鮮明にしようとする秀吉の企てであるいは思惑のもとになされたといえよう。これに後陽成天皇は、恐らく分かりつつも同調したのであろう。

また、この参内の御振る舞いの内容が所司代前田玄以によって取り仕切られたこと、三献の儀後も、秀吉は常御所で菓子を食べて過ごすなど、禁裏での秀吉の傍若無人の行動が目立つ。これを後陽成天皇はどのように思っていたであろうか。

秀吉の死

秀吉は、秀頼への権力継承への手だてをさまざまに講じるが、慶長三年(一五九八)六月初めに煩い、もはや腰が立たなくなった。六月の終わりに赤痢を煩い、ときならず胃の痛みを訴えるようになったが、生命が危険にさらされるほどではなかった。しかし、八月五日には病状は悪化しもはや絶望的となった。

六月初めの煩いにあたっては、同月二十七日には北政所より病気平癒のため御神楽催行の願が伝奏を通じて披露され、後陽成天皇はそれに同意し、七月一日には、内侍所（ないしどころ）で秀吉病気平癒のため御神楽が奏された。この御神楽には、北政所から金三枚が進上され、内二枚が費用として下行され、一枚が後陽成天皇に進上された。さらに七月八日には、秀頼より秀吉病気平癒のための御神楽が申し入れられ、御神楽が奏された。

これに先立つ七月六日、秀頼より禁裏へ、伊勢・八幡・春日その他諸社へ秀吉の病気平癒を立願し、本復したならば、伊勢に二〇〇〇石、春日に一〇〇〇石、その他は五〇〇石あるいは三〇〇石を寄進するとの申し出があり、さらに十日重ねて秀頼より立願が申し出られ、後陽成天皇は、所々へ勅使を派遣することにし、翌日大納言西園寺実益、大納言勧修寺晴豊・大納言久我敦通など一六人がそれぞれの社に勅使として派遣された。そして十三日には、各社からもたらされた祈禱の御札と巻数（かんじゅ）を、勧修寺晴豊・久我敦通を使者として伏見の秀頼のもとに送った。また十一日には、後陽成天皇は理性院（りしょういん）尭助（ぎょうすけ）に命じ、秀吉の病気平癒のために太元護摩（ごま）を禁裏で修させた。

しかし、こうした祈禱や修法にもかかわらず、病は本復の様子はなく、秀吉は、七月二十五日、「こんとわつらひにつき、色々かたしけなきしたゐ（次第）にて、とりなをしまいらせたる悦事とて」、後陽成天皇へ銀一〇〇〇枚、親王御方へ二〇〇〇枚、准后へ三〇〇枚、女御へ一〇〇枚、八条宮へ三〇〇枚、諸門跡・摂家へ金三枚ずつ、伝奏へ金二枚ずつ等を、事実上遺物として贈った。

そして八月十八日、秀吉は六二年の生涯を伏見城に閉じた。秀吉の死は、朝鮮からの撤兵等の事情で、慶長四年正月まで公表されることはなかった。

第五章　後陽成・後水尾天皇と家康

天皇に断りなく関白を辞めさせ、公家大臣を消滅させ、また禁裏で傍若無人に振る舞い、さらに惣礼の場に摂家ばかりか勅使まで列座させるなど、晩年の秀吉は、すべての上に立ったかのごとく振る舞った。それを後陽成天皇はどのように見、感じ、そしてそれに対抗しようとしていただろうか。秀吉死後の後陽成天皇の動きを通して、この課題をまず考えてみよう。

1　譲位一件と豊国大明神

後陽成天皇の病

秀吉がまだ生存中の慶長三年（一五九八）八月十三日、後陽成天皇は、気分を悪くし眩暈を起こした。それを聞いた准后・智仁親王・曼殊院良恕法親王が天皇を見舞った他、摂家・清華・外様・内々衆がいずれも長橋局まで見舞いを申し入れ、伏見宮邦房親王・諸門跡からも見舞いの使いが禁裏にやってきた。また朝廷からは、伝奏の勧修寺晴豊・中山親綱・久我敦通が伏見に遣わされ、所司代前田玄以に「くすし（薬師・医者）」派遣が求められ、その要請に応えて玄以から「くすし」が派遣された。さらに医者の祥寿院瑞久が脈を診に来、薬を進上した。『御湯殿上日記』のその日の条には「さしたる事にてはなし、めてたし〳〵」と記されているが、十五日から十九日まで祥寿院瑞久が脈を診に訪れ、十五日、十六日には吉田社から御祓いが届けられたように、その後も後陽成天皇の不調は続いた。

　後陽成天皇の煩いは、いったん快復したかにみえたが、九月一日、再び発し、正覚院が加持祈禱に来、二日には医者の曲直瀬玄朔が脈を診、丸薬を進上した。四日からは玄朔に加えて子の玄鑑が脈を診に来、その後も玄朔を中心に治療が続き、十三日には粉薬が進上された。しかし、十五日には眩暈が再度起こり「さん〳〵の御事」と記される病状となり、医師の養安・少弐・玄鑑がそろって脈を診、ついで伏見から呼び戻された玄朔が診療した。玄朔の著作である『医学天正記』には、後陽成天皇の病は、薬を処方したものの二週間たってもなお効果がみられず、十五日からは竹田定加法印が、ついで二十六日から祥寿院瑞久が治療にあたったが、それでも思わしい効果はなかった、と記されている。

　九月十六日、所々での病気平癒の祈禱があり、禁裏では照高院道澄による七ヵ日の病気平癒の護摩が執行された。二十日には病気平癒のため七薬師に七人詣りがなされた。七人詣りを命じられたのは、勧修寺晴豊・飛鳥井雅庸・烏丸光広・日野資勝・小川坊城俊昌・阿野実顕・中御門資胤であり、使いには撫物（穢れや災いを移すための紙人形や衣類）が渡された。また七観音へは大納言日野輝資が代官詣りをし、これにも撫物が出された。
九月二十三日には禁中で七ヵ日の護摩が修せられ、御霊社へ高倉侍従が代官詣り、岩屋へ大納言久我敦通が代官詣り、北野社へも代官詣りがあり、大覚寺では七ヵ日の護摩が修された。また諸社に七ヵ日の病気平癒の祈禱も命じられた。

翌二十四日の『御湯殿上日記』には「はう〳〵にての御りうくわん（立願）かす（数）かきりなし」とみえる。二十五日には伊勢神宮へ准后の「御さふらい（侍）」、石清水八幡宮へ久我家の人、多賀社へ鳥飼、春日社へ近衛家の人、山王社へ勧修寺家の人が遣わされ、二十六日には鞍馬寺へ大納言広橋兼勝（ひろはしかねかつ）、愛宕（あたご）へ飛鳥井雅枝、貴船社へ西洞院時慶、祇園社へ松木が派遣された。二十六日には、それまでの医者の処方では「御けん（験）もなき」（効き目がない）として、この日より盛法院浄慶（せいほういんじょうけい）が薬を進上することになった。二十八日には清涼殿（せいりょうでん）にて七ヵ日の神道護摩が修せられ、また平野社・北野社へ近臣による代官詣りがなされた。

十月になっても病気は快復せず、十月三日には奈良春日社で病気平癒の舞楽が、八日には清涼殿にて七ヵ日の仁王般若大法が、同日には石清水八幡宮で七ヵ日の護摩が、十八日には内侍所（ないしどころ）で神道護摩が執行された。そしてこの日、次に述べるように後陽成天皇から譲位（じょうい）の意向が示された。

十一月一日にも清涼殿にて七ヵ日の尊星王法（そんしょうおうほう）が、三日にも禁裏黒戸（くろど）にて七ヵ日の護摩が、十二月四日にも吉田斎場にて七ヵ日の御祓いが執行された。

後陽成天皇、譲位の意向を示す

後陽成天皇は、病気快復の様相が見えないなか、十月十八日譲位の意向を表明する。病気の推移からすれば、この譲位の表明は、それ自体は自然なもののように思われるが、その背景には、いくつかの思惑や動きがあった。

橋本政宣氏の御仕事によれば、後陽成天皇が「三宮」（後の政仁親王・後水尾天皇）を後継者にしようと思い始めたのは、遅くとも慶長三年五月ころのことと思われる。そのころから禁中で「若宮」と呼ばれていた良仁親王の呼称が「親王御方」となり、それまで「三宮」と呼ばれていた後の政仁親王の呼称が「若宮」へと変化する。この事実は、即断はできないものの後陽成天皇が「三宮」を後継者として位置づけようとしはじめたことを推測させる。恐らくこの動きを察知したのか、秀吉は、慶長三年九月七日、実は秀吉はこの時点で死去しているのだが、「三宮」を仁和寺に入室させるよう後陽成天皇に奏請している。豊臣政権側では、秀吉が定めた儲君良仁親王を守り、後陽成天皇の「三宮」取り立ての意向を阻止しようとしたのだろうか。

こうした後陽成天皇と豊臣政権側との鍔迫り合いがあったあと、十月十八日、後陽成天皇は、「御ふれい（不例）」を理由に譲位したいとの意向を勧修寺晴豊・中山親綱・久我敦通の三人の伝奏を通じて、所司代前田玄以に伝えた。玄以は「にわかの事」であり「御ふれい」のなか如何かとしながらも、「御ふれい」を理由とされる以上、「とかくゑいりよ（叡慮）したい（次第）」のよしを返答し、かつ玄以は御所へ祗候し、宮・摂家・清華・外様・内々衆を禁裏に召集、清涼殿に参集した宮・公家衆に対し後陽成天皇の譲位の意向を伝えた。そこで談合があり、「何とも御ふん（分別）へつなきとの事にて候へとも、とかく御わつらいにつき候てと候まゝ、ゑいりよ（叡慮）

したい（次第）」と、すなわち後陽成天皇の譲位の意向を分別なきこととしつつも、病ゆえ叡慮次第との勅答となった。

分別なきこととしながらも叡慮次第という勅答となったが、この時点では豊臣政権側も摂家衆も譲位は、秀吉が遺言で定めた良仁親王になされるものと思っていたようである。ところが、同月二十一日、後陽成天皇は、伝奏衆を通じて、前田玄以に弟の「八条宮」すなわち智仁親王に譲位したいとの意向を示した。そして、このことは、摂家や五大老へも伝えられた。

譲位、「御無用」

十月二十三日、勧修寺晴豊・中山親綱・久我敦通が勅使として九条兼孝のもとに出向き、智仁親王へ譲位したいとの後陽成天皇の意向を伝えた。それに対し兼孝は、病とはいえ譲位までは不要と思っていたが、智仁親王への譲位は了解しがたい、秀吉のときに一宮である良仁親王を儲君と定めているのだから、良仁親王へ譲位すべきだと勅答した。

十月二十六日、五奉行の増田長盛と長束正家が上洛し、二条昭実の屋敷に摂家の九条・一条・鷹司を集め、八条宮への譲位についての意見が聴取された。その場で、徳川家康・毛利輝元・前田利家・小早川秀秋・上杉景勝へも八条宮への譲位の意向が勅使をもって伝えられたこと、また一宮である良仁親王を差し置いて八条宮に譲位するのは如何か、まして良仁親王を儲君とすることは秀吉によって申し定められたことであり、後陽成天皇の仰せは分別なきとの家康等の意見が伝えられた。その上で増田・長束は、四人の摂家の意見を聴取し、その意見を官務の壬生朝芳に清書させて持ち帰った。

またこの場には召集されなかった摂家の近衛信輔は、富田一白に宛てた翌二十七日の書状で、家康は「うへ(後陽成天皇)したい(次第)」との意見に対し、前田利家と前田玄以は良仁親王へ譲位すべきとの意見であり、そこで増田長盛と長束正家が、摂家衆の意見を聞くために上洛したとし、自分は「子の事、跡続の事」は「おやしたい(親次第)」と思うと記している。

信輔の考えは跡継ぎのことは親次第というものであったが、摂家衆の意見また前田利家等の意見のように大勢は秀吉が遺言として定めた良仁親王への譲位であった。

十一月六日、義演准后はその日記に、この譲位一件について次のように記している。

御譲位の事、いよいよ治定云々、親王(良仁親王)御方当今皇子、第一宮也、中、山大納言(親綱)女腹也、三宮(政仁親王)同皇子、近衛入道(前久)女腹 女御也 御位相論、当今(後陽成天皇)内意三宮ヘトノ御事也、雖然太閤(秀吉)御遺言親王御方也、旁落居せず、珍事〳〵、

譲位がいよいよ治定するかと思っていたところ、良仁親王と「三宮」との間で「御位」をめぐって争論となっている、後陽成天皇は「三宮」へ譲りたいとの意向であるが、秀吉の遺言では後陽成天皇のあとは良仁親王と定められており、うまく決着がつかないでいるとする。この段階には、後陽成天皇が希望する譲位の対象者は八条宮智仁親王から「三宮」へと移っている。どうも後陽成天皇は、当初から「三宮」への譲位を目論んでいたようである。

それぞれの人物に付された割注には、良仁親王は、後陽成天皇の一宮であるが大納言中山親綱の女で大典侍の腹、それに対し三宮は、第三皇子であるが、女御の近衛前久の女の腹であるとする、この件を考える上での一つの判断基準がそこには示されている。

宮・摂家の意見さらには秀吉の遺言と後陽成天皇の意向とが相対立するなか、十一月十八日、家康から後陽成天皇に「御ゐんきよ」すなわち譲位は「まつ御むやう」との最終的な判断が示され、この譲位一件は終わりを迎えた。後陽成天皇にとっては、不満の残る結末であるが、従わざるをえなかった。しかし、良仁親王には譲位したくないとの後陽成天皇の意向はここに明確となった。

十二月二十三日、今回の譲位一件に区切りをつけるためか、後陽成天皇は、名乗りをこれまでの「和仁」を「周仁」と改めた。改名にあたっての陣儀の上卿は、前日右大臣に還任された菊亭晴季が務めた。そして、十二月二十九日、天皇は、豊臣政権の意向とは異なり、仁和寺には二宮（承快法親王）を入室させた。

後陽成天皇、灸治を望む

慶長四年（一五九九）になっても、正月一日の四方拝・小朝拝が行われなかったように、後陽成天皇の病状は快復せず、医者の交替を含め、診療、薬の進上が続けられ、また禁中での護摩等による祈禱が前年とほぼ同様に修された。さらに正月、後陽成天皇は、薬では思うような効用がみられないとして、宮・門跡、摂家・清華をはじめ諸公家に対し、「灸治」について勅問した。それに対する勅答は、いずれもその例はないとのことであったが、九条・一条・近衛は、例はないが「艾灸（もぐさ）」により本復可能とする医師の奏上がなされているのであれば「灸治」せらるべし、と勅答した。しかし、結局、この時には灸治はしないことで決着した。なお、慶長九年五月二十八日には、後陽成天皇は、中院通村（なかのいんみちむら）などが「むかし（昔）も御きう（灸）のれい」があると申すことを理由に、腫物に対して灸治を受けている。

後陽成天皇の病は、四月にようやく快復したようである。『御湯殿上日記』四月二十一日条に「御わつらひ（煩い）のゝち、けふ（今日）はしめて御きやうすい（行水）まいる、めてたし〳〵」とある。しかし、煩いがこれですっきりしたわけでなく、『御湯殿上日記』等に後陽成天皇の煩いの記事がその後もときおりみえる。そして『御湯殿上日記』慶長五年八月四日条に「御わつらひ（煩い）のゝち、けふ御むしろ（筵）あかりまいらせ候」とあり、本復したことが記されている。なお「御むしろあかり」とは、病気快復後の床上げのことである。

秀吉、新八幡を望む

死を前にして秀吉は、「新八幡」として祝われることを望んだようである。秀吉死去後、半年あまりは、大仏の鎮守として、また「新八幡」として祝う方向でことは進められていた。しかしこの間、秀吉の死は、公表されることはなく、秀吉の死骸も伏見城にそのまま置かれていた。秀吉の死が公表されたのは慶長四年（一五九九）正月になってのことで、このとき大仏の鎮守として秀吉を神に祝うことが公になった。そして三月、そのことが正式に朝

廷に申し入れられた。『御湯殿上日記』慶長四年三月五日条には、

大かう(秀吉)御すき候につきて、ゆいこん(遺言)に、あみた(阿弥陀)のたけ(嶽)に大しや(社)にいわられたきとのことにて、とくせんゐん(徳善院)(前田玄以)、てんそうしゆ(伝奏衆)してひろう(披露)申、まへ〳〵のれい(例)なと候はんまゝ、よくよく御かんかへ候てよく候はんよしおほせいたさるゝ、よしたな(吉田兼見)とへ御たんかう(談合)のよしあり、

とみえる。すなわち、所司代の前田玄以から伝奏を通じて、阿弥陀ヶ峰に大社を建て、祝われたいとの秀吉の遺言が伝えられ、これに対し、後陽成天皇は、以前の例などもあろうからよくよく考えてのこととするとの返答をし、吉田社の吉田兼見(かねみ)などへ談合を命じた。秀吉は、神号を「新八幡」「正八幡」とすることを望んだようであるが、八幡が天皇家の祖先神でもあって後陽成天皇が嫌ったのか、また神号選定に関与したのが唯一神道の吉田兼見であったためか、結果は秀吉の思い通りとはならず、「豊国大明神(とよくにだいみょうじん)」と決する。ここにも秀吉に抗う後陽成天皇の姿を垣間見ることができるだろう。

豊国大明神

秀吉を神に祝うことが決まり、四月十三日の夕に秀吉の遺体は、伏見城から秘かに阿弥陀ヶ峰に移され、十六日に仮遷宮(せんぐう)が行われた。翌十七日、『御湯殿上日記』に「けふ(今日)、とよ(豊国大)

くに大みやうしん（明神）かりとの（仮殿）のえうつさるゝよしあり、せんみやうしやう（宣命書）おほきまちもちて（正親町季秀）まいらるゝ」とあるように、この日、後陽成天皇は、正親町季秀を宣命使として阿弥陀ヶ峰の仮殿に遣わした。

宣命使の正親町季秀は束帯姿、同時に遣わされた勧修寺晴豊と久我敦通は衣冠姿で、仮殿の前に立ち、季秀が微音にて宣命を読み上げた。そしてその宣命を吉田兼見の息兼治が受け取り、仮殿内陣に納めた。その時の宣命全文の読み下し文は、以下のようなものであるが、参考として原文もあげておく。

天皇が詔旨らまと、故博陸大相国豊臣朝臣に詔へと、勅命を聞し食せと宣る、兵威を異域の外に振るひ、恩沢を率土の間に施す、善を行うこと敦くして徳顕る、身既に没して名存せり、その霊を崇めて、城の南東に大宮柱広敷立てて、吉日良辰を、撰び定めて、豊国の大明神と上げ給ひ治め賜ふ、此状を平けく、聞し食して、霊験新らたかに、天皇朝廷を実位動ぎなく、常磐堅磐に、夜守日守に、護り幸ひ給ひて、天下昇平に海内静謐に護り恤み賜へと、恐み恐みも申し賜わくと申す、

慶長四年四月十七日

（参考）

天皇我詔旨良万止、故博陸大相国豊臣朝臣爾詔倍止、勅命乎聞食止宣、振兵威於異域之外比、

施恩沢於率土之間須、行善敦而徳顕留、身既没而名存勢利、崇其霊氏、城乃南東尓大宮柱広敷立氏、吉日良辰乎、撰定氏、豊国乃大明神止上給比治賜布、此状乎平介久聞食氏、霊験新爾、天皇朝廷乎実位無動久常磐堅磐爾、夜守日守爾護幸給比氏、天下昇平爾海内静謐爾護恤賜倍度、恐美恐美毛申賜者久止申、

宣命とは、天皇の命を和文で書いたもので、平安時代以降は改元・神社・山陵・贈位などの告文にのみ用いられたものであるが、この宣命は、秀吉を豊国大明神として祝うことを告げたものである。その主文は、「兵威」以下の部分で、その内容は秀吉が兵威を異域まで振るい、恩沢を国の果てまで施し、善を行うことで徳を顕した、身はすでに没しているが名は残っている、その霊を崇めて、都の南東に大社を建て、吉日を撰んで、豊国大明神の神号を奉る、というものである。

また「豊国大明神」の号については、「豊国大明神臨時祭日記」によれば、吉田兼見が命じられ選定したものであり、その意は「日本の惣名ヲ豊葦原中津国ト云ヘル故」であり「太閤（豊臣秀吉）は和朝の主たるにより、豊国大明神と号し奉る」とする。

翌十八日には、徳川家康・毛利輝元をはじめ諸大名が参列するなか正遷宮が行われた。この日時定めは、上卿を西園寺実益、奉行を日野資勝としてなされた。さらに十九日に豊国大明神の神位についての陣儀が、西園寺実益を上卿、奉行を日野資勝として開かれ、奏聞が三度なされたうえで、正一位と定まった。二十一日、後陽成天皇は豊国社へ伝奏を使いとして

遣わしている。恐らく神位が正一位となったことを伝えたのであろう。
四月二十九日、秀頼より後陽成天皇に、秀吉を豊国大明神になされたことへの御礼として白銀一〇〇〇枚が進献された。この他、准后へ金一〇枚、女御へ金五枚、女中衆へは一枚ずつ、摂家・清華・内々・外様・比丘尼御所・門跡等へ金が秀頼より贈られた。

2　天下人家康

「天下殿」家康

秀吉没後の政務は、秀吉の遺言に従って五大老の徳川家康・前田利家・毛利輝元・上杉景勝・宇喜多秀家と五奉行の石田三成・前田玄以・浅野長政・増田長盛・長束正家が担うことになった。

慶長四年（一五九九）正月、伏見城で諸大名から年賀をうけた秀頼は、同月十一日、秀吉の遺命に従い大坂城へと移った。五大老筆頭の家康は伏見に残り、次席の前田利家は、秀頼の傅役として大坂にあったが、同年閏三月三日、大坂の自邸で没した。この利家の死去を機に朝鮮出兵以来石田三成に遺恨を抱いていた加藤清正・黒田長政・浅野幸長ら七人の武将が三成を亡き者にしようと動いた。それを察した三成は、伏見に避難し、さらに近江の佐和山へと移った。この結果、五大老・五奉行体制が大きく揺らぐ。

この事件が一段落するや、家康は同月十三日、伏見向島の自邸から伏見城西丸へと移った。これを伝え聞いた奈良興福寺の僧英俊（えいしゅん）は、「天下殿に成られ候」とその日記に記している。世間は、家康を「天下殿」とみなしたのである。しかし、この段階での家康は、形のうえでは豊臣政権の、筆頭とはいえなお五大老の一人に過ぎなかった。

同年九月七日、家康は、秀頼に重陽（ちょうよう）の賀を述べることを口実に大坂に出向くが、秀頼への礼を終えたあとも大坂に留まった。同月二十六日、家康の意向を受けてのことであろうか、秀吉の正室であった北政所（きたのまんどころ）が、突然、それまでいた大坂城西丸を出て京都へと去った。二十八日、家康は、北政所が去ったあとの西丸に入り、そこに居座ってしまったのである。

天下人としての参内

家康は、大坂へ移る直前の慶長四年（一五九九）八月十四日、参内する。家康がはじめて参内したのは、秀吉の朝鮮出兵に従って肥前名護屋に下る直前の天正二十年（一五九二）三月十三日のことである。この時、家康は太刀と白鳥五羽を進上するが、この時の献の儀（こんぎ）は三献ではなく二献であり、秀吉とは一段格差を設けたものであった。その後も秀吉に供奉（ぐぶ）しての参内はあるが、家康自身の秀吉同様の処遇での参内は、今回が初めてである。

この参内に先立ち、家康は、秀吉の死後間もなく独自に朝廷との関係を持ち始める。慶長三年九月二十二日、煩った後陽成天皇を見舞う使者を派遣、同月二十八日には薬種を進献、十月六日には菊の花を進上、十一月二日には鷹の鶴（鷹野で捕獲した鶴）、同月二十八日にも鷹の鶴、慶長四年八月四日には初鮭を進献している。参内への地ならしともいえる行動である。

そして八月十四日、後陽成天皇は参内した家康に常御所で対面。そこで三献の儀があり、准后・女御・家康の三人が相伴した。家康から後陽成天皇へは太刀折紙、銀一〇〇枚、中折紙一〇〇把が進上され、また准后、女御、女中衆へも土産があった。

形を見る限り、秀吉やそれ以前の室町将軍の参内と大きく変わらない。このことは、なお将軍宣下を受けていない家康を後陽成天皇が室町将軍や秀吉と同等に扱ったことを意味している。いいかえれば、後陽成天皇の側が、天下人の地位を家康が手にしたことを事実上認めたことになる。

そして家康の参内直後の八月十六日、後陽成天皇は家康に勧修寺晴豊を使いとして薫物を下賜する。この一連の動きのなかで、後陽成天皇が家康へ下賜したのは初めてのことである。同月十九日には家康より菱喰一羽が進上され、十二月二十六日、後陽成天皇は、参議勧修寺光豊を使いとして大坂に遣わし、家康に歳暮のしるしとして薫物を贈った。

関ヶ原の前夜

慶長四年（一五九九）、家康は、私に婚姻を結ぶことが禁じられていたにもかかわらず、伊達・福島・蜂須賀氏との婚姻を約するなど、秀吉の定めた法度や置目を無視する行動に出た。

また、家康は、前田利家の跡を受けて五大老の一人となった前田利長や細川忠興に謀反の嫌疑をかけ、両者を糾弾し、最終的には利長からその母を、忠興からは嫡子忠利を人質として求め、それを江戸に送らせた。前田・細川氏は、家康の謀略の前に屈伏したのである。

つぎに狙われたのは会津一二〇万石の上杉景勝(うえすぎかげかつ)であった。家康から上洛を求められた景勝は、慶長三年に新たな領国となった会津の仕置きに専念したいと上洛を断るが、家康は再度景勝に上洛を求め、それを景勝が拒むと、景勝に叛意ありとして、慶長五年六月、会津攻めに踏み切った。

この直前の五月十日、後陽成天皇は、勧修寺光豊を使いとして大坂に派遣し、「御みまい」として、匂い袋を秀頼に三〇袋、秀頼の母淀殿に二〇袋、家康に三〇袋、毛利輝元に二〇袋、宇喜多秀家に二〇袋、贈った。家康への下賜品の数が秀頼と同数であり、五大老の輝元・秀家への数を超えていることは、後陽成天皇が、この時期家康を秀頼と同等に位置づけていたことを推測させる。

六月八日、後陽成天皇は、家康の会津への陣立てを聞いて、見舞いとして勧修寺晴豊・光豊父子を遣わし、さらし一〇〇反を贈った。この行為は、後陽成天皇が家康の上杉攻めを暗に支持したことを示していよう。

関ヶ原の戦い

家康が出陣したあとの七月十七日、後陽成天皇は、伏見・大坂が殊の外騒がしいのを聞いて、大坂の秀頼のもとに勅使として大納言広橋兼勝(ひろはしかねかつ)を遣わした。翌十八日、大坂より帰洛した広橋兼勝は、「なに事もなく、まつ大さか(坂)のてい(躰)は、もり(毛利輝元)したい(次第)にて候まゝ、御心やすくおほしめされ候へ」との所司代前田玄以の返事をもたらした。実際には、十七日は、前田玄以・増田長盛・長束正家の三人の名で家康の非を書き上げた一三ヵ条の弾劾文と家康と対決すべきことを呼びかけた檄文が諸大名に送られた日、また毛利輝元が西軍の大将として大坂城に入ることが決した日であり、極めて緊迫した日であった。

毛利輝元が大坂城に入った同じ十七日、江戸に留まっていた家康は、石田三成らの不穏の動きを知った。しかし、家康は、会津攻めの予定をかえることなく、十九日に軍を進発させ、家康自らも二十一日江戸を出発した。伏見城の鳥居元忠から西軍決起の報が家康のもとに届いたのは、家康が下野小山に着いた同月二十四日のことである。諸将が家康の陣に集められ、軍議が持たれ、三成らを討つため軍を上方へ返すことが決せられた。先陣となった福島正則ら豊臣系の大名らは、二十六日に小山を出発、一方、家康は、八月四日小山を発ち、翌五日江戸に帰着した後、一ヵ月近く江戸を動かなかった。九月一日家康はようやく江戸を発った。そして十三日岐阜、十四日には諸将の待つ赤坂に入り、翌日の戦いに備えた。

一方、西軍は、七月十九日、小早川秀秋・島津義弘等の兵をもって家康の将鳥居元忠が守る伏見城への攻撃を開始し、八月一日、ようやく落城させた。こうしたなか、当初西軍と行動をともにしてきた大津城主京極高次が、東軍に与し、大津城に立て籠もった。それを攻めるため醍醐・山科の地を西軍の軍勢が埋め尽くした。大津城攻めの戦闘は、関ヶ原の戦いの

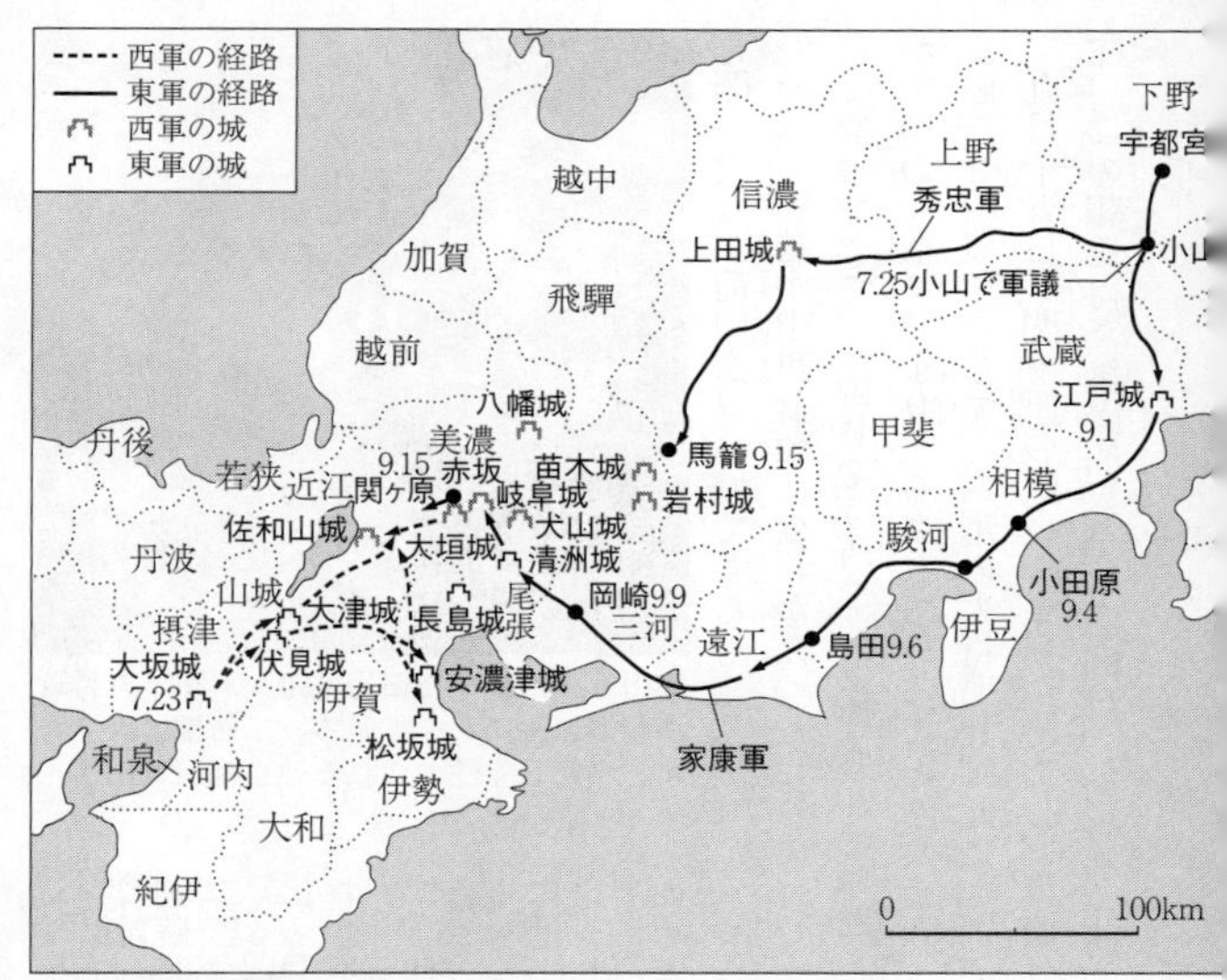

関ヶ原開戦までの両軍の動き　日付は家康の動きを示す

前日の九月十四日まで続く。

この間京都では、八月二十九日、秀頼のために秀吉が禁裏の南に築いた「城」が壊された。その理由を『義演准后日記』は「禁裏御近所故也、珍重、種々雑説物騒」と記している。後陽成天皇が求めてのことか、豊臣政権側が自主的に行ったかは明らかにしえないが、禁裏を安穏に保つことを願う後陽成天皇にとっては、望むべきことであった。

また、後陽成天皇は、丹後田辺の細川藤孝（のちの幽斎）に対して勅使を派遣し、城を明け渡すよう勧めた。ことは、八条宮が藤孝が相伝した古今伝授が

細川藤孝が築いた田辺城跡　現在本丸付近が舞鶴公園になっている。二層櫓、天守台などが新しく建てられた。京都府舞鶴市

途絶えることを惜しみ、東軍方となった丹後宮津の細川藤孝との講和を模索するために西洞院（にしのとういん）時慶（ときよし）を大坂の前田玄以のもとに遣わしたことに始まる。時慶の帰洛を受けて、八条宮は、丹後の藤孝のもとへ、玄以の案内者を付けて使者を遣わすが、藤孝は講和には応じず、使者に託して古今集証明状と和歌を八条宮に、『源氏抄』『二十一代集』を後陽成天皇に進上した。それに対し、後陽成天皇は、九月三日、大納言烏丸光広等を丹後に遣わし、西軍と和することを命じた。結果、藤孝は城を開け渡し、前田玄以の城である丹波八上城に入った。

西軍の軍勢が山科（やましな）盆地に溢れかえったころの九月十二日、山科にある御料所の代官衆が禁裏にやってきて、「御りやう所こんと（今度）のちん（陣）にみな〳〵ちんとり（陣取）てあらし（荒）申候」と、御料所が軍勢の陣取りにより荒らされていることを訴えた。この訴えに対し、後陽成天皇はすぐさま勧修寺晴豊を召して、西軍の大将毛利輝元に「別儀」なきよう命じるよう指示した。

九月十五日、関ヶ原の戦いで東軍が勝利し、家康は同月二十日、大津城に入り数日を過ごす。この報を得た後陽成天皇は、同日、勧修寺光豊に大津の家康のもとに使いするよう命じ、同月二十三日、光豊は大津に行き、家康に対面した。具体的用件は詮かではないが、これまで同様、禁裏の安穏の確保を申し入れたと思われる。

こうした一連の対応は、信長の上洛時の足利義昭・織田信長、山崎の戦い後の織田信孝・羽柴秀吉への対応と、基本的には変わらぬものであった。

郡名	村名	高
愛宕郡	岩倉村	952.794
	中村	188.19
	高野村	811.87
紀伊郡	下三栖村	33.64
	深草村	24.27
宇治郡	山科郷17ヵ村	6294.351
	北小栗栖村	20.09
	南小栗栖村	235.159
相楽郡	甕原郷４ヵ村	1455.131
合計		10015.495

慶長６年の禁裏御料　単位：石

禁裏御料と公家・門跡領の設定

関ヶ原の戦い後の禁裏御料、公家・門跡領については橋本政宣氏の分析がある。以下、それに従って概観しておこう。関ヶ原の戦い直後の慶長五年（一六〇〇）十月初め、家康は、公家門跡領・寺社領等の調査を始めた。公家・門跡領については、勧修寺光豊を奉行として行われるが、これと平行して十一月四日、家康から禁裏御料所の進献と公家衆領地の加増、さらには山城国以外にある領地を山城国内に移すことが奏請され、後陽成天皇はこれを受け入れた。

この方針に基づく領地加増と他国知行の替え地が実施されたのは翌慶長六年のことであり、同年五月十五日、家康は、禁裏・女院等へ知行を進献したほか、門跡・公家への知行割を行った。この知行割がほぼ終了するのが同年十月十一日ころであり、その結果、禁裏御料は一万石、宮家・公家領は三万八〇石余、門跡領は一万六六七九石、尼門跡領二六五三石、地下官人領二〇九九石となった。経過からみて、この知行宛行を行ったのは家康であることは明らかであるが、ただ注意すべきは、この時、家康は公家や門跡に対し領知宛行状を与えていない。こうした領知宛行に際して領知宛行状を出さなかったあるいは出せなかったのは、関ヶ原の戦い後の大名への論功行賞においても同様であり、実権は掌握したものの、形式的には豊臣政権の五大老という地位から完全には脱し切れていなかったためと考えられる。しかし見方を変えれば、この知行宛行は、この段階で家康が天下人としての地位にあることを実質的に天皇をはじめ公家門跡等に知らしめる効果を十分にもっていた。

前頁の表にも示したように、この時の禁裏御料は、愛宕郡・紀伊郡・宇治郡・相楽郡の山城国内の四郡に設定された。相楽郡の瓶原郷四ヵ村を除いて近隣の郡に設定されている。この時の禁裏御料の設定が、豊臣期の禁裏御料とどのような関係にあったのかは山科郷一七ヵ村などを除くと明確ではなく、若干の加増はあったかと思われるものの、それまで細々と続いていた石見・伯耆・出雲などにあった御料所はこの時姿を消した。そしてこの時の領地は、江戸時代を通じて禁裏御料の核をなし、幕末までごく僅かの替え地を除いて変化はなかった。なお禁裏御料は、「新御料」一万石が元和九年（一六二三）に徳川秀忠より、「増御料」一万石が宝永二年（一七〇五）に徳川綱吉より進献されている。

政仁の親王宣下

先述したように慶長三年（一五九八）十月、後陽成天皇は、「三宮」への譲位の意向を表明するが、儲君（ちょくん）は一宮である良仁（かたひと）親王とする秀吉の遺言もあり、この時には譲位は実現しなかった。

その後、「三宮」のちの政仁（ただひと）親王は、禁裏内では「三宮」ではなく第一子を意味する「若宮」と呼ばれることが定着し、位を「三宮」に譲ろうとする後陽成天皇の意向が暗に示されていた。しかし、良仁親王は、儲君として「三宮」の上にあり、親王御所への公家衆の番もなされていた。こうした状況に変化の兆しがはっきりと見え出すのが、関ヶ原の戦い後の慶長五年十二月のことである。同月二十四日、これまで行われていた親王御所の番が停止された。

そして十二月二十一日、後陽成天皇は、「三宮」を二品親王とし、政仁と名乗らせた。親王宣下は、上卿を関白九条兼孝、奉行を烏丸光広、参仕弁を柳原資俊（やなぎわらすけとし）が務めた。また大納言勧修寺晴豊に勅別当が命じられた。宣下の後、小御所（こごしょ）にて家司（けいし）らの拝礼があり、同所に関白が参向し三献の儀があり、関白退出後、摂家衆以下の御礼があった。後陽成天皇の後継者としての政仁親王の姿が鮮明となった時である。その時出された宣旨（せんじ）をあげておこう。

宣旨
政仁

左中弁藤原朝臣光広伝宣、関白左大臣藤原朝臣宣、奉勅、宜為今上親王者、
慶長五年十二月廿一日　修理東大寺大仏長官主殿頭兼左大史小槻宿祢朝房 奉

そして、慶長六年三月五日、すでに仁和寺に入室していた承快法親王を梶井宮（三千院）に移し、その跡へ良仁親王を入室させた。『義演准后日記』三月四日条には、

親王（良仁親王）母中山大納言女十四歳云々、当今（後陽成天皇）皇子也、先年太閤（秀吉）御計トシテ東宮ノ躰也、ここに女御腹皇子（政仁親王）当年五歳、旧冬親王宣下、当今叡慮御位ヲこの皇子ニ御譲与ノ御意也、これにより中山女腹親王、仁和寺御室ニなさると云々、同御舎弟中山腹御室ニ御成ありて、御入室マデこれあり、然るところに此御舎弟ヲバ梶井宮御付弟ニなされテ、舎兄ノ親王御室ニ御定と云々、不慮ノ次第也、

と記している。ここに、後陽成天皇は、秀吉の良仁親王を後陽成天皇の跡とする構想を打ち砕き、政仁親王を後継者、儲君とする自らの意向を通した。

なお、「三宮」の親王宣下に先立ち、十一月十日、女院（新上東門院）は、正親町院の御所であった仙洞御所に移り、政仁親王は、翌慶長七年十二月十八日に女院のいた御殿に移徙している。

公家関白・大臣の復活

慶長三年（一五九八）十二月、後陽成天皇の和仁（かずひと）から周仁（かたひと）への改名の陣儀を機に、その上卿を務めることになった菊亭晴季（きくていはるすえ）が右大臣に還任された。右大臣菊亭晴季、内大臣徳川家康の体制は、慶長五年末まで続く。この体制が大きく転換したのは、慶長五年十二月十九日に九条兼孝が関白と左大臣に還任されたことによる。九条兼孝は、天正九年（一五八一）四月に関白を辞して以来、一九年ぶりの還任である。さらにこの兼孝の関白任官は、秀吉が関白に任官して以来、後陽成天皇によって関白職は豊臣家の世襲とするとしてきた朝廷の方針の大転換であり、豊臣家にとっては、衝撃的な事柄であったはずである。

翌慶長六年正月二十七日、九条兼孝が左大臣を辞し、近衛信尹（のぶただ）（慶長四年ころ信輔を改名）が左大臣に還任し、関白・左大臣・右大臣の職を公家が占めた。翌慶長七年は内大臣の家康が従一位（じゅいちい）に叙されたほかは変化はない。

慶長八年正月、家康への将軍宣下に先立ち菊亭晴季が右大臣を辞し、二月十二日、将軍宣下後、家康が右大臣となり、次いで四月二十二日、豊臣秀頼が内大臣となった。さらに十月十六日に家康が右大臣を辞し、秀吉時代以来変わることなく続けてきた現職の官から退いた。

慶長九年は、現官の武家大臣は内大臣秀頼一人、翌慶長十年四月に秀頼が右大臣に転任、新たに徳川秀忠が内大臣に任じられた。七月二十三日に近衛信尹が関白となり、七月二十四日に左大臣を辞すと、現職の公家大臣はいなくなる。しかし、翌慶長十一年九月に秀忠が内大臣を辞し、同月二十二日に鷹司信房が内大臣に、ついで十一月十日に左大臣に任官したことで、公家大臣が復活する。慶長十二年正月には秀頼が右大臣を辞し、九条忠栄が右大臣となることで、現官の武家大臣は消滅する。大納言・中納言・参議についても慶長十一年正月、結城秀康が中納言を辞して以降、現官の大納言等に任じられた武家はなくなっており、豊臣期の朝廷体制は完全に姿を消す。

慶長十九年三月九日に秀忠が右大臣に任じられたときにも、もはや『公卿補任』の現官に記されることなく、最初から散位に記されている。ちなみに現職の右大臣には鷹司信尚が在職している。公家と武家の官位が明確に別立てとされたことが確認できる。

叙位の再興

慶長七年（一六〇二）正月六日、禁裏での叙位において家康は正二位から従一位へ、秀頼は従二位から正二位に昇進した。家康と秀頼の昇進が、雁行するようになされた点は注意を要するが、この昇進は家康からあるいは秀頼からの奏請をうけてのものではなく、この年、後陽成天皇の強い意向によって、年中行事としての叙位の本格的な再興がなされたことに伴うものであった。

年中行事としての叙位は、後陽成天皇が自らの日記の正月六日条に「叙位、去年より打ち続き欣悦の至り、山高く海深く、天正六年以後断絶のところ、朕（後陽成天皇）指南分別をもって、去年以来再興なり」と記しているように、天正六年来中絶していたものを、前年の慶長六年に後陽成天皇が再興したものである。慶長六年の叙位は形ばかりの再興であったものを、この年には後陽成天皇の指南のもとになされたもので、その準備として前年の末から「習礼」(儀式の前に予行すること)がなされ、叙位の対象となったものは家康・秀頼の二人だけでなく、従二位花山院家雅が正二位に叙されたほか公卿だけでも六人への叙位があった。

叙位再興にみられるように後陽成天皇は、この時期、朝廷儀礼の再興に向けてさまざまな動きをみせる。

3 家康への将軍宣下

将軍宣下前夜

関ヶ原の戦い後の慶長五年(一六〇〇)十月七日、家康は後陽成天皇に初鮭を進上するが、年末から翌年初めにかけて体調を崩したこともあってか目立った動きはみられない。

翌慶長六年三月に大坂から伏見に移った家康は、五月十一日に関ヶ原の戦い後はじめて参内する。参内した家康を後陽成天皇は、常御所で対面、三献の儀には女院・政仁親王・女御が相伴した。家康から後陽成天皇へ太刀折紙、馬代銀一〇〇枚、中折紙二〇〇把、晒二〇〇反、政仁親王へ馬代銀五〇枚、女院・女御にはそれぞれ金三枚、生絹三重、晒一〇〇反ずつが進上された。慶長四年(一五九九)の時に比べ進物が若干多いものの、大きな差はなく、以降、特別な参内を除いてこの形式での参内となる。

六月二十七日、後陽成天皇は、家康の病気平癒のため石清水八幡宮に平癒の祈禱を命じ、また七月四日にも家康の病気平癒のための祈禱として禁裏で「千反楽」を催行する。八月十八日、後陽成天皇は、広橋兼勝・勧修寺光豊を勅使として伏見の家康のもとに遣わし、薫物を賜い、また同月二十七日には、家康から初鮭が天皇に献上された。九月二十九日、後陽成天皇は、家康の病気平癒の祈禱のため内侍所で御神楽を催行している。十一月一日、家康は、鷹の鶴を後陽成天皇に進上、閏十一月二十九日にも家康は鷹の鶴一羽、雁一羽を進上している。

翌慶長七年二月十九日、後陽成天皇は、禁裏の番衆が詰めるところに出御し、種々雑談するが、その折、山科言経に対し、徳川家康を源氏長者に補任しようとの意向を示した。翌日、言経は、家康のいる伏見へと下り、後陽成天皇の源氏長者補任の意向を伝えた。それに対し家康は、「当年は慎の間」を理由に固辞した。

このように後陽成天皇と家康との関係は、贈答や祈禱を通じて少しずつ深まっており、源氏長者補任を天皇側から持ち出しているように、朝廷側からの家康取り込みもはかられている。

慶長七年も押し迫った十二月晦日、醍醐寺三宝院の義演は、秀頼に関白宣下があるとの噂を聞いて、その日記に「珍重々々」と記し、続いて秀忠に将軍宣下があるとの噂も記している。また、毛利輝元は、翌慶長八年正月十日付で繁沢元氏に宛てた書状で、家康が将軍に、秀頼が関白になるとの風聞を伝えるとともに、それを「目出たき御事に候」と評している。家康の将軍宣下を前にさまざまな噂が巷を飛び交っていた。

将軍宣下

秀頼が関白、秀忠が将軍になるなどの噂が世上を飛び交うなか、後陽成天皇は、慶長八年（一六〇三）正月二十一日、大納言広橋兼勝を家康のもとに派遣し、将軍補任の内意を家康に伝えた。それに対し家康は、「かたしけなきよし」と、後陽成天皇の申し出を受け、勅使の広橋に小袖一重と金三枚を与えた。勿論、この勅使派遣以前に将軍任官について後陽成天皇と家康との間で、恐らくは家康側の主導で下交渉があったはずで、この日の勅使派遣は、形式を整えるためのものであった。

そして、二月十二日、後陽成天皇は、家康を征夷大将軍に任じた。家康にとっては、すでに天下人の地位を、将軍という武家にとっては伝統的な官職によって権威化するものであった。

将軍宣下は、広橋兼勝が上卿、烏丸光広が奉行、小川坊城俊昌が参仕弁を務めたが、この将軍宣下と同時に、家康は右大臣に昇進し、氏長者に補任され、牛車、随身兵仗を許され、淳和・奨学両院別当に任じられた。将軍宣下の宣旨のみをあげておこう。

　内大臣源朝臣

左中弁藤原朝臣光広（烏丸）伝

宣(せんす)、権大納言藤原朝臣兼勝（広橋）宣、奉(ちよくをうけたまわるに)
勅、件人宜為征夷大将軍(くだんのひとよろしくせいいたいしょうぐんとなすべし)
者(てえり)、
　慶長八年二月十二日　中務大輔兼右大史筭博士小槻宿祢孝亮奉

将軍宣下のあったその日、後陽成天皇は、勧修寺光豊を勅使として伏見の家康のもとに派遣した。伏見では、陰陽師(おんみょうじ)の土御門久脩(つちみかどひさなが)によって家康の「御身固(おみがため)」があり、勅使の勧修寺光豊が家康に「宣下目出度候」と申したあと着座、次いで上卿・奉行・参仕弁の三人が進み出、続いて南庭において副使が二拝して、「昇進」を声を立てて申したあと、まず将軍の宣旨を官務が捧げ、それを大沢基宿(おおさわもといえ)が取り次ぎ、家康が拝見、宣旨が入っていた箱の蓋に砂金二袋を入れ官務に賜った。続いて氏長者補任の外記(げき)と官務の両宣旨、牛車の両宣旨、兵仗の宣旨、任大臣の宣旨が渡され、それぞれに家康から砂金や金子が与えられた。

また、上卿へは金一〇枚、奉行へは金五枚、参仕弁へは金五枚、勅使の勧修寺光豊には金五枚と鞍置の馬が贈られた。

将軍任官御礼の参内

慶長八年（一六〇三）三月二十五日、将軍宣下の御礼として、家康が参内。後陽成天皇は、常御所で対面、三献の儀があった。そこには若宮政仁(ただひと)親王が相伴。これまでと違い注目されるのは、後陽成天皇が家康へ酌をした酒が「御通」として家康の「昵近の衆」に与えられたことである。このとき昵近衆とされたのは、烏丸親子・日野親子三人・広橋親子三人・万里小路親子・白川・飛鳥井親子・勧修寺・冷泉稚児・阿野・正親町三条・山科言経・高倉等の公家衆であった。昵近衆は、室町将軍の時代には見られたが、秀吉の時代には明確な形では見られなかった公家の集団である。秀吉とは異なった朝廷社会への食い込み方である。

家康からは後陽成天皇へ銀一〇〇〇枚が進上され、女院へ二〇〇枚、政仁親王へ一〇〇枚、女御へ一〇〇枚、典侍等へ三〇枚ずつ、長橋へ五〇枚、その他下々の女官まで銀が贈られた。また、これとは別に年頭の御礼として太刀馬折紙、馬代銀一〇〇枚、中折紙二〇〇把が進上され、女院へは銀三〇枚、御服三重、中折紙一〇〇把、親王へは太刀折紙、馬代銀五〇枚、女御へは金三枚、中折紙一〇〇把、御服三重、その他女中衆下々まで小袖等が贈られた。常の年頭の礼などを大きく超える将軍宣下の礼に相応しい礼物であり、また秀吉の時を超える進物の数々である。

翌々二十七日、後陽成天皇は、「しやうくんめてたきとて」(将軍)太刀、馬代金三枚を、政仁親王は金一枚を、また年頭の祝儀として後陽成天皇は金二枚、親王は金一枚を、伝奏を使いとして家康に贈った。なお、この日、二条城で将軍宣下「珍重ノ御礼」があり、親王・摂家・堂上残らず参向し、家康は、八条殿・伏見殿御児御所・摂家一同に対面、礼を受けた。

家康と秀頼

家康への将軍宣下から二ヵ月経った四月二十日、鹿苑院(ろくおんいん)の院主は、伏見で参議の高倉永孝(たかくらながたか)と語らった折、永孝から二十二日に大坂へ大納言日野輝資(てるすけ)と勅使として下ることを聞き、また装束にての下向だと聞いて、この勅使は関白宣下のためのものだろうとの推測をその日の日記に記している。実際の勅使は広橋兼勝と勧修寺光豊であったが、この勅使の任務は、実は豊臣秀頼の関白任官ではなく内大臣任官を伝えるためのものであった。ここで注意したいのは、家康が将軍となって後も秀頼が関白となるのではと予測する人々がいたことである。なお、同年十一月七日、後陽成天皇は、秀忠を右大将に任じ、勅使を江戸に遣わしている。家康への将軍宣下は、家康と豊臣秀頼との関係を大きく変化させた。関ヶ原の戦いが終わって最初の正月、秀頼は元旦に諸大名の年賀を受け、家康は十五日に諸大名の年賀を受けた。また、正月二十九日、年賀の礼のために京都から大坂へ下ってきた公家・門跡衆の年頭の礼は、秀頼、家康の順で行われた。

ところが、将軍宣下以降、家康は秀頼のもとに礼に下らなくなり、また、諸大名の年頭礼もごく一部を除き秀頼へのものはなく、家康への礼のみが行われるようになる。将軍宣下は、家康が豊臣政権の五大老のひとりとしての地位から明確に脱し、武家の棟梁としてその頂点に名実ともに立つための重要な契機となった。

このように武家の世界は大きく変化するが、秀頼と朝廷・公家の関係は、後述するように、この後も大きく変化することはなかった。

秀忠への将軍宣下

慶長十年（一六〇五）三月二十一日上洛し伏見城に入った徳川秀忠は、三月二十九日、将軍宣下を前に塗輿（ぬりごし）で参内する。後陽成天皇は、儀仗所にて秀忠に対面、三献の儀があり、秀忠からは太刀が後陽成天皇に進上された。

四月七日、家康は将軍職を秀忠に与奪せんことを奏請、ついで十日、後陽成天皇は、参内した家康に常御所にて対面、三献の儀があり、家康からは太刀・馬代・綿が進上された。二日後の十二日、後陽成天皇は、前々年十月に家康が辞した右大臣に秀頼を任じ、秀忠への将軍宣下が終わった後の二十二日、勅使を大坂の秀頼のもとへ派遣した。

一方十六日、後陽成天皇は、大納言徳川秀忠を征夷大将軍に任じるとともに、正二位内大臣に叙任し、淳和院別当に補した。上卿は中納言勧修寺光豊、奉行は広橋総光（ふさみつ）、職事（しきじ）は小川坊城俊昌が務めた。なお氏長者・奨学院別当は家康が保持し、このときには秀忠へは譲られなかった。

勅使として広橋大納言が伏見城に遣わされた。伏見城に着いた勅使は将軍宣下のあったことを秀忠に伝え、着座、上卿・参議・奉行・職事・少納言等も相次いで着座し、次いで官務が将軍任官の宣旨を進め、細川忠利（ただとし）がそれを受け取り、秀忠の御前へ持参、秀忠が宣旨を頂戴、準備していた砂金二袋を覧箱（らんばこ）に入れ、それを官務が拝領した。次いで大内記（だいないき）が位記、官務が淳和院別当の宣旨、大外記（だいげき）が内大臣の宣旨を持参、秀忠からそれぞれ砂金一袋が下賜された。家康の将軍宣下の折とほぼ同様にことが進められた。

それとは別に勅使に金五枚、上卿に金一〇枚、奉行・弁に金五枚、職事に金五枚など、役者それぞれに金や御服が下賜された。

四月二十六日、秀忠が将軍宣下の御礼のため車にて参内した。後陽成天皇は、秀忠に対面、三献の儀があり、秀忠からは太刀・馬が進上され、さらに進物として後陽成天皇へ銀一〇〇〇枚、女院へ二〇〇枚、親王へ三〇〇枚、女御へ一〇〇枚が進上され、典侍以下にもそれぞれ銀子が贈られた。進物は、家康の将軍宣下御礼の参内のときとほぼ同様のものであった。

家康は子の秀忠に将軍職を譲ることで、徳川氏が政権を継承することを天下に宣言したのであるが、秀忠の将軍襲職は、秀忠が家康に取って代わって「天下人」となることではなく、依然として「天下人」は家康であった。また、朝廷側からみれば、天下人たる家康を当官に縛り付けておくことに失敗したともいえる。

年頭の礼にみる天皇と秀頼

後陽成天皇と徳川家康・秀忠との間での年頭の礼は、慶長十二年までの家康上洛時には家康の年頭の礼に対し天皇は勅使を派遣しそれに応えたが、上洛がなくなって以降は一方向でのみなされ、天皇からの年頭の礼の勅使が駿府(すんぷ)や江戸に派遣されることはなかった。それに対し後陽成天皇と豊臣秀頼との間で年頭の礼の様子はかなり趣を異にし厚いものであった。

慶長五年（一六〇〇）正月十一日、秀頼は、年頭の礼のため後陽成天皇のもとに京極高次を遣わした。後陽成天皇は、使者である京極高次に清涼殿で対面、秀頼よりは太刀折紙・馬代銀五〇枚が進上されている。

これに応え後陽成天皇は、四月四日、大坂での秀頼への惣礼にあわせて、大納言勧修寺晴豊を勅使として大坂に遣わし、「ことしの御れい」として秀頼へ太刀、馬代金三枚を、淀殿へ板物二〇反を贈っている。そして、同月六日には勧修寺光豊を介して秀頼より申し入れられた豊国の名号を揮毫している。

関ヶ原の戦いを挟んで、慶長六年の正月には、十八日秀頼から歳首を賀すため池田輝政が名代として派遣され、後陽成天皇へ太刀折紙・馬代銀五〇枚、政仁親王へ太刀折紙・馬代銀三〇枚が進上された。そして二十九日に関白九条兼孝を始め公家・門跡が大坂に下り、秀頼ついで病気であった家康の代わりに徳川秀忠への礼があった。

慶長七年も二月十七日に秀頼は池田輝政を名代として後陽成天皇に歳首を賀している。その時には、秀頼より後陽成天皇に太刀馬代銀五〇枚、政仁親王に銀三〇枚が進献され、後陽成天皇は儀仗所で池田輝政に対面した。同年三月二十一日、秀頼への諸礼ということで、公家・門跡衆が大坂に下っている。

慶長六年、七年の秀頼からの歳首の賀に対して、後陽成天皇がそれに応えたかは確認できないが、慶長八年は、家康の将軍宣下後の二月二十日、大坂での秀頼への諸礼にあたって、後陽成天皇は金二枚、政仁親王は金一枚を秀頼に贈っている。この年は、後陽成天皇から秀頼への年頭の祝儀が先行したようで、五月二十六日、秀頼から後陽成天皇へ銀五〇枚、政仁親王へ銀二〇枚、女御へ銀二〇枚が進上されている。

慶長九年正月二十七日、大坂での秀頼の諸礼に公家衆が大坂に下るのに合わせ、後陽成天皇は伝奏を使いとして太刀・馬代銀二〇枚、政仁親王は太刀・馬代銀一〇枚を贈った。秀頼よりは六月十三日、年頭の礼として後陽成天皇に銀五〇枚・太刀一振が、政仁親王には銀二〇枚が進上された。

慶長十年は正月一日、後陽成天皇は、年頭の礼のため日野輝資と高倉永孝とを秀頼のもとに遣わし、馬太刀を贈っている。十一年は確認できないが、慶長十二年は正月二十八日、後陽成天皇は、大坂の諸礼にあわせて勅使を派遣し、また三月七日には秀頼から後陽成天皇へ年頭の礼として太刀・銀五〇枚が進上された。慶長十三年は、正月二十三日、秀頼より年頭の礼に片桐且元(かたぎりかつもと)が遣わされ、後陽成天皇へ太刀折紙、馬代銀五〇枚、親王へ二〇枚が進上され、同月二十七日に後陽成天皇から大坂へ伝奏衆が遣わされた。

慶長十四年も正月四日、秀頼より片桐且元が遣わされ、年頭の礼として銀五〇枚・太刀折紙・一荷一折が後陽成天皇に、太刀折紙・銀二〇枚が親王に進上された。同月十七日、大坂へ諸礼に公家・門跡が下るが、後陽成天皇も伝奏を遣わし、秀頼へ太刀・馬一疋、淀殿へ二〇おもて、千姫へ一〇おもて、親王より秀頼へ太刀折紙・馬・銀一〇枚、淀殿へ薫物一〇貝を贈った。さらに淀殿より同月二十六日、銀二〇枚と絹三〇疋が年頭の礼として進上された。

慶長十五年も正月四日、秀頼より年頭の礼として片桐且元が派遣され、後陽成天皇へ太刀馬代銀五〇枚を進上した。後陽成天皇からは同月十七日、秀頼へ馬・太刀、淀殿へ板物二〇反、千姫へ板物一〇反、親王より秀頼へ太刀・馬代銀一〇枚、淀殿へ薫物が広橋兼勝・勧修寺光豊を使いとして贈られた。

慶長十六年については『御湯殿上日記』が欠けていることもあって、後陽成天皇と秀頼との間の年頭の礼の様子を知ることができないが、恐らく前年と同様になされたと思われる。

秀頼への叙任

後陽成天皇は、慶長六年（一六〇一）三月二十七日豊臣秀頼を、翌二十八日徳川秀忠を相次いで大納言に昇進させた。この大納言任官に対して秀頼は、四月三日、太刀折紙・馬代銀一〇〇枚を後陽成天皇に、銀二〇枚を政仁親王に進献している。

また先述したように慶長七年正月には家康が正二位から従一位に昇進したのにあわせ、秀頼も従二位から正二位に昇進している。

さらに家康への将軍宣下からほど近い慶長八年四月二十二日、消息宣下をもって秀頼を内大臣に任じた。秀頼からはその御礼として天皇に銀五〇枚、親王・女御に銀二〇枚ずつが進上された。また八月十一日には、秀頼と家康の孫千姫との婚儀を祝い、後陽成天皇は、太刀折紙・馬を、政仁親王は銀一〇枚を、伝奏を使者として秀頼に贈っている。また徳川への配慮か、天皇は同年十一月七日、秀忠を右大将に任じている。

このほか慶長十三年に秀頼が疱瘡を煩ったときには、後陽成天皇は、二月二十五日に秀頼の疱瘡平癒の御神楽を内侍所で催行し、また同月二十七日には秀頼の病気平癒の祈禱のため広橋兼勝を北野社に遣わしている。秀頼からは、この礼として本復した四月八日に、片桐且元を使いとして大高檀紙一〇帖、銀一〇〇枚を進上、また淀殿よりも丁子一〇〇斤と沈香一〇〇両が進上された。

豊国社への奉幣

慶長四年（一五九九）八月十七日、後陽成天皇は、豊国社で御神楽を催すために伝奏勧修寺晴豊と甘露寺経遠にその奉行を、またその役者に持明院親子・藪等と地下の衆があたるよう命じた。翌十八日、天皇は豊国社での御神楽催行を勧修寺晴豊を使いとして所司代前田玄以に伝えさせ、また豊国社に晴豊を勅使として遣わし、豊国大明神への奉幣がなされた。そして二十日には豊国社で御神楽が、勧修寺光豊を奉行として催された。

翌慶長五年四月の豊国社の祭礼にあたっても、前田玄以から里神楽を催すので楽人一六人を申し受けたいとの申し出を後陽成天皇は受け、十七日には神籬内にて里神楽が執り行われた。さらに十八日の祭礼に勅使を立てられるようとの申し出に対しても、日野資勝を勅使として奉幣がなされた。

これ以降、四月十八日と八月十八日の豊国祭にあたっては、後陽成天皇は、奉幣のため豊国社に勅使を遣わし、太刀・馬代を贈っている。

この他、慶長九年八月十五日、後陽成天皇は、女院とともに豊国社の臨時祭に際して上京・下京の町衆が催した踊りを紫宸殿に出御して見物、ついで十六日、豊国社において御神楽を催行した。

また慶長十二年八月四日には伝奏広橋兼勝と勧修寺光豊とが豊国社に社参し、勅額をかかげた。

このように豊国社への勅使派遣と奉幣をはじめとして、後陽成天皇が豊臣家との繋がりを大切にしたことは注目されよう。

4　後陽成天皇の譲位と後水尾天皇の即位

院御所普請のため屋敷替え

後陽成天皇は、慶長十年（一六〇五）七月までに譲位の意向を家康に示したのに対し、家康はそれを了承、同時に院御所造営が御所の北側に敷地を広げる形で計画された。そのため八月から九月にかけて具体的な地割がなされ、八条宮、摂家の鷹司・九条の屋敷をはじめ多くの公家衆の屋敷替えが実施された。この屋敷替えにあたっては、家康からその費用が出された。

翌慶長十一年正月十四日、後陽成天皇は、舟橋秀賢に御前において院御殿の指図を書かせた。ここには譲位に対する後陽成天皇の積極的な姿勢が現れている。同年七月二日には所司代板倉勝重によって院御所の縄打ちがなされ、翌慶長十二年十二月十六日、天皇は、慶長十三年が方忌(かたいみ)であることを理由に秘かに新たに完成した院御所へ、禁裏と院とを区切る築地の上に廊下を設けて、移徙(わたまし)した。

さらに後陽成天皇は、禁裏の拡張を望む。これを受けて幕府は、女院の屋敷を払いそこに新殿を建て、それを進献することとした。その結果、摂家の二条の屋敷を女院の屋敷とし、そこに女院の御殿を建てることになった。この他、禁裏の拡張に伴い、他の公家衆の屋敷替えも行われた。

官女密通事件

慶長四年(一五九九)六月、伝奏の久我敦通(こがあつみち)と宮中の勾当内侍(こうとうのないし)との醜聞が立ち、勾当内侍が出奔(しゅっぽん)するという事件が起きた。久我敦通は勅勘を免れたが、後陽成天皇は、こうした事態に対処するため、同年八月二十四日、内々(ないない)小番衆と外様衆、それぞれに三ヵ条の掟を示し、それに連署させた。内々衆への掟には、夜間の宮中奥への出入り、昼の大台所男末申口までの祗候(しこう)を禁じ、火急の場合は例外とすることが定められた。外様衆への掟もほぼ同様の内容である。

さらに慶長八年九月二日にも後陽成天皇は、小番ことに外様小番の「不沙汰(ぶさた)もっての外」との理由で、五ヵ条の壁書を伝奏の名で出し、各公家からその請書を提出させた。内々衆に宛てた五ヵ条は、第一条で番の受け渡しをきちんとすること、第二条で参内時の衣服冠帯は官位に従い礼節を守ること、第三条で夜間の宮中奥への出入り禁止、第四条で非常時は例外とすること、第五条で従者である青侍(あおざむらい)等の番所での作法を堅く申し付けることが定められている。

このように、後陽成天皇は、禁裏の秩序維持のために自ら掟や法度を定めるが、なかなか思うにまかせなかったようである。そこに起こったのが慶長十四年の官女密通事件である。

慶長十四年六月のなかば、後陽成天皇に仕える官女と若公家衆との密通が取沙汰されだした。これを取り持ったのが猪熊教利(いのくまのりとし)と典薬(てんやく)の兼康頼継(かねやすよりつぐ)であった。七月二日、伝奏の勧修寺光豊を中心に官女の召使が糺明され、四日、新大典侍(おおすけ)広橋氏・権典侍(ごんてんじ)中院氏・中内侍(なかないじ)水無瀬氏・菅内侍(かんのないじ)唐橋氏・命婦讃岐(みょうぶさぬき)の五人の官女が親に預けられ、関係した公家衆、烏丸光広・大(おお)炊御門頼国(いみかどよりくに)・花山院忠長(かざんいんただなが)・飛鳥井雅賢(あすかいまさかた)・難波宗勝(なんばむねかつ)・徳大寺実久(とくだいじさねひさ)・松木宗信は勅勘を受け出仕を止められた。首謀者と目された猪熊教利と兼康頼継は、逃亡した。そして、天皇は、数日後、所司代板倉勝重に公家衆等成敗の意向を大御所家康に伝えるよう、伝奏の勧修寺光豊を通じて指示した。

これに対し家康からは、天皇がご機嫌の悪いのはもっともで、仰せ次第に処罰されるがよかろうとの返事がかえってきた。それを聞いた天皇は、後のためでもあるので厳しい処罰としたいと、その意向を示した。

こうしたなか所司代板倉勝重は、関係した公家衆を尋問し、また伝奏の勧修寺光豊をはじめ天皇の弟である智仁親王や摂家衆とも談合をし、その結果を家康の使いとして上洛していた板倉重昌に託した。

八月四日、家康の意向が京都に届いた。その内容は、「逆鱗」はもっともであるが、後難のないようよく糺明を遂げるべきであるというものであった。この家康の意向を手にした後陽成天皇は、摂家衆を清涼殿に召し、今度の仕業は沙汰の限りであり、成敗すなわち死刑に処したいとの考えを示し、摂家衆にどのように考えるのかと問いかけた。摂家衆は、天皇の怒りは頷けるものであるが、なお「穿鑿」すべきではないかと答えた。これに対し天皇は重ねて「御同心か」と摂家衆に迫った。その勢いに押され摂家衆は「御尤」と同意してしまった。そしてこの決定は、「勅諚」として家康からの使者である大沢基宿をその場に呼び伝えられた。

公家・官女の処分

こうした「勅諚」が出たにもかかわらず、八月六日、板倉勝重は関係の公家衆をいちいち尋問し、八日には官女五人を勧修寺光豊の亭で尋問した。そして二十日、自ら駿府へと報告に下った。さらに家康からの命を受けて女院付の帥局と女御付の右衛門督が駿河に下向した。

九月二十三日に上洛した板倉勝重は、家康の意向を伝奏の勧修寺光豊を通して天皇に示した。これを聞いた天皇は、どのようにも家康に任せると、自らの手での処罰決定を投げ出してしまった。というより、投げ出さざるをえない状況に家康によって追い込まれたのである。

　十月一日、新大典侍ら五人、御末衆五人、女孀三人が楊林院に伴われ駿府へと下った。そして十一日に駿河に到着し、翌日には新大典侍ら五人と女孀二人の配流が決定され、伊豆新島へ流された。また、猪熊教利と兼康頼継の二人が京都で処刑され、公家たち七人は十一月一日、板倉勝重から処分が言い渡され、大炊御門頼国と松木宗信が薩摩の硫黄島、花山院忠長が蝦夷、飛鳥井雅賢が隠岐、難波宗勝が伊豆に流され、残る二人、烏丸光広と徳大寺実久は配流を免れた。

　朝廷の公文書の取り扱いを職とした壬生孝亮が、その日記に「武命による也」と記したように、この公家処分は、後陽成天皇ではなく家康のヘゲモニーのもとに行われたのであり、結果、武家の手を朝廷の奥深くまで入りこませることになった。後陽成天皇は、老獪な家康にしてやられたのである。

後陽成天皇の譲位の意向

　慶長十四年（一六〇九）十二月、後陽成天皇は大御所家康に譲位の意向を伝えた。おそらくこの背景には官女・公家の処分への不満があったのであろう。これに対し家康は、いましばらく譲位しないようにと返答した。この返答に後陽成天皇は、「譲位の儀は相延べざるように御馳走申さるべき旨」と、再度その意向を示した。十二月十七日、天皇は、さらに重ねて政仁（ただひと）親王の即位については家康・秀忠の上洛を得たいとの希望を所司代板倉勝重を通じて家康に伝えた。家康は、翌慶長十五年二月十二日、「譲位の事、叡慮（えいりょ）次第」と譲位を承認するとともに政仁親王の元服を了解すると返事した。その結果、譲位は三月二十日前後に行われることが決まり、その準備が進められた。

ところが家康から、閏二月十七日、家康の五女市姫の死去を理由に譲位延期が板倉勝重を通して伝えられた。この家康の申し入れに天皇は「逆鱗」、しかし従わざるをえなかった。後年の方広寺（ほうこうじ）の鐘銘事件のときを思わせる家康のやりくちである。

閏二月二十三日、武家伝奏の広橋兼勝と勧修寺光豊が所司代の板倉勝重と駿府下向について相談し、三月十一日に天皇の譲位の意向を伝えるために駿府に下った伝奏広橋兼勝と勧修寺光豊が四月二十七日に上洛し、家康からの七ヵ条の申し入れを持ち帰った。翌二十八日、この七ヵ条を天皇に披露した。

その第一条は、譲位については家康か秀忠のいずれかが上洛して馳走しなくてはかなわぬことであろうが、もし援助がなくとも今年中に行いたいというならなされるがよろしかろうというものであった。やれるものならやってみよ、といわぬばかりの口吻である。第二条は、親王の元服が当年中に執り行われることの承認である。しかし、これも親王の元服と譲位を同日にと希望する天皇の意向を踏みにじる回答であった。

第二条までは譲位に関わることであるが、第三条以下は、女院・摂家・公家に対するあからさまな干渉である。第三条で、天皇の母であり当時京都の北の長谷に籠もっていた女院に御所へ還御し天皇を後見するよう、第四条で、摂家衆に存じ寄りのことがあればたがいに談合をし天皇に申し入れるよう、第五条で、公家諸家にそれぞれの道を学び、行儀・法度を正しくするよう命じ、第六条で、公家の官位について奉公の励みになるように叙任を行うこと、第七条で、官女密通一件で配流された花山院忠長の弟と松木宗信の兄の召し出しが求められた。このとき口頭で官女密通一件で罪をまぬがれたものの、勅勘のままでいる烏丸光広と徳大寺実久の召し出しが求められた。

この七ヵ条の申し入れに、後陽成天皇は家康に対し「合点」した旨の返事をするものの、文中にある女院にも摂家にもこの条書をみせなかったようである。

「たゝなきになき申候」

この七ヵ条をめぐって天皇と家康との折衝がこの後しばらく続く。しかし、これには伝奏だけが関わり、摂家衆には一言の相談もなかった。

十月十二日、家康は摂家衆に書状を送った。この書状は、十二月二十三日京都に届いた。その内容は、天皇が先の家康からの七ヵ条の申し入れに同意したことが伝えられるとともに、摂家衆が存じ寄るところを女院を通じて天皇に「諸事御異見」することが専一であるとし、もしこれに従わなければ今後相手にしないと、脅している。そこには摂家を天皇の意志、ひいては朝廷の意志決定に関わらせようとする家康のねらいがあった。

この摂家衆への書状と同時に、家康から天皇へ三ヵ条の申し入れがあった。親王元服の早期執行への同意、親王の政務見習いの提案がなされ、最後に摂家衆に意見を具申するよう命じることを繰り返し求めている。この二通は、摂家から女院に届けられた。

十月二十四日、三ヵ条の申し入れをみた天皇は、大いに不満であった。翌日、天皇は、延喜の例に倣い元服と譲位は同日に行うこと、政務は関白に計らわせること、烏丸と徳大寺の加番は結改（番衆再編）の折に行うことの三点を示した。これに対し摂家衆は、譲位と元服を同日とすることはもっともなことであるが、ここはひとまず家康の意向にまかせ年内に元服だけ行うのが良いのではないかと上申した。

さらに摂家衆と伝奏とが女院御所に集まり、再度天皇の意向を聞くが、天皇は、延喜の例に倣い元服と譲位は同日に行うこと、烏丸と徳大寺の加番は結改の折に行うこと、花山院と松木の兄弟の召し出しはなにかの序に行うことを、改めて示した。

摂家衆は打開策を相談し、智仁親王ら天皇の連枝衆（兄弟）に説得にあたるよう依頼し、また板倉勝重との談合でまずは元服のことに限ってことを進めることが合意された。

そして智仁親王・興意法親王・良恕法親王が天皇のもとに行き説得に努めるが、天皇は、「なに事もあしく候て苦しからす候」と、自らの意志の変わらぬことを示した。

これに驚いた親王衆と摂家衆は、ことが調わなければ、家康との関係が大変なことになると、改めて天皇を説得する書付を上げた。その書付には、

御返事の様体おのおの拝見仕り候、伊賀守（板倉勝重）おくい（奥意）は、何事にても御存分の事候はゝ、罷り

下り申し調ふべき由候、さやぶれ申し候うへにては、何事も残らず仰(おお)せ出され、尤(もっと)もに存じ
候間、重ねて申し上げ候、

とあった。これに対し後陽成天皇は、「たゝなきになき申候、なにとなりともにて候」と応じた。精一杯家康の要求に抵抗してきた天皇の緊張の糸が切れた瞬間であった。天皇は、官女密通一件に続いてまたもや家康の意向に従わせられたのである。そして家康の意向通り十二月二十三日には政仁親王の元服が行われた。加冠の役は関白九条忠栄(くじょうただひで)、理髪は正親町三条(さんじょう)実有(さねあり)が務めた。

譲位そして即位

慶長十六年（一六一一）正月十七日、十五日に上洛した家康の使者大沢基宿が参内。後陽成天皇は眼病のため対面せず、代わって政仁親王が小御所にて対面した。家康からは銀一〇〇枚、蠟燭(ろうそく)一〇〇挺が進上され、また女院へ銀五〇枚、親王へ五〇枚、女御へ三〇枚が進上された。さらに大沢より譲位を三月に執行すること、家康がその折には上洛して「馳走」することが伝えられた。

同月二十三日、秀忠の歳首の使者として吉良義弥(きらよしみつ)が上洛し、銀一〇〇枚、女院へ五〇枚、親王へ五〇枚、女御へ三〇枚を献じた。また、親王元服の祝儀として銀子一〇〇枚が献上され、政仁親王は小御所で吉良義弥に対面した。

同年三月十八日、上洛した家康に「御上洛珍重」を申し述べるため、家康のもとを訪れた両伝奏に対し、家康は「江戸将軍(秀忠)の御名代として、御即位申御沙汰あるべき由」を伝えるとともに、新田氏の元祖である義重(よししげ)に鎮守府(ちんじゅふ)将軍、父広忠(ひろただ)に大納言を贈官するよう奏請すると、後陽成天皇はそれをすぐさま勅許した。同月二十三日、家康は、息義直(よしなお)・頼将(よりまさ)を従え参内、後陽成天皇は清涼殿にて対面、参内した子息二人の相伴を促すが、家康がこれを辞退し、三献の場には親王と家康とが相伴した。

三月二十七日、内弁を内大臣鷹司信尚が、宣命使を中御門資胤(なかみかどすけたね)が、奉行を正親町三条実有が務めるなか、後陽成天皇の譲位が執り行われ、政仁親王への剣璽(けんじ)渡御(とぎょ)がなされた。後水尾(ごみずのお)天皇の誕生である。このとき天皇一六歳である。

三月二十九日に後陽成上皇に家康から仙洞御料として二〇〇〇石が進献された。禁裏御料が一万石であり、隠居の身であることからすれば適当な額とも思われるが、奈良春日社の祐(ゆう)範(はん)がその日記に「一向不足、諸事相調うべからざる由也」と記したように多くの子女を抱えた後陽成上皇にとっては十分なものとはいえなかったようである。

即位礼に先立ち、即位灌頂(かんじょう)伝授について、摂家の近衛と二条とのあいだで争論があった。二条昭実は「御常流数代御師範の証跡以下分明也」と二条家が即位灌頂伝授を行うことが慣例となっていることを主張したのに対し、近衛信尹は正親町天皇即位にあたっては近衛前久が伝授したと反論した。この争論は、家康によって二条家が相伝すべしとの裁断が下され、二条昭実が後水尾天皇への伝授にあたった。朝廷での決めごとを天皇ではなく、家康が裁許したのである。

ついで四月十二日、後水尾天皇の即位礼が紫宸殿で執行された。家康は、この即位礼を裏頭で拝観した。裏頭とは、黒い薄絹で頭巾のように頭を包むことである。即位礼のあと家康は参内した。

四月十六日、将軍秀忠より即位を祝い、吉良義弥が派遣され、後水尾天皇へ銀一〇〇枚、後陽成上皇へ銀五〇枚が進上された。同月二十五日には豊臣秀頼から片桐且元が使いとして遣わされ、後水尾天皇へ銀子一〇〇枚、上皇へ五〇枚、女院へ三〇枚、女御へ一〇枚、また秀頼の母淀殿よりも天皇へ三〇枚、上皇へ一〇枚、女院へ一〇枚、女御へ一〇枚が進上され、これに対し、天皇からは片桐且元へ銀二〇枚が、秀頼へは女房奉書が、また女院・女御よりは淀殿へ文が遣わされた。

秀頼との会見と大名誓紙

後陽成天皇の譲位、後水尾天皇の受禅（前帝の譲位をうけて即位すること）の翌日三月二十八日、家康は秀頼と二条城で会見した。秀頼の上洛は、慶長四年（一五九九）正月に伏見から大坂に移って後はじめてのものであった。この日、秀頼は、片桐且元の京都屋敷で衣装を改め、家康のいる二条城に入り、家康とのあいだで礼を交わし、家康の饗応を受け、故秀吉の正室高台院との対面を終えて、二条城を退出した。

対等の形でなされたこの会見は、その翌日、家康の側近である本多正純が酒井忠世ら江戸の年寄衆五人に宛て「秀頼様、昨二十八日大御所様へ御礼おおせあげら」ると申し送ったように、つまるところ秀頼の家康への臣礼とされ、家康が秀頼を臣従させたことを諸大名・公家衆をはじめ多くの人々にみせつけるためのものとなった。

また後水尾天皇即位の四月十二日、家康は在京の諸大名を二条城に集め、三ヵ条の条々を示し、それを誓約させた。これは、かつて秀吉が正親町天皇の聚楽第(じゅらくだい)行幸のおりに、諸大名に誓紙を提出させたことに倣ったものであろう。

5　後水尾天皇即位後の朝廷

家康への礼

譲位から数日後の四月二日、二条城での家康への惣礼にあたって、後水尾天皇は二条城に勅使として広橋兼勝と勧修寺光豊(かじゅうじみつとよ)を遣わし、太刀馬代金二枚を贈った。同時に後陽成上皇から太刀馬代金一枚、女院から大高檀紙(おおたかだんし)・錦一巻が贈られた。この時の礼は、まず勅使、次いで親王、次いで摂家(せっけ)准后(じゅごう)の順でなされた。この時、伏見宮邦彦(くによし)親王と准后二条昭実(あきざね)の間で礼の前後について「申分」があったが、その場は取りあえず家康によって邦彦親王が先と裁定された。しかしこの処置はこの場限りのものとされ後日記録を調べたうえで決めることになった。

家康は、天正十三年(一五八五)に秀吉が伏見宮と近衛前久(さきひさ)の礼を「隔座」としたことに、「謂われざるか」と異を挟んだ。翌日からその穿鑿がはじまり、二条昭実はその家の記録と『職原鈔』（官職の沿革を記述した書）を示し、准后が上と主張し、それで決まるかにみえたが、六日、両者の旧記を詳細に見た家康は、究め難いとし、参賀の日を「替日」とするようにと裁許した。結局、秀吉の裁定と同じことになるが、この裁定を三宝院義演は「尤もの御裁判」と評している。いずれにしても、親王と准后の座次の争いを裁許したのは、後水尾天皇ではなく家康であった。なおこの件が最終的に決着するのは、禁中幷公家中諸法度においてである。

後水尾天皇と秀頼

後水尾天皇と秀頼とのあいだの年頭の儀礼は、慶長十七年（一六一二）については『御湯殿上日記』が欠けていることもあって、その様子を知ることができない。しかし、慶長十八年正月二十六日、後水尾天皇は、大納言広橋兼勝を勅使として秀頼のもとに派遣し、馬・太刀を、また女院は大高檀紙一束、金段一巻を贈っており、また慶長十九年正月二十二日の惣礼にも両伝奏の大坂下向が確認でき、即位して以降も後水尾天皇と秀頼とのあいだでの年頭の礼は断絶することなく続いているようである。

慶長十八年二月三日、その日の早天に大坂城で火災の起こったのを聞き及んだ後水尾天皇は、その見舞いとして権中納言広橋総光を秀頼のもとに遣わしている。同年十二月二十二日には後水尾天皇の新内裏移徙を賀して、秀頼から片桐且元が使いとして遣わされ、後水尾天

後水尾天皇像　宮内庁書陵部蔵

皇に太刀・馬・銀一〇〇枚・鶴一羽・雁等が進上された。また、慶長十九年正月十二日には、秀頼の中沙汰によって内侍所で御神楽が催行され、秀頼から金五枚が進上されている。

さらに豊国祭については、後陽成天皇の時には四月十八日と八月十八日の祭礼日に奉幣のため勅使が遣わされていた。後水尾天皇即位の年については確認できないが、翌慶長十七年には、四月十八日、三条西実条を勅使として遣わし、奉幣、また太刀折紙を進め、また八月十八日には広橋総光を勅使として奉幣、太刀・馬代五貫文を進めており、その後も大坂冬の陣後の慶長二十年四月十八日まで勅使を派遣し奉幣を続けた。なお、この奉幣は、大坂夏の陣後の元和元年（一六一五、七月十三日改元）七月十日に家康が豊国大明神の神号を除き、社殿を方広寺境内に移させるまで断絶することなく続いた。さらに、元和二年八月六日、秀吉の墳墓を大仏殿境内に作らせ仏事勤行を命じることで、秀吉を神として祀ることが完全に否定された。この間の豊国社に対しての幕府の措置に天皇が関わることはなかった。ちなみに豊国社は明治元年（一八六八）朝廷の命で再興された。

書物等宝物引渡一件

慶長十六年（一六一一）四月七日、後水尾天皇から後陽成上皇に太上天皇の尊号が贈られた。しかし、後水尾天皇即位後、後水尾天皇と後陽成上皇との間柄は穏当なものではなかった。「去慶長十六辛亥年即位の後、院（後陽成上皇）、主上（後水尾天皇）御間以外也」と『当代記』は記す。

特に、即位後も前の天皇から新天皇に引き渡されるべき書物を始めとした品々を院が抑留し引き渡さない事態が続いた。それを打開するため女院（新上東門院）が家康に「讒言」し、家康は院の行為は「然るべからず」、すなわちよろしくないとしたのに対し、後陽成上皇は「逆鱗」と『当代記』は記している。女院の「讒言」はともかく、『駿府記』によれば具体的には十二月十五日に駿府へと下った所司代板倉勝重が二十六日に家康に会い、この問題について家康の裁可を求めたようである。そして翌慶長十七年二月、家康は板倉勝重を召し「前代より相伝するところの宝物は、悉く禁中に返進せられ、院の御代に出来するところのものは皆仙洞に移せしめ給う由」の裁可を下した。

恐らく、家康の意向は、勝重から後陽成上皇に伝えられたのであろう。後陽成上皇は、不満ではあったろうがこの家康の裁断に従わざるをえなかった。ただ、書物を始めとした品々が後水尾天皇に引き渡されたのはそれから半年近くあとの七月八日のことであった。引き渡された品物の内容は、『言緒卿記』によれば、以下のごとくである。

一御ふく（服）の辛櫃二たい共に、但しよう（錠）なし

一ついたち障子(衝立)　花ひらをたるゝ　但十七枚不足

一御いかう(衣桁)一ツ

一手のこいかけ一ツ

一御すしの棚

一十二月の棚一ツ

一地蔵一躰

一ちいさき愛染

一つり燈籠

一からの皮籠一ツ此内早紙(草)百四拾八冊、連歌双紙拾壱冊、連歌懐紙二百韻、太閤軍記補歴

二冊

一長櫃九ツ

一箱三ツ、此内御会紙、短冊、ふるき書物、御文等有之

譲るべき品々がこれで全てであった訳ではなかったが、ともかくこれでこの一件はとりあえず決着したかにみえた。しかし、この件は翌年ふたたび問題化し、結果、七月二十六日、後陽成上皇より長持三棹が後水尾天皇に返納された。

その後も天皇と上皇との仲は、穏やかではなかったようである。しかし慶長二十年三月、後陽成上皇から後水尾天皇に「御和睦」が申し入れられた。これを聞いた公家の土御門泰重(つちみかどやすしげ)

は「珍重浅からず候、四海一家兄弟タルト同ジ」と、また醍醐寺三宝院の院主義演は「禁裏と院御和談云々、珍重々々」と記している。また、同月二十一日には「御和睦御喜慶」ということで天皇から上皇にその験(しるし)として銀三〇〇枚が贈られ、土御門泰重・山科言緒・西洞院時直の三人に「御すそわけ(裾分)」として銀一枚ずつが下賜された。

このように後陽成天皇の譲位、後水尾天皇の即位後、朝廷のなかは結束して家康にあたるといった体制にはなかった。

公家衆法度

朝廷にとって慶長十四年(一六〇九)の官女密通事件が天皇の意向を踏みにじられ、家康のヘゲモニーのもとで処理され、翌々年の後陽成天皇の譲位にあたっても、家康にさまざま干渉され、自らの主張を通すことができないまま、いわば家康の言いなりで朝廷にとって最も重要な譲位・即位が執行された。

この後も家康による朝廷介入は続く。譲位をめぐる交渉のなかで出された家康の七ヵ条の申し入れにおいて、公家衆はそれぞれの道を学び、行儀・法度を正しくすることを公家衆に命じるよう天皇に求めた。この段階では公家への法度を出す主体は、あくまで天皇であった。

しかし、翌慶長十七年六月、公家衆に家康の上意として「家々の学問行儀の事、油断なく相嗜(たしな)み申すべ」きことと「鷹つかひ申すまじ」きこと(鷹狩り禁止)の二ヵ条が、伝奏を通して命じられた。それに対し、公家衆はそれぞれ伝奏宛に請書を提出したが、その末尾には所司代板倉勝重へ誓約を伝えるようとの文言があった。この法度と公家衆からの請書提出は、家康が天皇を介することなくその意志を公家衆に命じたことを示しており、家康の公家衆支配が一歩前進したことを意味する。

公家衆法度と紫衣法度

ついで慶長十八年（一六一三）六月十六日付で家康は、駿府に下っていた伝奏の広橋兼勝に対し公家衆法度と紫衣（しえ）法度を申し渡した。公家衆法度は五ヵ条からなるもので、それを持ち帰った広橋兼勝は、摂家衆と相談のうえ、七月十二日に公家衆を禁中に集め、家康からの法度としてこの五ヵ条を申し渡した。

その第一条では、公家衆は家々の学問を油断なく務めること、第二条では、老若を問わず行儀法度に背くものは流罪に処すこと、第三条では、禁裏の番を怠りなく務めるとともに、威儀を調え、祗候（しこう）する時刻を遵守することを定め、第四条は、昼夜ともにさしたる用もないのに町小路を徘徊することを、第五条では、公宴以外に私としての勝負事および無頼の青（あお）侍（ざむらい）を召し抱えることを禁じ、最後に「右条々相定むる所なり、五摂家ならびに伝奏より、その届けこれある時、武家より沙汰行うべきものなり」と結んでいる。摂家と伝奏とが公家支配にあたることと、最終的には武家が公家を処罰することを宣言したものであった。

この時出されたもう一つの法度である紫衣法度は、大徳寺以下七ヵ寺を対象としたものである。

大徳寺　妙心寺　知恩寺　知恩院　浄花院　泉涌寺　粟生光明寺

右住持職之事、勅許なされざる以前に告げ知らさるべし、仏法相続のため、その器量を撰び相計らうべし、その上をもって入院の事、申沙汰あるべきものなり、

慶長十八年六月十六日　御朱印（徳川家康）

広橋（兼勝）大納言殿

すなわち大徳寺以下七ヵ寺の住持職については勅許以前に家康に知らせること、仏法が相続していくために器量あるものを選び、その上で住持職に就けるようにと、天皇の行動を制限する形で命じているのである。

後水尾天皇、新御所に移る

新内裏の造営は、後陽成天皇の譲位、後水尾天皇の即位との関係で慶長十五年（一六一〇）に始まるが、すぐさま取りかかられたわけではなく、翌慶長十六年正月二十二日に幕府大工頭中井正清が内裏を見回る。七月二十七日、三種の神器が内侍所へ移され、仮内裏は、内裏の東北の隅にあったもとの新上東門院の御殿が使われた。

慶長十七年十二月十一日、木造始めがなされ、翌慶長十八年十一月十九日に上棟、十二月

十九日に後水尾天皇は新内裏へ移徙した。十九日の移徙は、卯の刻（午前六時）に後水尾天皇が出御、供奉する公家達はいずれも束帯姿である。次第は三種の神器のうち剣（草薙剣）を山科言緒が、璽（八坂瓊勾玉）を滋野井冬隆が持ち、次に御剣中院通村、次に後水尾天皇、次に御裾関白鷹司信尚、草鞋柳原業光、その後に広橋兼勝・勧修寺光豊ら公家衆が続いた。後水尾天皇は紫宸殿の北の縁を通って清涼殿の鬼の間に入御、天皇の左右に剣璽を持つ二人が侍し、それを内侍が二階の厨子に納めた。このあと公家衆への振廻が内々の番所にて催された。

なお、このときの費用は家康が用立てた。

和子入内、家康・秀忠昇進

慶長十九年（一六一四）三月六日、後水尾天皇は、伝奏広橋兼勝と三条西実条を勅使として、駿府の家康および江戸の秀忠のもとに派遣した。その用件は二つ、一つめは秀忠の女和子の入内について、二つめは、家康の昇進である。

一つめの和子入内については、早く慶長十三年九月に「親王（政仁親王）御方江将軍姫君后被立」一ことが家康から申し入れられていたが、具体化することはなかった。さらに慶長十七年九月にも家康と秀忠から和子入内が申し入れられたが、このときも理由は明らかではないが見送られた。そして三度めは、武家側からの要請ではなく、朝廷側からその了承の返事としてなされた。『駿府記』によれば、「今度勅使下向 意趣者、女御（幕府御息女）御入内あるべきの由」と記している。

二つめの昇進については、家康を「相国」すなわち太政大臣に叙任するとの後水尾天皇の意向が示された。しかしこの時、家康は太政大臣任官を受けず、代わりに秀忠を従一位右大臣に推任されることを望んだ。これまで雁行してきた大坂の秀頼の官位を超える叙任を求めたのである。この家康の要請に応え後水尾天皇は秀忠の従一位右大臣叙任を勅許した。この決定は駿府に留まっていた勅使が江戸に下り、四月十二日に秀忠に伝えられた。そして、遡った三月九日付で秀忠の従一位右大臣の叙任がなされた。

五月二十三日には秀忠から吉良義弥が任官御礼の使者として遣わされ、御礼として後水尾天皇に銀子五〇〇枚が進上された。また禁裏新殿への移徙を賀して銀子二〇〇枚が天皇に進上された。

6　豊臣家滅亡と禁中并公家中諸法度

大坂冬の陣

方広寺の大仏開眼供養を目前に控えた慶長十九年（一六一四）七月末、家康は、「大仏鐘銘、関東不吉の語、上棟の日吉日にあらず」と鐘銘と棟札の文案に言いがかりをつけ、突然上棟と供養の延期を求めた。家康が問題としたのは、銘文の「国家安康」と「君臣豊楽　子孫殷昌」の部分であり、「国家安康」は安の字をもって家康を引き裂き、「君臣豊楽　子孫殷昌」は豊臣を君として子孫の殷昌を楽しむと読め、いずれも徳川氏を呪詛するものだと難癖をつけた。

大仏開眼供養の中止が都鄙に伝わると、京都・大坂は騒然となった。大坂からは片桐且元が駿府に下り、弁明に努めるがその功なく、また家康側からの分断工作にあって、強硬派が且元殺害を計画したことで、且元は大坂城を退城した。

この報に接した家康は、十月一日、大坂攻めを決定、近江・伊勢・美濃・尾張・三河・遠江の諸将に陣触を出すとともに、江戸の秀忠にもこのことを伝えた。十月十一日、家康は駿府を発ち二十三日に二条城に入った。また秀忠も二十三日に江戸を発ち、十一月十日には伏見城に入った。

大きく動く情勢のもと、後水尾天皇は十月二十四日、伝奏広橋兼勝と三条西実条とを勅使として二条城の家康のもとに派遣し、二十八日には重ねて伝奏を勅使として派遣し、家康に太刀折紙と薫物とを贈った。この天皇の行為は、これまでの先陣の際、信長や秀吉に対し天皇が示した行動と同様であり、事実上、天皇が家康の側に立ったことを意味している。

十一月十五日、家康は二条城を、秀忠は伏見城を出陣した。家康は奈良を経て十七日に住吉に、秀忠は淀から平野に陣を進めた。同月二十五日、後水尾天皇は、広橋兼勝と三条西実条を勅使として家康を見舞うために陣所に派遣した。二十八日、勅使の二人は家康に会い、三十日には平野に布陣していた秀忠に会い礼を述べたあと十二月二日に帰洛した。

同月十五日、後水尾天皇は、再度家康のもとに伝奏を勅使として派遣した。この勅使派遣の目的は家康と秀頼との和談の扱いにあった。しかし、家康は、「禁中の御扱いは無用」と天皇による扱いを退けた。また、『駿府記』には、このとき勅使から家康に「寒天の時分、諸軍に仰せ付けられ、大御所(家康)先ず上洛あるべきか、かつもし和睦の儀仰せらるべきか」との勅定が内々に伝えられたが、家康は「諸軍に申し付くべきために在陣いたす也、和睦の儀、然るべからず、もし調わずば、則ち天子の命を軽んじせしむ、甚だもって不可なり」と勅答したとある。

十二月初めからはじめられた講和交渉は、十二月十九日にまとまり、家康は二十五日、二条城に帰還した。二十八日に家康が参内し、後水尾天皇は対面。三献があり、家康からは天皇に銀一〇〇枚、綿三〇〇把、女御・女院に銀三〇枚ずつが進上された。

慶長二十年正月二日、後水尾天皇は、勅使として広橋兼勝と三条西実条を二条城の家康のもとに遣わし、また後陽成上皇からも使者が遣わされた。そして翌三日、家康は、大沢基宿を遣わし、年頭の礼として後水尾天皇に太刀・馬代銀一〇〇枚を進上したうえで、京都を発って駿府へと下った。大坂で和議の処置にあたっていた秀忠は、正月十九日、岡山の陣を払い伏見城に入り、二十六日に参内。秀忠が殿中を歴覧したあと、後水尾天皇は常御所で対面、三献の儀があり、その後に秀忠の弟である徳川義直・頼房と対面、その場にはなお秀忠がとどまっていた。この時の進物は、天皇へ銀一〇〇枚、綿三〇〇把、後陽成上皇へ銀三〇〇枚、綿二〇〇把、また女院へ銀二〇〇枚、女御へ銀一〇〇枚、将軍宣下の時と同様、破格のものであった。

夏の陣

豊臣方にとって、講和条件は屈辱的なものであり、大坂城に籠城した浪人たちの間には不満がくすぶり続けていた。冬の陣の余燼がおさまらぬ三月はじめ、豊臣方は、大坂城の城壁を修理し、埋められた堀を掘り返し、兵粮(ひょうろう)を城中に入れ、浪人を募りはじめた。これに対し家康は、使者を遣わし、大坂城を退去し大和か伊勢に移るか、浪人を召し放つかのいずれかを選ぶよう秀頼に伝えた。豊臣方としてはいずれも受け入れがたいものであり、大坂城内は主戦論が膨らんでいった。

四月四日、家康は、九男義直の婚儀を理由に駿府を発ち、名古屋に向かうが、この日、一一ヵ条の軍令を定めている。事実上の出陣である。家康は、十五日名古屋を発ち、十八日二条城へ、将軍秀忠は、四月一日江戸を発ち、二十一日伏見城へ入った。そして再度、秀頼に浪人の召し放ちか、大和郡山(こおりやま)への転封のいずれかを選ぶよう求めた。家康からの最後通牒であり、豊臣方にとっては、戦闘の開始を意味した。

家康は、五月五日、二条城を出、河内筋を大坂へ向かった。夏の陣での本格的な戦闘は、家康出陣の翌日と翌々日の二日行われたにすぎない。しかし、この戦闘に参加した軍勢は、徳川方一五万五〇〇〇人、豊臣方五万五〇〇〇人であり、大規模な戦闘であった。六日の戦闘は大坂城の南東の道明寺・藤井寺、八尾・若江方面で行われ、両者に多くの死傷者を出した。翌七日、午前十時に戦が始まり、豊臣方優勢のうちに戦闘は展開した。一時真田幸村(さなだゆきむら)が家康の本陣に突入し、徳川方を混乱に陥れたが、多勢のまえに力尽き、越前の松平忠直の兵に討たれた。松平忠直の隊は、真田隊との戦闘で多くの兵を失いながらも北へ進撃し、城内に乗り込み、本丸を占領した。

徳川方の軍勢が城内に突入してくるなか、秀頼は、一時本丸天守に入るが、そこも火の手が延びたため、焼け残った山里丸の唐物倉に身を潜めるが、まもなく徳川方に発見され、八日正午すぎ二三歳の命を自ら断った。秀頼の母淀殿(よどどの)も同時に自害した。ここに豊臣氏は滅亡したのである。

夏の陣後の参内

大坂夏の陣が終結した五月八日に京都に戻った家康は、六月十五日に参内する。後水尾天皇は家康に対面、三献の儀があった。家康から天皇へ銀一〇〇枚・綿二〇〇把が進上され、女院、女御へ銀五〇枚・綿一〇〇把ずつ、長橋局(ながはしのつぼね)へ銀二〇枚・綿三〇把が贈られた。また、譲位以後はじめて院参がなされ、家康から上皇へ銀五〇枚・綿一〇〇把が進上された。土御門泰重(つちみかどやすしげ)はその日記に「大樹家康公参内、則院御所様御出仕候、天下の珍重この時に候」と記している。

ついで閏六月二十一日、秀忠が「天下諸大名」を供として、公家昵近(じっきん)衆が唐門の外で出迎えるなか、参内する。後水尾天皇は、その秀忠に対面、三献の儀が執り行われた。秀忠からは天皇へ銀一〇〇〇枚・綿五〇把を進上、院参し後陽成上皇へ銀三〇〇枚・綿三〇〇把を進上した。この時の秀忠の進物は、冬の陣後の進物同様であるが、家康の進物を大きく超えるものであったことには、秀忠の位置づけをあげようとする徳川氏の意図をみることができよう。

七月七日、伏見城に諸大名が集められ、家康の命で以心崇伝（いしんすうでん）が起草した武家諸法度が、将軍秀忠の名で申し渡された。

元和改元

慶長の年号を改めようとする動きは、慶長四年（一五九九）にまず見られる。同年十一月十日、五大老・五奉行から伝奏を通じて改元の奏請があった。これに対し、朝廷では陣儀の人選が内々に進められたようだが、この時には改元はなされなかった。

改元が改めて俎上に上ったのは大坂夏の陣が終わった直後の慶長二十年（一六一五）五月のことである。同月二十八日、後水尾天皇は、土御門泰重に六月中の改元の日取りの選定を命じる。同二十九日、泰重から改元日時を六月二十日か二十八日とするのが適当と勘申（かんじん）され、一旦六月二十八日と決まるが、六月の改元は不吉とのことで六月二十二日に改元は延引となり、日選びが改めてなされ七月十三日十七日の両日が勘申され、十三日と決まった。十三日、陣儀が、上卿（しょうけい）右大臣近衛（このえ）信尋（のぶひろ）、仗儀花山院定熙（かざんいんさだひろ）・日野資勝他八名で持たれ、予（あらかじ）め勘申された新年号候補、延禄、寛永、建正、享明、元和、天保、永安、文弘、明暦の九つから、陣儀の結果、元和（げんな）と決定した。元和は中国唐の憲宗（けんそう）の元号である。

この改元については、『改元物語』に「慶長ノ末、東照宮ノ命ニ曰く、年号ノ字ハ漢唐ノ吉例ヲ勘テ、是ヲ用ヒ、重テ習礼整リテ以後ハ、本朝ノ旧式ヲ用ヒラルベシトノ事ニ依テ、慶長改元あつて元和ヲ用ラル」とみえ、家康の関与があったとする。

家康、公家法度制定のため記録を収集

慶長十九年（一六一四）四月、家康はこの秋上洛し「摂家中諸公家諸門跡幷諸寺社永代のため御法度を定める」意向を明らかにした。そして同月十六日、家康から命じられた以心崇伝と本多正純は舟橋秀賢に対し、院御所にある記録、また摂家・諸公家・門跡、さらに舟橋自身が所持する記録にどのようなものがあるかを書き立てるよう命じた。

それに対し、舟橋からは禁裏には『延喜式』『百練抄』『令』『江家次第』が、九条家には『新儀式』『北山抄』『類従（聚）格』が、官務家には『西宮抄』『類聚国史』があるとの書き上げがあった。このほか三条家に『三代実録』、広橋家に『文徳実録』等のあることが詮かとなり、家康はこれらの書を五山の僧を動員して書写させ、翌年三月ころにはほぼその業を終えた。

『駿府記』は、「公家中の法式、糺し定めるため、諸公家の記録、皆書写あるべきむね仰せ出さる」とこの事業の目的が「公家中の法式」を定めることにあったと記している。まさに元和元年（一六一五）の「禁中幷公家中諸法度」制定に向けての準備であった。

古今礼儀式法

夏の陣が終結する前年の慶長十九年（一六一四）、冬の陣の和議の扱いに大坂に下向していた伝奏二人が十二月二十五日に帰洛した。彼らが持ち帰ったのは、和談成立の報ではなく、家康から示された朝廷の儀礼に関する条々であった。その内容は、①大臣より准后親王は上首たるべし、②儀式にあたって使用される「三方」と「四方」については、三方は天子より臣下までの根本のものであり、四方はその後に出来たものであり「規模」（規準）たりえない、③当時の官位は家々に従って昇進してきたとのことであるが、「有学無学」に拘らずなされているのは良くない、延喜の時分は学問ある人々は昇進、無学の人々は高家であっても「浅官」である、延喜の時分のように当世の昇進もなさるべきか、④無知の僧が官位を昇進しているが、その「宗立つ様」をわきまえないものの昇進はあってはならないとし、さらに摂家衆として談合するようにとの申し入れであった。和議の扱いを退けられたうえに、逆に混乱した朝廷の状況に新たな要求を家康から突きつけられる形になった。

十二月二十九日、伝奏の広橋兼勝と三条西実条が二条城の家康のもとに行き、元日節会、白馬節会、踏歌節会、官位、准后親王の位階など禁中の儀式に関する七ヵ条の目録を家康に呈した。それに対し家康は、古今異同については、律令格式を考えたうえで、駿府に帰ってから返答すると返事した。

翌慶長二十年（一六一五）三月二十日、駿府に下向してきた伝奏広橋兼勝と三条西実条がもたらした後水尾天皇の「祭事之書物」、鷹司をはじめ摂家衆よりの勅答の書物、門跡衆よりの勅答の書物が、家康の御前で崇伝によって読み上げられた。それを聞いた家康は一段と機嫌よく、上洛した折諸家と直談のうえ法度以下を定めるとの意向を以心崇伝と所司代板倉勝重を通じて広橋兼勝・三条西実条の両伝奏をはじめ親王・摂家・門跡等へ伝えさせた。

　家康に届けられた禁裏儀式の内容は、年中公事、太政大臣の公事執行、摂関の公事執行、四方拝、元日節会、白馬節会、踏歌節会、叙位・女叙位・除目、上皇在位、陣儀、改元、官位、関白、三公、太政大臣、内大臣、大将、大納言、中納言、参議、羽林、蔵人頭、弁官、近衛中将少将、侍従、八省、式部・民部・治部・兵部・刑部・宮内・中務・大蔵各省、官位所望、位記、内侍宣、官辞退抑留、僧官位、奏上、香衣、紫衣等、極めて広範に及んだ。

　このように、この時期、朝廷の事柄を決めるにあたって家康の意向を抜きにできない状況に朝廷は追い込まれていた。

禁中幷公家中諸法度

　大坂夏の陣の終結後、武家諸法度に続いて、七月に崇伝が起草した禁中幷公家中諸法度一七ヵ条が出された。七月十七日、二条城で「十七ヵ条の法度」が定められ、日下（日付の真下）に二条昭実が加判し、ついで将軍秀忠、大御所家康が加判した。そして、三十日、公家門跡衆が禁裏に召され、伝奏広橋兼勝がその面前でこの法度を読み上げた。ところで、この法度は、通常「禁中並公家諸法度」の名で呼ばれているが、橋本政宣氏の研究に従えば「禁中幷公家中諸法度」とするのが妥当であり、以下この呼称を使用することにする。

「天子諸芸能之事、第一御学問也」ではじまるこの法度の第一条は、史上はじめて天皇の行動を規制したものとしてこれまでも注目されてきた。その条文は、その大部分が十三世紀はじめの天皇である順徳天皇がその皇子のために日常の作法や教養のあり方を説いた『禁秘抄』からの引用であるが、そこでは有職としての学問の習熟と「我国の習俗」としての和歌の学習が求められ、天皇が政治に介入することを間接ながら否定している。

第二・第三条では、この時期ことあるごとに揉めていた大臣と親王との座位を定め、第四・第五条では、大臣・摂関の叙任と辞任、第六条では養子は同姓、女縁からの相続の不承認を定めた。

第七条は、武家の官職と公家の官職とを二分し、武家・公家に同一の官職のものが、たとえば二人の左大臣がいても構わないと、規定している。そこには、武家の官位を公家官位から切り離すことで、朝廷と徳川氏以外の武家との繋がりを排除しようとする家康の意図を読み取ることができる。

第八条は改元について、第九条は天皇・仙洞・親王・公家の服装規定を、第一〇条は諸家の昇進を定めている。第一一条では関白・伝奏らの命令に背くものは流罪とするとし、関白・伝奏を公家・門跡支配の中核に位置付けている。第一二条では罪の軽重の基準を「名例律」とすることを、第一三条では親王門跡と摂家門跡との座位を、第一四・第一五条では僧正・門跡・院家の叙任を、第一六条では紫衣の寺の住持職について、第一七条では上人号について定めている。

大御所家康と将軍秀忠そしてこの月の終わりに関白に復帰する二条昭実との名で出されたこの法度は、武家諸法度と同様実質的には大御所家康の手で定められたものである。しかし、この法度が大御所家康の名のみで出されなかったこと、また武家諸法度が将軍秀忠の名で出されたのに対しこの法度はそうではなかったこと、さらに発布直前まで当初この法度に秀忠が署判する予定がなかったことなどは、天皇の行動を規制する条項を盛り込んだこの法度を出すに当たって、その正当性を獲得するために家康がいかに腐心したかをうかがわせるものである。

それはともかくこの禁中幷公家中諸法度は、この後幕末にいたるまで幕府の朝廷支配のもっとも重要な法となった。

家康の死

武家諸法度を定め、禁中幷公家中諸法度の公家への申し渡しを見届けた家康は、元和元年（一六一五）八月四日二条城を発ち、二十三日には駿府に着いた。翌元和二年の正月を駿府で迎えた家康は、正月七日に鷹狩りのため駿府を出発し二十一日には駿河の田中で鷹狩りを楽しんだ。ところがその夜遅く家康は、痰がつまり床に伏した。家康の発病については、この鷹狩りにも供をしていた茶屋四郎次郎（ちゃやしろじろう）が家康にすすめたポルトガルから伝わったキャラの油で揚げた鯛のテンプラが原因ともいわれているが、確かなことは分からない。

いったん元気を取り戻した家康は、駿府へと戻るが、その後も病状は一進一退が続いた。

将軍秀忠は、家康の病気を気遣って年寄の安藤重信(あんどうしげのぶ)や土井利勝(どいとしかつ)を駿府に派遣し、二月二日には自ら駿府を訪れ、その後家康の死まで駿府にとどまった。

二月五日ころに家康「御不例以外(ふれいもってのほか)」の情報が京都にも伝わるなか、後水尾天皇は土御門泰重に内侍所での御神楽催行の日時を勘申させ、十一日には諸社諸寺に家康病気平癒の祈禱を命じ、十三日には勅使として広橋兼勝と三条西実条を駿府に遣わし、二十一日には三宝院義演に命じて清涼殿で普賢延命法を修させた。

さらに三月十七日、駿府になお滞在していた両勅使から家康の病が「危急」であり、家康を太政大臣に任じるようにとの奏請が伝えられたのを受けて、後水尾天皇は二十七日家康を太政大臣に任じ、駿府にいた伝奏を通じて家康に伝えさせた。

四月二日、家康は、死期の近いことをさとったのであろうか、本多正純・南光坊天海(なんこうぼうてんかい)・以心崇伝を枕許に召して、遺体は駿河久能山(くのうざん)に葬り、葬礼は江戸の増上寺(ぞうじょうじ)で行い、位牌は三河の大樹寺に立てるよう命じ、最後に一周忌が過ぎたら下野日光に小堂を建てて勧請せよ、「八州の鎮守」となるであろうと申し渡した。そして十五日後の四月十七日巳の刻(午前十時)、家康は駿府城本丸に七五歳の生涯を閉じた。家康死去の報は、十九日、京都に届いた。

エピローグ――「権現」か「明神」か

死を前に家康は、本多正純・南光坊天海・以心崇伝を枕許に召して、遺体を駿河久能山に葬り、葬礼を江戸の増上寺で行い、位牌を三河の大樹寺に立てるよう命じ、さらに一周忌が過ぎたら下野日光に小堂を建てて勧請せよ、「八州の鎮守」となるであろうと申し渡したことは既に述べた。

それから半月後の元和二年（一六一六）四月十七日巳の刻（午前十時）、家康は死去するが、家康の遺体は、その日の夜、早くも久能山に移され、十九日夜、急拵えの仮殿に埋葬された。この埋葬は、吉田神道に従って執り行われた。それを取り仕切ったのは神祇管領長上吉田兼見の弟である神龍院梵舜であり、また本社が「大明神造」で建てられる計画であったように、この時点では家康は「大明神」として祝われることになっていた。

ところが四月二十日、駿府城において家康を神に祝うことについて南光坊天海と以心崇伝との間で論争があった。崇伝の主張は、その作法については神道を司る吉田家に任せ、神号については勅定によるべきだと主張したのに対し、天海は、作法も神号も自分がよく知る「山王神道（両部習合神道）」により神号は「権現」とすべきであり、吉田社は山王社の末社であり、また「明神」は豊国大明神の例をみればわかるように良くないと主張した。

しかし、その折にはことは決着せず、秀忠が江戸に戻ってからもさまざまに論議があったようである。五月三日、秀忠は、江戸に来ていた神龍院梵舜に、内談の使いを遣わし、「権現」と「明神」の優劣について問いただした。それに対し梵舜は、「権現」と「明神」には上下の差別はない、しかし「権現」は神代の名神で、伊弉諾・伊弉冉両神の号であり、余の神にこの号はない、「明神」は、魚鳥等を供えることができ、また「潔斎参詣」が自由であり、さらに太政大臣の官位に相当するもので、前例も多くあるとの見解を示した。また、梵舜は別の書状で天海が久能から日光への改葬に奔走しているのを聞いて、「権現」となった場合には「仏家の利運」になると危惧を表明している。

梵舜のこうした見解が示されたものの、秀忠は、家康が深く帰依した天海の主張を容れ、五月二十六日、天海を江戸城に召し、家康を「権現」として祝うことを「仰せ出」した。そして五月三十日、板倉重昌、天海、儒者の林永喜を京都に遣わし、そのことを奏請させた。六月二十九日、関白二条昭実の屋敷に伝奏と所司代板倉勝重が祗候し、家康の神号と天皇より家康に院号を進めることについて相談がなされたが、神号を受けた人に院号が下された例はないと、院号は否定された。

江戸から帰洛した梵舜は、七月四日、伝奏の広橋兼勝のもとに参上した。そこで兼勝から「久能の義一々」尋ねられたが、「公儀別而執奏候間、当家(吉田)中分は立ちまじく候」と、もはや吉田神道によって家康を神に祝うことは不可能であるとの見解を示した。

七月六日には禁中に公家たちが召集され家康の神号について寄合がもたれた。そこでは

「法中」すなわち仏家から「神灌頂(しんかんじょう)」をするのは「沙汰(さた)の外(ほか)」であるが、家康の遺言があり、また「神灌頂」のことは天海に家康が仰せ置かれたことでもあり、さらに将軍秀忠から執奏されたことでもあり、その方向で考えざるをえないだろうとの意見に傾いた。この日の寄合の結果については陰陽師の土御門泰重の日記には「家康公遺言ニまかせ、南光坊(天海)ニ勧請一切の作法まかせおかれ候よしニ候間、神号の事ばかり勅許の事申し入れられ候、白(白川家)、田(吉田家)、我(土御門家)等等ならでは、日本あるまじきなと〻申候折節、詮なく面目を失う也」とあり、今回の家康を神に祝うにあたっての幕府、天海のやり方が本来のやり方ではないと憤慨また落胆している。

翌七日にも関白二条昭実のもとで神号のことについて相談がなされたが、十三日までに後水尾天皇は、神号を「権現」とすることを決めた。幕府の意向に押し切られたかたちである。「権現」とするとの勅定を聞いた天海は、翌十四日、江戸の老中に対し、伝奏から「権現」との勅定を聞いたこと、また天皇が「両部習合(りょうぶしゅうごう)神道にて勧請、珍重に思(おぼ)しめし」であること、「神号宣命勅使等」についても仰せ付けられたことを報じ、さらに現在、禁中においては「神号御撰びなされ」ていることを書状をもって伝えた。

さらに十七日、板倉勝重から日光山には日光権現と申す神があるが、「権現」でいいか、また「菩薩(ぼさつ)」とするのは如何かを問うてきたのに対し、関白二条昭実は、重ねて「権現」とすることはあるまじきことであり、また菩薩はなおのこと「邂逅(わくらば)」すなわちまれなものであるとした。

後水尾天皇宸筆「東照大権現」の扁額　日光東照宮の陽明門に掲げられている

結果、「権現」とした上で具体的な神号が検討された。同月二十七日、関白二条昭実より「日本権現」「東光権現」の二案が、前右大臣菊亭晴季(きくていはるすえ)から「東照権現」「霊威権現」の二案が後水尾天皇に奏上された。この案はそのまま伝奏広橋兼勝に渡され、それを兼勝は天海に届けた。これを受け取った天海は、江戸の老中に対し「今廿八日相調い進められ候神号書立の内、公方様(秀忠)御意(ぎょい)に入り候を御定め候」と秀忠による選定、その神号の京都への送達、そしてそれを重ねて「叡慮(えいりょ)」に達したうえで最終的に決定する手筈となったと報じた。そして二十九日には神号の案を持って板倉重昌が江戸に下った。しかし、江戸ではすぐには決しがたかったのか、八月十六日に京を発ち江戸へ向かった所司代板倉勝重が江戸に到着した翌日の九月五日、秀忠の意向として神号は「東照大権現」と定まった。

「東照大権現」との決定の報は直ぐさま禁裏に伝えられたはずであり、九月十六日には「東照大権現」勅許を伝える勅使として伝奏広橋兼勝と三条西実条とが江戸に向け京を発した。そして、元和三年三月三日、東照社の正遷宮(せんぐう)の日時を四月十七日とする宣旨(せんじ)が出され、また同日付で家康を東照大権現として神に祝う宣命が出された。

このように、家康を神に祝うことは天皇を抜きにして行うことはありえなかったが、秀吉のときには「新八幡」を希望した秀吉側の意向を後陽成天皇は押しとどめ「明神」としたのに対し、家康の場合は朝廷抜きで「権現」か「明神」かが議論され、最終的には将軍秀忠の意として「権現」と決し、そのうえで神号の奏請が後水尾天皇になされ、さらに具体的な神号も撰ばれたものを天皇が決めるのではなく、将軍秀忠の意向に従い決定された。このように、家康の神号決定は、将軍側の優位のもとに進められ、天皇の役割はそれを調えるに過ぎなかった。

少なくとも、この神号決定の過程は、近世前期における天皇と将軍との関係を象徴するものの一つとなった。

学術文庫版のあとがき

本書『天皇と天下人』が刊行されて、はや七年近くになる。その後、二〇一五年に『戦国乱世から太平の世へ』と題する新書（岩波新書）を出版した。そこでも、天皇に関しては、多く本書の記述に依った。

ただ、本書執筆の折にはほとんど気に留めていなかった当時の「天下」という語について新書では論じた。本書の理解を深めるために、ここで少し当時の「天下」について述べておこう。

「天下」という語は、「天が下」とも読まれ、一般的には漠然と広く日本全体あるいはそれを越える世界と理解されてきた。ところが、信長・秀吉の時代の「天下」という語が、地理的・空間的には、天下統一といったときの天下とは異なり、日本全土を指すことは極めて少なく、京都あるいは京都を核とする畿内を指すことが近年明らかになってきた。こういうと、多くの人は違和感を感じられるかと思う。

「天下」を京都あるいは京都を核とする畿内とする根拠は、数多く提示しうるが、以下、その二、三をあげよう。まず一つは、織田信長が足利義昭を奉じて入洛する二年前の永禄九年（一五六六）、越後上杉輝虎（謙信）が作成した願文に「武田晴信たいち、氏康輝虎真実に無事をとげ、分国留守中きつかいなく、天下江令上洛」とみえる。この部分は、甲斐の武田信玄を退治し、小田原の北条氏康とは和平を実現することで、領国を留守するも気遣いなく、「天下」へ上洛することができるとの意であるが、ここでの「天下」は京都ということになる。

二つ目、天正十年（一五八二）六月、秀吉は、明智光秀を破った山崎の戦い直後に光秀の老臣斎藤利三を捕らえ、京都で車に乗せ引き回したうえで首を刎ねそれをさらした。このことを、秀吉は、自らの書状に「於天下車ニ乗わたして首切かけ申候事」と記した。ここでの「天下」も京都の意となる。

同じ年の十月、正親町天皇は、秀吉に綸旨を出す。この綸旨で、秀吉が「西国成敗」のために備中の城々を取り巻き「西戎」（毛利氏）と対陣していたにも拘わらず、即刻馳せ上り、明智一類をことごとく「追伐」し、「天下太平」を申し付けたのは「古今希有之武勇」である、と述べている。ここでは天皇が西国での「西戎」（毛利氏）との対峙という状況を認識しつつ、「天下太平」が実現したというとき、「天下」は日本全土ではなく、「太平」となった京都を中心とする広く見ても畿内ということになる。

さらに、一五八三年度（天正十一）のイエズス会日本年報に「信長の死後、日本で生じた戦さと諸事の情況、ならびに天下、すなわち都に隣接する諸国からなる君主国の支配と政治を誰が手にしたかを記してある」とみえる。ここでは「天下」は、「日本」とは区別され、「都に隣接する諸国からなる君主国」とされる。

このように秀吉の段階になっても「天下」は空間的には、依然として日本全土ではなく、京都あるいは京都を核とする畿内の意で使用されており、当時の天皇、正親町天皇や後陽成天皇も、こうした「天下」理解の下にあった点は、注意されてよいであろう。

二〇一八年　三月

藤井譲治

参考文献

朝尾直弘『大系日本の歴史8　天下一統』（小学館、一九八八年）
同　『将軍権力の創出』（岩波書店、一九九四年）
熱田　公『日本の歴史11　天下一統』（集英社、一九九二年）
池　享『日本の時代史13　天下統一と朝鮮侵略』（吉川弘文館、二〇〇三年）
同　『戦国・織豊期の武家と天皇』（校倉書房、二〇〇三年）
池上裕子『日本の歴史15　織豊政権と江戸幕府』（講談社、二〇〇二年）
石上英一他編『講座　前近代の天皇』（青木書店、一九九二～一九九五年）
伊藤真昭『京都の寺社と豊臣政権』（法藏館、二〇〇三年）
今谷　明『言継卿記――公家社会と町衆文化の接点――』（そしえて、一九八〇年）
同　『戦国大名と天皇』（福武書店、一九九二年）
同　『信長と天皇』（講談社、一九九二年）
同　『天皇と天下人』（新人物往来社、一九九三年）
同　『武家と天皇』（岩波新書、一九九三年）
岩沢愿彦「本能寺の変拾遺――『日々記』所収天正十年夏記について――」『歴史地理』九一―四、一九六八年
浦井正明『もうひとつの徳川物語』（誠文堂新光社、一九八三年）
奥野高廣『皇室御経済史の研究』後編（畝傍書房、一九四四年）
同　『言継卿記――転換期の貴族生活――』（高桐書院、一九四七年）

笠谷和比古『関ヶ原合戦――家康の戦略と幕藩体制――』(講談社学術文庫、二〇〇八年)
河内将芳『秀吉の大仏造立』(法藏館、二〇〇八年)
神田千里『信長と石山合戦』(吉川弘文館、一九九五年)
神田裕理「織田信長と禁裏・公家の交流――献上行為を通して――」『日本女子大学大学院文学研究科紀要』第二集、一九九六年
久保貴子『後水尾天皇』(ミネルヴァ書房、二〇〇八年)
熊倉功夫『後水尾院』(朝日新聞社、一九八二年)、『後水尾天皇』と改題し岩波書店より一九九四年に刊行
小島道裕『信長とは何か』(講談社、二〇〇六年)
五野井隆史『日本キリシタン史の研究』(吉川弘文館、二〇〇二年)
小林清治『秀吉権力の形成』(東京大学出版会、一九九四年)
山陽新聞社編『ねねと木下家文書』(山陽新聞社、一九八二年)
下村信博『戦国・織豊期の徳政』(吉川弘文館、一九九六年)
鈴木進一「二条城と二条御所」『國學院雑誌』八〇―一一、一九七九年
曾根原理『徳川家康神格化への道』(吉川弘文館、一九九六年)
高木昭作『将軍権力と天皇』(青木書店、二〇〇三年)
立花京子『信長権力と朝廷』第二版(岩田書院、二〇〇二年、初版二〇〇〇年)
辻　達也編『日本の近世2　天皇と将軍』(中央公論社、一九九一年)
津野倫明「「五人之奉行衆」設置と三条西実枝の苦悶」『戦国史研究』三八、一九九九年
富田正弘「戦国期の公家衆」『立命館文學』五〇九、一九八八年
中野　等『豊臣政権の対外侵略と太閤検地』(校倉書房、一九九六年)

中野　等『文禄・慶長の役』（吉川弘文館、二〇〇八年）
西山　克「豊臣「始祖」神話の風景」『思想』八二九、一九九三年
橋本政宣『近世公家社会の研究』（吉川弘文館、二〇〇二年）
平井誠二「江戸時代における年頭勅使の関東下向」『大倉山論集』二三、一九八八年
藤井譲治『日本の歴史12　江戸開幕』（集英社、一九九二年）
同　「江戸幕府の成立と天皇」『講座前近代の天皇2』（青木書店、一九九三年）
藤井譲治編『近世前期政治的主要人物の居所と行動』京都大学人文科学研究所調査報告三七、一九九四年
同　『織豊期主要人物居所集成』（思文閣出版、二〇一一年）
藤木久志『日本の歴史15　織田・豊臣政権』（小学館、一九七五年）
同　『豊臣平和令と戦国社会』（東京大学出版会、一九八五年）
藤田恒春『豊臣秀次の研究』（文献出版、二〇〇三年）
堀　新『日本中世の歴史7　天下統一から鎖国へ』（吉川弘文館、二〇一〇年）
同　『織豊期王権論』（校倉書房、二〇一一年）
三浦周行「豊太閤の書状につきて」『史林』三―四、一九一八年
三鬼清一郎「御掟・御掟追加をめぐって」『日本近世史論叢』上（吉川弘文館、一九八四年）
三鬼清一郎編『豊臣秀吉文書目録』（名古屋大学文学部国史学研究室、一九八九年）
水本邦彦『全集日本の歴史10　徳川の国家デザイン』（小学館、二〇〇八年）
宮田俊彦「戦国時代常陸国天台・真言両宗の絹衣争論」『歴史地理』九一―一、一九六四年
村井早苗『幕藩制成立とキリシタン禁制』（文献出版、一九八七年）
同　『天皇とキリシタン禁制』（雄山閣出版、二〇〇〇年）

山田邦明『全集日本の歴史8　戦国の活力』（小学館、二〇〇八年）
横田冬彦「城郭と権威」『日本通史11　岩波講座』（岩波書店、一九九三年）
吉田洋子「豊臣秀頼と朝廷」『ヒストリア』一九六、二〇〇五年
歴史学研究会・日本史研究会編『日本史講座5　近世の形成』（東京大学出版会、二〇〇四年）
脇田　修『織田政権の基礎構造』（東京大学出版会、一九七五年）
同　　『近世封建制成立史論』（東京大学出版会、一九七七年）

『大日本史料』10編、11編、12編　東京大学史料編纂所
『宸翰英華』帝国学士院編（紀元二千六百年奉祝会、一九四四年）
『宸翰』毎日新聞社至宝委員会事務局編集（毎日新聞社、一九九一年）
『信長公記』奥野高廣・岩沢愿彦校注（角川文庫、一九六九年）
『豊大閤真蹟集』東京帝国大学史料編纂所編（東京帝国大学史料編纂所、一九三八年）
『増訂織田信長文書の研究』奥野高廣編（吉川弘文館、一九八八年）
『徳川家康文書の研究』中村孝也（日本学術振興会、一九五八～一九六一年）
『お湯殿の上の日記』六～九　塙保己一編（続群書類従完成会、一九五七～一九五八年）
『新訂増補　言継卿記』高橋隆三他校訂（続群書類従完成会、一九六六年）
『大日本古記録　言経卿記』東京大学史料編纂所編（岩波書店、一九五九～一九九一年）
『続史料大成　晴右記　晴豊記』竹内理三編（臨川書店、一九六七年）
『兼見卿記』斎木一馬・染谷光広校訂（続群書類従完成会、一九七一年～）
『時慶記』時慶記研究会編（本願寺出版社、二〇〇一年～）

『史料纂集　義演准后日記』弥永貞三・鈴木茂男校訂（続群書類従完成会、一九七六年〜）
『石山本願寺日記』上松寅三編（清文堂出版、一九六六年）
『増補駒井日記』藤田恒春校訂（文献出版、一九九二年）
『正親町天皇実録』藤井讓治・吉岡眞之監修（ゆまに書房、二〇〇五年）
『後陽成天皇実録』藤井讓治・吉岡眞之監修（ゆまに書房、二〇〇五年）
『後水尾天皇実録』藤井讓治・吉岡眞之監修（ゆまに書房、二〇〇五年）
『十六・七世紀イエズス会日本報告集』松田毅一監訳（同朋舎出版、一九八七〜一九九四年）
『特別史跡安土城跡発掘調査報告11　主郭中心部本丸跡の調査』（滋賀県教育委員会、二〇〇一年）

年表

○印の数字は閏月を示す

西暦	年号	天皇	天皇と天下人の動静	その他関連事項
一五六五	永禄八	正親町	5・19室町幕府一三代将軍足利義輝、三好義継・松永久秀らに殺害される。7・5正親町天皇、キリシタン追放を命じる。7・28一乗院覚慶（後の足利義昭）、奈良を脱出。	
一五六六	九		1・2正親町天皇、徳川家康を三河守に任じ、四方拝の費用の支弁を求む。2・17覚慶、還俗し名を義秋と改める。9・23足利義栄、阿波より摂津越水城に入る。	
一五六七	十		8・15信長、美濃稲葉山城を攻略。11・9正親町天皇、織田信長の美濃攻略を祝して信長に綸旨を送る。	10奈良の大仏殿炎上。
一五六八	十一		2・8正親町天皇、足利義栄を征夷大将軍に任ず。9・14正親町天皇、信長に京都の安穏と禁中の警固を命じる。9・26織田信長、足利義昭を奉じて入京。10・8信長、「禁裏御不弁」の用途として一万疋献上。10・18正親町天皇、足利義昭を征夷大将軍に任ず。10・20正親町天皇、将軍義昭・信長に所領の回復を命じる。10・22義昭、将軍宣下の御礼のため参内。12・15誠仁、親王宣下。	
一五六九	十二		1・5三好三人衆、義昭の居所六条本圀寺を攻める。1・14信長、「殿中御掟」九ヵ条を、16日「追加」七ヵ条を定む。2信長、義昭の二条邸普請開始。3・2正親町天皇、信長に「副将軍」任官を勧めるが、信長受けず。4・8信長、ルイス・フロイスの京都居住を認める。4・16信長、朝山日乗と村井貞勝を奉行として禁裏修造を開始。4・25正親町天皇、ふたたびキリシタン追放を命じる。9家康からの二万疋の進献をえて後奈良天皇十三回忌の法会を執行。10・26正親町天皇、信長に延暦寺領の回復を命じる。	6上杉謙信と北条氏康和睦。

一五七〇	元亀元		1・23信長、義昭に条書をつきつける。2・2義昭参内。2信長、二一ヵ国の大名達に上洛することを求める。3・1正親町天皇、久我通俊の勅勘を赦さず。4・20信長、朝倉義景を攻めるため京を発す。4・23元亀改元。4・25正親町天皇、内侍所で千度祓いを執行。4・28正親町天皇、石清水八幡宮に信長出陣祈禱を命じる。6・28姉川の戦い。7・10義昭、「禁裏御惣用」として一万疋進献。9・12石山本願寺、野田・福島の信長の陣を攻める。12・14信長と朝倉・浅井和睦。	
一五七一	二		9・12比叡山焼き討ち。10信長、洛中洛外の領主に田畠一反に一升の米を賦課し、それを「公武御用途」「禁裏様の御賄」として京中の町に貸し付ける。12・15のちの後陽成天皇、誠仁親王の第一皇子として誕生。	
一五七二	三		9信長、義昭に一七ヵ条の異見書をつきつける。12・22三方原の戦い。	10武田信玄、甲府を出陣。
一五七三	天正元		2義昭、二条城の堀を掘り、防備をかためる。3・29信長上洛。4・4信長、上京を焼き払う。4・7正親町天皇の調停により義昭と信長の和睦なる。4・8正親町天皇、義昭に禁裏六丁町に武士を置かないよう命じる。4・13義昭、宇治槇島へ移る。7・3義昭、挙兵。7・18室町幕府の倒壊。7・28天正改元。8・4信長、浅井攻めのため岐阜を出陣。8・20越前朝倉義景自刃。8・27信長、浅井氏の居城小谷城を落とす。浅井氏滅亡。12・8正親町天皇、譲位の意向を信長に伝える。	4信玄死去。
一五七四	二		1越前で一向一揆蜂起。2・5正親町天皇、本願寺に加賀の稲荷社領の回復を命じる。3・28信長、東大寺正倉院の蘭奢待を切り取る。4・2本願寺挙兵。7・13信長、伊勢長島の一向一揆攻めのため出陣、9・29鎮圧。	6信長、「洛中洛外図屏風」を上杉謙信に贈る。

西暦	年号	天皇	天皇と天下人の動静	その他関連事項
一五七五	三	正親町	3信長、公家・門跡を対象に徳政令を出す。5・21長篠の戦い。6信長、公家の「五人の奉行」を設置。8・16信長、越前府中に入り、一向一揆を殲滅。11・4正親町天皇、信長を大納言に任ず。11・6信長、公家・門跡に新地を宛行。	
一五七六	四		1信長、安土城築城に着手。2・23信長、本拠を岐阜から安土に移す。4信長、二条屋敷の普請を始める。4本願寺挙兵。5・5信長、本願寺攻めに出陣。11信長、神泉苑を東寺に還付。11・21信長、正三位内大臣。	7京都の南蛮寺建つ。
一五七七	五		2・13信長、紀伊雑賀攻めのため河内・和泉に軍を進める。11・20信長、従二位右大臣。	6信長、安土に楽市楽座令を出す。
一五七八	六		1・6信長、正二位に昇進。4・9信長、右大臣・右大将の官を辞す。10荒木村重、信長に叛旗を翻す。11・6毛利水軍、九鬼嘉隆等の水軍に大敗。	3上杉謙信死去。
一五七九	七		5・11信長、安土城天主に入る。11・22信長、二条屋敷を誠仁親王に進献。	5安土宗論。
一五八〇	八		③・5信長と本願寺和睦。4・9本願寺顕如、石山を退城し紀伊に移る。8・2教如、石山を退城。8・13信長、安土屏風を正親町天皇に見せる。	8信長、摂津・河内・大和の城割りを命じる。
一五八一	九		2・23ヴァリニャーノ、信長に謁見。2・28信長、禁裏東の馬場にて馬揃えを催す。3・7正親町天皇、信長を左大臣に推任。信長これを受けず。	
一五八二	十		1安土で天正10年の閏月について議論が起こる。3・5信長、甲斐武田攻めのため安土を発つ。4・25所司代村井貞勝に信長を太政大臣か関白か将軍に推任する旨を伝える。5・4勅使勧修寺晴豊、森	1天正遣欧使節。6安土城焼失。

			蘭丸を通じて信長に将軍推任を申し入れる。6・2本能寺の変。信長・信忠父子死去。6・6正親町天皇、明智光秀のもとに勅使を派遣する。6・9明智光秀、正親町天皇・誠仁親王に銀五〇〇枚ずつを進上。6・13山崎の戦い。光秀死去。6・14正親町天皇、織田信孝と羽柴秀吉に勅使を派遣し太刀を贈る。6・27清洲会議。9・14後陽成天皇、秀吉に丹波国山国庄の回復を命ず。10・3正親町天皇、羽柴秀吉に昇殿と少将任官を勧めるも、秀吉受けず。10・9信長へ従一位太政大臣を贈る。10・15羽柴秀吉、大徳寺において信長の葬儀を行う。	
一五八三	十一		①・29秀吉、正親町天皇の求めに従い青蓮院領を安堵する。4・21賤ヶ岳の戦い。4・24秀吉、柴田勝家の北庄城を落とす。5・2正親町天皇、秀吉のもとに勅使を派遣。9・1秀吉、大坂城普請開始。	
一五八四	十二		3小牧・長久手の戦い。4・9家康、秀吉勢を長久手に破る。11・15秀吉・信雄和睦。11・22正親町天皇、秀吉を従三位大納言に叙任。	
一五八五	十三		1・18仙洞御所の作事始め。2・26正親町天皇、織田信雄を正三位大納言に叙任。3・10秀吉、正二位内大臣に昇進。この日、参内。3・21秀吉、紀州攻めのため大坂を発す。3・22正親町天皇、伊勢神宮を始め諸寺社に秀吉出陣の祈禱を命じる。7・11秀吉、関白となる。この日、参内。7・15秀吉、親王・准后の座次を定める。10・2秀吉、島津義久に九州での鉾楯の停止を命じる。	8秀吉、越中の佐々成政を降伏させる。11近畿・東海に大地震。
一五八六	十四	後陽成	2・28正親町天皇、秀吉からの歌と桜の枝の進上に対し、歌を秀吉に贈る。6・14上杉景勝上洛し、秀吉に臣礼をとる。7・24誠仁親王死去。10・27徳川家康上洛し、秀吉に臣礼をとる。11・7正親町天皇、和仁親王に譲位。11・25後陽成天皇の即位礼。12・16近衛前久の女前子が秀吉の養女として入内。	4秀吉、方広寺大仏殿の材木を諸国に賦課。

西暦	年号	天皇	天皇と天下人の動静	その他関連事項
一五八七	十五	後陽成	3・1秀吉、九州攻めのため大坂を出陣。3・13後陽成天皇、秀吉の九州出陣の祈禱を伊勢神宮等に命じる。3・24後陽成天皇、九州の秀吉の陣に勅使を派遣する。5・8島津義久、秀吉に降伏。6・15秀吉、朝鮮国王の来日を宗氏に催促。7・29九州より凱旋した秀吉、参内。9・13秀吉、聚楽第に移徙。	6秀吉、伴天連追放令を出す。10北野大茶会。
一五八八	十六		4・14後陽成天皇、18日まで聚楽第行幸。4・19後陽成天皇、秀吉の正室北政所を従一位に叙す。	4秀吉、長崎の教会領を没収。7秀吉、刀狩令・海賊取締令を出す。9秀吉、大名妻子の在京を命じる。
一五八九	十七		5・27秀吉の嫡男鶴松誕生。5・28後陽成天皇、鶴松に太刀を贈る。11・24秀吉、北条氏直への弾劾状を発す。11後陽成天皇、関白職を豊臣家の世襲とすることを提案。12・7後陽成天皇、豊臣秀長の病気見舞いとして勅使を遣わす。12・29「六宮」、八条宮智仁親王と称す。	
一五九〇	十八		2・28後陽成天皇、秀吉の小田原攻めの祈禱を命じる。3・1秀吉、小田原攻めのため京都を発す。その行列を後陽成天皇、禁裏の桟敷で見物。7・5北条氏直、秀吉に降伏。7・21朝鮮使節、入京。9・1秀吉、奥羽仕置きを終え帰洛。11・7秀吉、朝鮮使節を引見。	8家康、関東に移る。
一五九一	十九		1・22豊臣秀長、死去。①秀吉、御土居の築造を始める。8・5鶴松、死去。12・25後陽成天皇、豊臣秀次を関白とする。	2千利休自刃。
一五九二	文禄元		1・1秀次、参内。1・26後陽成天皇、聚楽第に行幸。3・26秀吉、肥前名護屋に向け出陣。後陽成天皇、禁裏桟敷で見物。4・12日本軍の朝鮮渡海始まる。5・18秀吉、秀次に三国国割構想を伝える。6・7所司代前田玄以、天皇の大唐行幸のため公家衆に行幸の記録	5日本軍、漢城を落とす。5李舜臣率いる朝鮮水軍、日本水軍を撃破。6小西行長、平壌を占領。

一五九三	二		の提出を求める。7・15秀吉、大明動座を延期。7・22秀吉、大政所危篤の報を受けて、名護屋を発し大坂に戻る。8・17秀吉、伏見を隠居所と決め、築城に取りかかる。9後陽成天皇、秀吉に再度の肥前名護屋下向を延期するよう求める。10・1秀吉、肥前名護屋に向け再度出陣。1・5正親町上皇、死去。5・15講和交渉の明使、名護屋に到着。5・23秀吉、明使を引見。8・3秀頼誕生。	1朝鮮軍、小西行長等が守る平壌を攻める。9方広寺大仏殿上棟。
一五九四	三		2・27秀吉、吉野へ花見。4・14近衛信輔、薩摩へ配流。8・1秀吉、伏見城に移る。	
一五九五	四		7・8秀吉、秀次から関白職を剝奪し、高野山へ追放。7・15秀次自刃。7・25秀吉、右大臣菊亭晴季を越後に配流。8・3「御掟」「御掟追加」が定められる。	
一五九六	慶長元		5・13秀吉、秀頼を伴い参内。5・25伏見城で惣礼。9・1秀吉、明使を大坂城で引見。	⑦・12畿内大地震。伏見城倒壊。
一五九七	二		2・21秀吉、朝鮮再出兵の軍令を出す。5・17秀吉、新造なった伏見城で惣礼。9・28秀吉、秀頼を伴い参内。秀頼元服、従四位下少将に叙任。12・22明・朝鮮軍による蔚山城攻撃が始まる。	7秀吉、善光寺阿弥陀如来を大仏殿に移す。
一五九八	三		3・15秀吉、醍醐の花見。4・18秀吉参内。後陽成天皇、秀頼を中納言に任ず。7・25秀吉、後陽成天皇に銀一〇〇〇枚を献上。8・18秀吉、死去。9・7豊臣政権、政仁親王を仁和寺に入れるよう奏請。10・18後陽成天皇、譲位の意向を示す。10・21後陽成天皇、智仁親王への譲位の意向を表明。11・18家康、譲位「御無用」と返答。12・23後陽成天皇、名を和仁から周仁に改める。	1秀吉、上杉景勝を会津に移す。
一五九九	四		1・11秀頼、伏見城より大坂城に移る。3・5豊臣政権より秀吉を神	

西暦	年号	天皇	天皇と天下人の動静	その他関連事項
		後陽成	に祝うことが申し入れられる。③・4加藤清正等、石田三成を襲おうとする。三成、伏見次いで佐和山へ退去。③・13家康、伏見城西丸に入る。4・13秀吉の遺体、伏見城より阿弥陀ヶ峰に移される。4・17後陽成天皇、豊国大明神の神号を贈る。4・18豊国社の成立。後陽成天皇、豊国大明神に奉幣。以降、慶長20年4月18日まで年二度の奉幣がなされる。4・19豊国社の神階正一位と定まる。8・14家康参内。8・24後陽成天皇、禁裏小番の掟を定む。9・28家康、北政所が去った大坂城西丸に入る。	
一六〇〇	五		6・8後陽成天皇、会津出陣を聞き、家康に勅使を送る。6・16家康、会津攻めのため大坂を発す。7・17西軍蜂起。8・1家康の将鳥居元忠の守る伏見城が落ちる。8・29秀吉が秀頼のために築いた京都の城が壊される。9・15関ヶ原の戦い。9・27家康、大坂城に入る。10家康、関ヶ原の論功行賞を行う。12・19後陽成天皇、九条兼孝を関白に還任。12・21政仁、親王宣下。	3リーフデ号豊後に漂着。
一六〇一	六		1・6叙位再興。3・5後陽成天皇、承快法親王を梶井宮に移し、仁和寺に良仁親王を入れる。3・23家康、大坂城より伏見城に移る。3・27後陽成天皇、秀頼を大納言に、3・28秀忠を大納言に任ず。5・11家康、参内。5家康、禁裏・公家等の領地を定める。8家康、板倉勝重を所司代とする。	1家康、東海道に伝馬制を定める。8上杉景勝、米沢へ移封。
一六〇二	七		1・6後陽成天皇、家康を従一位、秀頼を正二位に昇進。2・19後陽成天皇、家康に源氏長者補任の意向を示す。家康固辞。	2東西本願寺の分立。5家康、二条城築造に着手。12大仏殿炎上。
一六〇三	八		2・12後陽成天皇、家康を将軍に任ず。3・25家康、将軍宣下の礼に参内。4・22後陽成天皇、秀頼を内大臣に任ず。9・2後陽成天皇、	4出雲阿国、京都で歌舞伎踊りを行う。

			禁裏小番の壁書を定む。11・3後陽成天皇、秀吉の正室に高台院の号を与える。	
一六〇四	九		5・3家康、糸割符法を定める。8家康、諸大名に国絵図・高帳の提出を求める。	1家康、松前慶広に蝦夷支配条目を与える。
一六〇五	十		4・12後陽成天皇、秀頼を右大臣に任ず。4・16後陽成天皇、秀忠を将軍に任ず。4・26秀忠、将軍宣下の礼に参内。7後陽成天皇、家康に譲位の意向を示す。	3朝鮮使節、伏見城で家康に謁見。
一六〇六	十一		1・14後陽成天皇、舟橋秀賢に院御殿の指図を書かせる。4・28家康、武家の官位は幕府の推挙とするよう奏請。9・21家康、伏見を発つ。以降慶長16年まで上洛せず。	3幕府、大名普請役で江戸城拡張に着手。
一六〇七	十二		7・3家康、修築なった駿府城に入る。12・16後陽成天皇、密かに新造なった院御所に移徙する。12・22駿府城焼失。	12秀頼、北野天満宮を造営。
一六〇八	十三		3・11駿府城再建なり家康移徙。	
一六〇九	十四		6官女と若公家衆との密通事件発覚。12後陽成天皇、譲位の意向を家康に伝える。12後陽成天皇、家康に再度譲位の意向を伝える。	4島津氏、琉球出兵。7幕府、オランダ船の貿易許可。
一六一〇	十五		4・28家康、後陽成天皇に七ヵ条を申し入れる。10・12家康　後陽成天皇に親王元服等につき三ヵ条を申し入れる。	5秀忠、メキシコと通商許可。
一六一一	十六	後水尾	3・27後陽成天皇、譲位し政仁親王践祚。3・28家康、秀頼と二条城で会見。3・29家康、後陽成上皇に二〇〇〇石を進献。4・6家康、親王と准后の座次の争論を裁許する。4・7後陽成上皇に太上天皇の尊号が贈られる。4・12後水尾天皇の即位礼。12後陽成上皇と後水尾天皇、仲違い。	4家康、在京の大名から誓紙を出させる。
一六一二	十七		2家康、後陽成上皇に禁裏相伝の宝物を後水尾天皇に引き渡すよう指示。6・8家康、公家に対し家々の学問等の嗜みを命ず。12・11仙	3幕府、キリシタンを禁ず。

西暦	年号	天皇	天皇と天下人の動静	その他関連事項
一六一三	十八	後水尾	洞御所の木造始め。6・16家康、公家衆法度、紫衣法度を出す。11・19新御所の上棟。12・19後水尾天皇、新内裏へ移徙。	9遣欧使節支倉常長出発。
一六一四	十九		3・6後水尾天皇、勅使を駿府に遣わし、秀忠の女和子の入内等を申し入れる。3・9この日付で秀忠、従一位右大臣に叙任。7大仏鐘銘事件起こる。10・1家康、大坂攻めを決定、陣触を出す。10・28後水尾天皇、勅使を遣わし、家康に太刀折紙等を贈る。11・15家康、二条城を、秀忠、伏見城を出陣（大坂冬の陣）。12・15後水尾天皇、家康のもとに秀頼との和談を勧める勅使を派遣、家康、天皇の扱いを断る。12・20徳川・豊臣間での講和なる。	
一六一五	元和元		5・8大坂城落つ（大坂夏の陣）。6・15家康、参内。⑥・21秀忠参内。7・7武家諸法度。7・9家康、豊国社の破却を命ず。7・13元和改元。7・17家康、禁中幷公家中諸法度を出す。	
一六一六	二		2・13後水尾天皇、家康を見舞う勅使を駿府に派遣。3・27後水尾天皇、家康を太政大臣に任ず。4・2家康、本多正純・天海・崇伝に死後のことを遺言す。4・17家康死去。同日、遺体が久能山に移される。4・20天海と崇伝、家康を神に祝う方式について争う。5・26秀忠、家康を権現として祝うことを決定、5・30秀忠、この件を奏請するため使者を派遣。7・6禁中で家康の神号について寄合。9・5秀忠、四つの案から東照大権現を選定。	6幕府、軍役規定を改定。8秀忠、改めてキリスト教を禁じ、中国以外の外国船の寄港地を長崎・平戸に限定。
一六一七	三		2・21後水尾天皇、家康に東照大権現の神号を授与。4・17東照社正遷宮。6・29秀忠上洛、7・21参内。	

代数	諡号・追号	名	父	母	在位期間
108	後水尾（ごみずのお）	政仁	後陽成	藤原前子	慶長16(1611) 3.27～寛永6(1629) 11.8
109	明正＊（めいしょう）	興子	後水尾	源和子	寛永6(1629) 11.8～寛永20(1643) 10.3
110	後光明（ごこうみょう）	紹仁	後水尾	藤原光子	寛永20(1643) 10.3～承応3(1654) 9.20
111	後西（ごさい）	良仁	後水尾	藤原隆子	承応3(1654) 11.28～寛文3(1663) 1.26
112	霊元（れいげん）	識仁	後水尾	藤原国子	寛文3(1663) 1.26～貞享4(1687) 3.21
113	東山（ひがしやま）	朝仁	霊元	藤原宗子	貞享4(1687) 3.21～宝永6(1709) 6.21
114	中御門（なかみかど）	慶仁	東山	藤原賀子	宝永6(1709) 6.21～享保20(1735) 3.21
115	桜町（さくらまち）	昭仁	中御門	藤原尚子	享保20(1735) 3.21～延享4(1747) 5.2
116	桃園（ももぞの）	遐仁	桜町	藤原定子	延享4(1747) 5.2～宝暦12(1762) 7.12
117	後桜町＊（ごさくらまち）	智子	桜町	藤原舎子	宝暦12(1762) 7.27～明和7(1770) 11.24
118	後桃園（ごももぞの）	英仁	桃園	藤原富子	明和7(1770) 11.24～安永8(1779) 10.29
119	光格（こうかく）	師仁・兼仁	典仁親王	大江磐代	安永8(1779) 11.25～文化14(1817) 3.22
120	仁孝（にんこう）	恵仁	光格	藤原婧子	文化14(1817) 3.22～弘化3(1846) 1.26
121	孝明（こうめい）	統仁	仁孝	藤原雅子	弘化3(1846) 2.13～慶応2(1866) 12.25
122	明治（めいじ）	睦仁	孝明	中山慶子	慶応3(1867) 1.9～明治45(1912) 7.30
123	大正（たいしょう）	嘉仁	明治	柳原愛子	明治45(1912) 7.30～大正15(1926) 12.25
124	昭和（しょうわ）	裕仁	大正	九条節子	大正15(1926) 12.25～昭和64(1989) 1.7
125	（上皇）	明仁	昭和	良子女王	昭和64(1989) 1.7～平成31(2019) 4.30
126	（今上）	徳仁	明仁	正田美智子	令和1(2019) 5.1～

代数	諡号・追号	名	父	母	在位期間
85	仲恭 (ちゅうきょう)	懐成	順徳	藤原立子	承久3(1221) 4.20～承久3(1221) 7.9
86	後堀河 (ごほりかわ)	茂仁	守貞親王	藤原陳子	承久3(1221) 7.9～貞永1(1232) 10.4
87	四条 (しじょう)	秀仁	後堀河	藤原竴子	貞永1(1232) 10.4～仁治3(1242) 1.9
88	後嵯峨 (ごさが)	邦仁	土御門	源通子	仁治3(1242) 1.20～寛元4(1246) 1.29
89	後深草 (ごふかくさ)	久仁	後嵯峨	藤原姞子	寛元4(1246) 1.29～正元1(1259) 11.26
90	亀山 (かめやま)	恒仁	後嵯峨	藤原姞子	正元1(1259) 11.26～文永11(1274) 1.26
91	後宇多 (ごうだ)	世仁	亀山	藤原佶子	文永11(1274) 1.26～弘安10(1287) 10.21
92	伏見 (ふしみ)	熙仁	後深草	藤原愔子	弘安10(1287) 10.21～永仁6(1298) 7.22
93	後伏見 (ごふしみ)	胤仁	伏見	藤原経子	永仁6(1298) 7.22～正安3(1301) 1.21
94	後二条 (ごにじょう)	邦治	後宇多	源基子	正安3(1301) 1.21～徳治3(1308) 8.25
95	花園 (はなぞの)	富仁	伏見	藤原季子	徳治3(1308) 8.26～文保2(1318) 2.26
96	後醍醐 (ごだいご)	尊治	後宇多	藤原忠子	文保2(1318) 2.26～延元4(1339) 8.15
97	後村上 (ごむらかみ)	憲良・義良	後醍醐	藤原廉子	延元4(1339) 8.15～正平23(1368) 3.11
98	長慶 (ちょうけい)	寛成	後村上	藤原氏	正平23(1368) 3～弘和3(1383) 10以後
99	後亀山 (ごかめやま)	熙成	後村上	藤原氏	弘和3(1383) 10.27以後～元中9(1392) 閏10.5
北朝	光厳 (こうごん)	量仁	後伏見	藤原寧子	元徳3(1331) 9.20～正慶2(1333) 5.25
北朝	光明 (こうみょう)	豊仁	後伏見	藤原寧子	建武3(1336) 8.15～貞和4(1348) 10.27
北朝	崇光 (すこう)	益仁・興仁	光厳	藤原秀子	貞和4(1348) 10.27～観応2(1351) 11.7
北朝	後光厳 (ごこうごん)	弥仁	光厳	藤原秀子	観応3(1352) 8.17～応安4(1371) 3.23
北朝	後円融 (ごえんゆう)	緒仁	後光厳	紀仲子	応安4(1371) 3.23～永徳2(1382) 4.11
100	後小松 (ごこまつ)	幹仁	後円融	藤原厳子	永徳2(1382) 4.11～応永19(1412) 8.29
101	称光 (しょうこう)	躬仁・実仁	後小松	藤原資子	応永19(1412) 8.29～正長1(1428) 7.20
102	後花園 (ごはなぞの)	彦仁	貞成親王	源幸子	正長1(1428) 7.28～寛正5(1464) 7.19
103	後土御門 (ごつちみかど)	成仁	後花園	藤原信子	寛正5(1464) 7.19～明応9(1500) 9.28
104	後柏原 (ごかしわばら)	勝仁	後土御門	源朝子	明応9(1500) 10.25～大永6(1526) 4.7
105	後奈良 (ごなら)	知仁	後柏原	藤原藤子	大永6(1526) 4.29～弘治3(1557) 9.5
106	正親町 (おおぎまち)	方仁	後奈良	藤原栄子	弘治3(1557) 10.27～天正14(1586) 11.7
107	後陽成 (ごようぜい)	和仁・周仁	誠仁親王	藤原晴子	天正14(1586) 11.7～慶長16(1611) 3.27

代数	諡号・追号	名	父	母	在位期間
57	陽成(ようぜい)	貞明	清和	藤原高子	貞観18(876) 11.29〜元慶8(884) 2.4
58	光孝(こうこう)	時康	仁明	藤原沢子	元慶8(884) 2.4〜仁和3(887) 8.26
59	宇多(うだ)	定省	光孝	班子女王	仁和3(887) 8.26〜寛平9(897) 7.3
60	醍醐(だいご)	維城・敦仁	宇多	藤原胤子	寛平9(897) 7.3〜延長8(930) 9.22
61	朱雀(すざく)	寛明	醍醐	藤原穏子	延長8(930) 9.22〜天慶9(946) 4.20
62	村上(むらかみ)	成明	醍醐	藤原穏子	天慶9(946) 4.20〜康保4(967) 5.25
63	冷泉(れいぜい)	憲平	村上	藤原安子	康保4(967) 5.25〜安和2(969) 8.13
64	円融(えんゆう)	守平	村上	藤原安子	安和2(969) 8.13〜永観2(984) 8.27
65	花山(かざん)	師貞	冷泉	藤原懐子	永観2(984) 8.27〜寛和2(986) 6.23
66	一条(いちじょう)	懐仁	円融	藤原詮子	寛和2(986) 6.23〜寛弘8(1011) 6.13
67	三条(さんじょう)	居貞	冷泉	藤原超子	寛弘8(1011) 6.13〜長和5(1016) 1.29
68	後一条(ごいちじょう)	敦成	一条	藤原彰子	長和5(1016) 1.29〜長元9(1036) 4.17
69	後朱雀(ごすざく)	敦良	一条	藤原彰子	長元9(1036) 4.17〜寛徳2(1045) 1.16
70	後冷泉(ごれいぜい)	親仁	後朱雀	藤原嬉子	寛徳2(1045) 1.16〜治暦4(1068) 4.19
71	後三条(ごさんじょう)	尊仁	後朱雀	禎子内親王	治暦4(1068) 4.19〜延久4(1072) 12.8
72	白河(しらかわ)	貞仁	後三条	藤原茂子	延久4(1072) 12.8〜応徳3(1086) 11.26
73	堀河(ほりかわ)	善仁	白河	藤原賢子	応徳3(1086) 11.26〜嘉承2(1107) 7.19
74	鳥羽(とば)	宗仁	堀河	藤原苡子	嘉承2(1107) 7.19〜保安4(1123) 1.28
75	崇徳(すとく)	顕仁	鳥羽	藤原璋子	保安4(1123) 1.28〜永治1(1141) 12.7
76	近衛(このえ)	体仁	鳥羽	藤原得子	永治1(1141) 12.7〜久寿2(1155) 7.23
77	後白河(ごしらかわ)	雅仁	鳥羽	藤原璋子	久寿2(1155) 7.24〜保元3(1158) 8.11
78	二条(にじょう)	守仁	後白河	藤原懿子	保元3(1158) 8.11〜永万1(1165) 6.25
79	六条(ろくじょう)	順仁	二条	伊岐氏	永万1(1165) 6.25〜仁安3(1168) 2.19
80	高倉(たかくら)	憲仁	後白河	平滋子	仁安3(1168) 2.19〜治承4(1180) 2.21
81	安徳(あんとく)	言仁	高倉	平徳子	治承4(1180) 2.21〜寿永4(1185) 3.24
82	後鳥羽(ごとば)	尊成	高倉	藤原殖子	寿永2(1183) 8.20〜建久9(1198) 1.11
83	土御門(つちみかど)	為仁	後鳥羽	源在子	建久9(1198) 1.11〜承元4(1210) 11.25
84	順徳(じゅんとく)	守成	後鳥羽	藤原重子	承元4(1210) 11.25〜承久3(1221) 4.20

歴代天皇表②　在位欄は文武、桓武〜昭和は践祚の年月日を起点とする　＊=女帝

代数	諡号・追号	名	父	母	在位期間
29	欽明（きんめい）	（天国排開広庭）	継体	手白香皇女	宣化4(539) 12.5〜欽明32(571) 4.15
30	敏達（びだつ）	（渟中倉太珠敷）	欽明	石姫皇女	敏達1(572) 4.3〜敏達14(585) 8.15
31	用明（ようめい）	（橘豊日）	欽明	蘇我堅塩媛	敏達14(585) 9.5〜用明2(587) 4.9
32	崇峻（すしゅん）	泊瀬部	欽明	蘇我小姉君	用明2(587) 8.2〜崇峻5(592) 11.3
33	推古＊（すいこ）	額田部	欽明	蘇我堅塩媛	崇峻5(592) 12.8〜推古36(628) 3.7
34	舒明（じょめい）	田村	押坂彦人大兄皇子	糠手姫皇女	舒明1(629) 1.4〜舒明13(641) 10.9
35	皇極＊（こうぎょく）	宝	茅渟王	吉備姫王	皇極1(642) 1.15〜皇極4(645) 6.14
36	孝徳（こうとく）	軽	茅渟王	吉備姫王	皇極4(645) 6.14〜白雉5(654) 10.10
37	斉明＊（さいめい）	（皇極重祚）			斉明1(655) 1.3〜斉明7(661) 7.24
38	天智（てんじ）	葛城・中大兄	舒明	宝皇女（皇極）	天智7(668) 1.3〜天智10(671) 12.3
39	弘文（こうぶん）	伊賀・大友	天智	伊賀采女宅子娘	天智10(671) 12.5〜天武1(672) 7.23
40	天武（てんむ）	大海人	舒明	宝皇女（皇極）	天武2(673) 2.27〜朱鳥1(686) 9.9
41	持統＊（じとう）	鸕野讃良	天智	蘇我遠智娘	持統4(690) 1.1〜持統11(697) 8.1
42	文武（もんむ）	珂瑠	草壁皇子	阿閇皇女（元明）	文武1(697) 8.1〜慶雲4(707) 6.15
43	元明＊（げんめい）	阿閇	天智	蘇我姪娘	慶雲4(707) 7.17〜和銅8(715) 9.2
44	元正＊（げんしょう）	氷高・新家	草壁皇子	阿閇皇女（元明）	霊亀1(715) 9.2〜養老8(724) 2.4
45	聖武（しょうむ）	首	文武	藤原宮子	神亀1(724) 2.4〜天平勝宝1(749) 7.2
46	孝謙＊（こうけん）	阿倍	聖武	藤原安宿媛	天平勝宝1(749) 7.2〜天平宝字2(758) 8.1
47	淳仁（じゅんにん）	大炊	舎人親王	当麻山背	天平宝字2(758) 8.1〜天平宝字8(764) 10.9
48	称徳＊（しょうとく）	（孝謙重祚）			天平宝字8(764) 10.9〜神護景雲4(770) 8.4
49	光仁（こうにん）	白壁	施基親王	紀橡姫	宝亀1(770) 10.1〜天応1(781) 4.3
50	桓武（かんむ）	山部	光仁	高野新笠	天応1(781) 4.3〜延暦25(806) 3.17
51	平城（へいぜい）	小殿・安殿	桓武	藤原乙牟漏	延暦25(806) 3.17〜大同4(809) 4.1
52	嵯峨（さが）	神野	桓武	藤原乙牟漏	大同4(809) 4.1〜弘仁14(823) 4.16
53	淳和（じゅんな）	大伴	桓武	藤原旅子	弘仁14(823) 4.16〜天長10(833) 2.28
54	仁明（にんみょう）	正良	嵯峨	橘嘉智子	天長10(833) 2.28〜嘉祥3(850) 3.21
55	文徳（もんとく）	道康	仁明	藤原順子	嘉祥3(850) 3.21〜天安2(858) 8.27
56	清和（せいわ）	惟仁	文徳	藤原明子	天安2(858) 8.27〜貞観18(876) 11.29

歴代天皇表①

代数	漢風諡号	日本書紀	古事記	父	母
1	神武（じんむ）	神日本磐余彦（カムヤマトイハレヒコ）	神倭伊波礼毗古	鸕鷀草葺不合尊	玉依姫命
2	綏靖（すいぜい）	神渟名川耳（カムヌナカハミミ）	神沼河耳	神武	媛蹈鞴五十鈴媛命
3	安寧（あんねい）	磯城津彦玉手看（シキツヒコタマテミ）	師木津日子玉手見	綏靖	五十鈴依媛命
4	懿徳（いとく）	大日本彦耜友（オホヤマトヒコスキトモ）	大倭日子鉏友	安寧	渟名底仲媛命
5	孝昭（こうしょう）	観松彦香殖稲（ミマツヒコカエシネ）	御真津日子訶恵志泥	懿徳	天豊津媛命
6	孝安（こうあん）	日本足彦国押人（ヤマトタラシヒコクニオシヒト）	大倭帯日子国押人	孝昭	世襲足媛
7	孝霊（こうれい）	大日本根子彦太瓊（オホヤマトネコヒコフトニ）	大倭根子日子賦斗邇	孝安	押媛
8	孝元（こうげん）	大日本根子彦国牽（オホヤマトネコヒコクニクル）	大倭根子日子国玖琉	孝霊	細媛命
9	開化（かいか）	稚日本根子彦大日日（ワカヤマトネコヒコオホヒヒ）	若倭根子日子大毗毗	孝元	鬱色謎命
10	崇神（すじん）	御間城入彦五十瓊殖（ミマキイリヒコイニヱ）	御真木入日子印恵	開化	伊香色謎命
11	垂仁（すいにん）	活目入彦五十狭茅（イクメイリヒコイサチ）	伊久米伊理毗古伊佐知	崇神	御間城姫
12	景行（けいこう）	大足彦忍代別（オホタラシヒコオシロワケ）	大帯日子淤斯呂和気	垂仁	日葉洲媛命
13	成務（せいむ）	稚足彦（ワカタラシヒコ）	若帯日子	景行	八坂入姫命
14	仲哀（ちゅうあい）	足仲彦（タラシナカツヒコ）	帯中日子	日本武尊	両道入姫命
15	応神（おうじん）	誉田（ホムタ）	品陀和気	仲哀	気長足姫尊
16	仁徳（にんとく）	大鷦鷯（オホサザキ）	大雀	応神	仲姫命
17	履中（りちゅう）	去来穂別（イザホワケ）	伊耶本和気	仁徳	磐之媛命
18	反正（はんぜい）	瑞歯別（ミツハワケ）	水歯別	仁徳	磐之媛命
19	允恭（いんぎょう）	雄朝津間稚子宿禰（ヲアサヅマワクゴノスクネ）	男浅津間若子宿禰	仁徳	磐之媛命
20	安康（あんこう）	穴穂（アナホ）	穴穂	允恭	忍坂大中姫命
21	雄略（ゆうりゃく）	大泊瀬幼武（オホハツセノワカタケル）	大長谷若建	允恭	忍坂大中姫命
22	清寧（せいねい）	白髪武広国押稚日本根子（シラカノタケヒロクニオシワカヤマトネコ）	白髪大倭根子	雄略	葛城韓媛
23	顕宗（けんぞう）	弘計（ヲケ）	袁祁之石巣別	市辺押磐皇子	荑媛
24	仁賢（にんけん）	億計（オケ）	意祁	市辺押磐皇子	荑媛
25	武烈（ぶれつ）	小泊瀬稚鷦鷯（ヲハツセノワカサザキ）	小長谷若雀	仁賢	春日大娘皇女
26	継体（けいたい）	男大迹（ヲホド）	袁本杼	彦主人王	振媛
27	安閑（あんかん）	広国押武金日（ヒロクニオシタケカナヒ）	広国押建金日	継体	目子媛
28	宣化（せんか）	武小広国押盾（タケヲヒロクニオシタテ）	建小広国押楯	継体	目子媛

75 崇徳
77 後白河―78 二条―79 六条
76 近衛
以仁王
81 安徳
80 高倉―守貞親王（後高倉院）―86 後堀河―87 四条
83 土御門―88 後嵯峨―89 後深草―92 伏見―93 後伏見―北朝1 光厳
95 花園
北朝2 光明
82 後鳥羽―84 順徳―85 仲恭
90 亀山―91 後宇多―94 後二条
恒良親王
成良親王
96 後醍醐―97 後村上―98 長慶
99 後亀山
―北朝3 崇光―伏見宮栄仁親王―貞成親王（後崇光院）―102 後花園―103 後土御門―104 柏原―105 後奈良―106 正親町―誠仁親王（陽光院）―107 後陽成―
―北朝4 後光厳―北朝5 後円融―100 後小松―101 称光

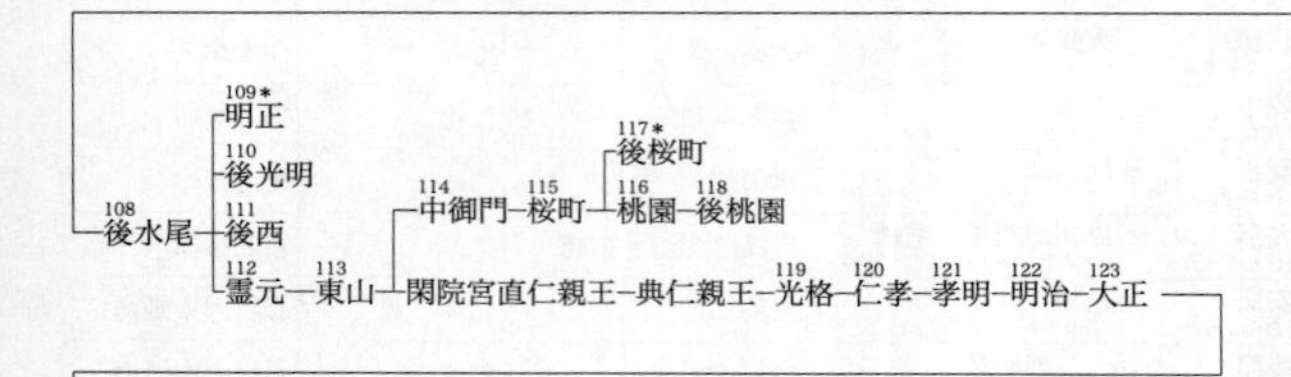

124 昭和―125（上皇）―126 今上

数字は『皇統譜』による代数。
＊は女帝を示す。なお、皇極・斉明、孝謙・称徳は重祚。

天皇系図

1神武─2綏靖─3安寧─4懿徳─5孝昭─6孝安─7孝霊─8孝元─9開化

- 9開化
  - 大彦命
  - 10崇神─11垂仁
    - 12景行
      - 日本武尊─14仲哀─15応神─16仁徳
        - 17履中─市辺押磐皇子
          - 飯豊青皇女
          - 24仁賢─25武烈
          - 23顕宗
        - 18反正
        - 19允恭
          - 木梨軽皇子
          - 20安康
          - 21雄略─22清寧
      - 応神
        - 菟道稚郎子
        - 稚野毛二派王……26継体
      - 13成務
    - 倭姫命
  - 彦坐王……神功皇后

- 26継体
  - 27安閑
  - 28宣化
  - 29欽明
    - 30敏達─押坂彦人大兄皇子
      - 34舒明
        - 38天智
          - 41*持統（天武后）
          - 43*元明（草壁妃）
          - 39大友皇子（弘文）
          - 施基皇子─49光仁─50桓武
            - 早良親王
            - 他戸親王
        - 40天武
          - 草壁皇子
            - 44*元正
            - 42文武─45聖武
              - 46*孝謙・48*称徳
              - 井上内親王（光仁后）
          - 大津皇子
          - 舎人親王─47淳仁
          - 新田部親王─道祖王
      - 茅渟王
        - 35*皇極・37*斉明（舒明后）
        - 36孝徳
    - 31用明─聖徳太子─山背大兄王
    - 33*推古（敏達后）
    - 32崇峻

- 50桓武
  - 51平城─高岳親王
  - 伊予親王
  - 52嵯峨─54仁明
    - 55文徳─56清和─57陽成
    - 58光孝─59宇多─60醍醐
      - 61朱雀
      - 62村上
        - 63冷泉
          - 65花山
          - 67三条─敦明親王（小一条院）
        - 64円融─66一条
          - 68後一条
          - 69後朱雀
            - 70後冷泉
            - 71後三条
              - 72白河─73堀河─74鳥羽
              - 実仁親王
              - 輔仁親王
  - 53淳和─恒貞親王

ら行

わ行

ま行

や行

は行

な行

た行

さ行

か行

索 引

あ行

本書の原本は、二〇一一年五月、小社より刊行されました。

藤井讓治（ふじい　じょうじ）

1947年，福井県生まれ。京都大学大学院文学研究科博士課程修了。京都大学大学院教授を経て，現在，京都大学名誉教授，石川県立歴史博物館館長。専攻は日本近世政治史。主な著書に『江戸幕府老中制形成過程の研究』『徳川家光』『幕藩領主の権力構造』『戦国乱世から太平の世へ』『近世初期政治史研究』など。

定価はカバーに表示してあります。

天皇の歴史５
てんのう　てん か びと
天皇と天下人
ふじ い じょう じ
藤井讓治

2018年４月10日　第１刷発行
2023年８月21日　第２刷発行

発行者　髙橋明男
発行所　株式会社講談社
東京都文京区音羽 2-12-21 〒112-8001
電話　編集（03）5395-3512
販売（03）5395-4415
業務（03）5395-3615

装　幀　蟹江征治
印　刷　株式会社新藤慶昌堂
製　本　株式会社国宝社

ISBN978-4-06-292485-6

「講談社学術文庫」の刊行に当たって

これは、学術をポケットに入れることをモットーとして生まれた文庫である。学術は少年の心を養い、成年の心を満たす。その学術がポケットにはいる形で、万人のものになることは、生涯教育をうたう現代の理想である。

こうした考え方は、学術を巨大な城のように見る世間の常識に反するかもしれない。また、一部の人たちからは、学術の権威をおとすものと非難されるかもしれない。しかし、それはいずれも学術の新しい在り方を解しないものといわざるをえない。

学術は、まず魔術への挑戦から始まった。やがて、いわゆる常識をつぎつぎに改めていった。学術の権威は、幾百年、幾千年にわたる、苦しい戦いの成果である。こうしてきずきあげられた城が、一見して近づきがたいものにうつるのは、そのためである。しかし、学術の権威を、その形の上だけで判断してはならない。その生成のあとをかえりみれば、その根は常に人々の生活の中にあった。学術が大きな力たりうるのはそのためであって、生活をはなれた学術は、どこにもない。

開かれた社会といわれる現代にとって、これはまったく自明である。生活と学術との間に、もし距離があるとすれば、何をおいてもこれを埋めねばならない。もしこの距離が形の上の迷信からきているとすれば、その迷信をうち破らねばならぬ。

学術文庫は、内外の迷信を打破し、学術のために新しい天地をひらく意図をもって生まれた。文庫という小さい形と、学術という壮大な城とが、完全に両立するためには、なおいくらかの時を必要とするであろう。しかし、学術をポケットにした社会が、人間の生活にとってより豊かな社会であることは、たしかである。そうした社会の実現のために、文庫の世界に新しいジャンルを加えることができれば幸いである。

一九七六年六月　　　　　　　　　　　　　　　　野間省一

日本の歴史・地理

物部氏の伝承
畑井　弘著

大和朝廷で軍事的な職掌を担っていたとされる物部氏。既存の古代史観に疑問をもつ著者が、記紀の伝承や物部氏の系譜を丹念にたどり、朝鮮語を手がかりに一族の謎に包まれた実像の解読を試みた独自の論考。

1865

ペリリュー・沖縄戦記
E・B・スレッジ著／伊藤　真・曽田和子訳（解説・保阪正康）

「最も困難を極めた上陸作戦」と言われたペリリュー戦。泥と炎にまみれた沖縄戦。二つの最激戦地で米海兵隊の一歩兵が体験した戦争の現実とは。夥しい生命を奪い、人間性を破壊する戦争の悲惨を克明に綴る。

1885

病が語る日本史
酒井シヅ著

古来、日本人はいかに病気と闘ってきたか。糖尿病に苦しんだ道長、ガンと闘った信玄や家康。糞石や古文書は何を語るのか。病という視点を軸に、歴史上の人物の逸話を交えて日本を通覧する、病気の文化史。

1886

日本の歴史00　「日本」とは何か
網野善彦著（解説・大津　透）

柔軟な発想と深い学識に支えられた網野史学の集大成。列島社会の成り立ちに関する常識や通説を覆し、日本のカタチを新たに描き切って反響を呼び起こした力作。本格的通史の劈頭、マニフェストたる一冊。

1900

日本の歴史01　縄文の生活誌
岡村道雄著

旧石器時代人の遊動生活から縄文人の定住生活へ。日本文化の基層を成した、自然の恵みとともにあった豊かな生活、そして生と死の実態を最新の発掘や研究の成果から活写。従来の古代観を一変させる考古の探究。

1901

日本の歴史02　王権誕生
寺沢　薫著

巨大墳丘墓、銅鐸のマツリ、その役割と意味とは？稲作伝来、そしてムラからクニ・国へと変貌していく弥生・古墳時代の実態と、王権誕生・確立へのダイナミックな歴史のうねり、列島最大のドラマを描く。

1902

日本の歴史・地理

熊谷公男著
日本の歴史03
大王(おおきみ)から天皇へ

王から神への飛躍はいかにしてなされたのか？　なぜ天下を治める「大王」たちは朝鮮半島・大陸との貪欲な関係を持ったのか？　仏教伝来、大化改新、壬申の乱……。試練が体制を強化し、「日本」が誕生した。

1903

渡辺晃宏著
日本の歴史04
平城京と木簡の世紀

日本が国家として成る奈良時代。大宝律令の制定、和同開珎の鋳造、遣唐使、平城宮遷都、東大寺大仏の建立……。木簡、発掘成果、文献史料を駆使して、日本型律令制成立への試行錯誤の百年を精密に読み直す。

1904

坂上康俊著
日本の歴史05
律令国家の転換と「日本」

藤原氏北家による摂関制度、伝統的郡司層の没落と国司長官の受領化——。律令国家の誕生から百年、国家体制は変容する。奈良末期～平安初期に展開した「古代の終わりの始まり」＝古代社会の再編を精緻に描く。

1905

大津　透著
日本の歴史06
道長と宮廷社会

平安時代中期、『源氏物語』などの古典はどうして生まれたのか。藤原道長はどのように権力を掌握したのか。貴族の日記や古文書の精緻な読解により宮廷を支えた国家システムを解明、貴族政治の合理性に迫る。

1906

下向井龍彦著
日本の歴史07
武士の成長と院政

律令国家から王朝国家への転換期、武装蜂起の鎮圧にあたる戦士として登場した武士。源氏と平氏の拮抗を演出し、強権を揮う「院」たち。権力闘争の軍事的決着に関与する武士は、いかに政権掌握に至ったのか。

1907

大津　透／大隅清陽／関　和彦／熊田亮介／丸山裕美子／上島　享／米谷匡史著
日本の歴史08
古代天皇制を考える

古代天皇の権力をはぐくみ、その権威を支えたものは何か。天皇以前＝大王の時代から貴族社会の成立、院政期までを視野に入れ、七人の研究者が、朝廷儀礼、天皇祭祀、文献史料の解読等からその実態に迫る。

1908

《講談社学術文庫　既刊より》

日本の歴史・地理

池上裕子著
日本の歴史15
織豊政権と江戸幕府
一五六八年の信長の上洛から一六一五年の大阪夏の陣での豊臣氏滅亡までの半世紀。戦国時代から続いた乱世の中で民衆はどのように生き抜いたのか？　天下統一・覇権確立の過程と社会構造の変化を描きだす。

1915

横田冬彦著
日本の歴史16
天下泰平
中世末期から続いた戦乱が終わり、「徳川の平和」が実現。泰平の世はどのように確立したのか？　新しく生まれた諸制度の下、文治が始まり情報と知が大衆化した〈書物の時代〉が出現する過程を追う。

1916

吉田伸之著
日本の歴史17
成熟する江戸
十八世紀。豪商などが君臨する上層から、貧しい乞食僧や芸能者が身分的周縁を形作った最下層まで、さまざまな階層が溶け合う大都市・江戸。前近代の達成である成熟の諸相をミクロの視点で鮮やかに描き出す。

1917

井上勝生著
日本の歴史18
開国と幕末変革
十九世紀。一揆、打ち壊しが多発し、「開国」「尊皇」「攘夷」「倒幕」が入り乱れて時代は大きく動いた。幕府が倒壊への道を辿るなか、沸騰する民衆運動に着目し、世界史的視野と新史料で「維新前夜」を的確に描き出す。

1918

鬼頭　宏著
日本の歴史19
文明としての江戸システム
貨幣経済の発達、独自の〈物産複合〉、プロト工業化による地方の発展、人口の停滞と抑制——。環境調和的な近世社会のあり方が創出した緑の列島の持続的成長モデルに、成熟した脱近代社会へのヒントを探る。

1919

鈴木　淳著
日本の歴史20
維新の構想と展開
短期間で近代国家を作り上げた新政府は何をめざし、新たな政策・制度を伝達・徹底したか。五箇条の御誓文から帝国憲法発布までを舞台に、上からの変革と人人の自前の対応により形作られてゆく「明治」を活写。

1920

天皇と日本史を問い直す、新視点の画期的シリーズ

学術文庫版

天皇の歴史 全10巻

【編集委員】大津透　河内祥輔　藤井譲治　藤田覚

① **神話から歴史へ**
大津 透

② **聖武天皇と仏都平城京**
吉川真司

③ **天皇と摂政・関白**
佐々木恵介

④ **天皇と中世の武家**
河内祥輔・新田一郎

⑤ **天皇と天下人**
藤井譲治

⑥ **江戸時代の天皇**
藤田 覚

⑦ **明治天皇の大日本帝国**
西川 誠

⑧ **昭和天皇と戦争の世紀**
加藤陽子

⑨ **天皇と宗教**
小倉慈司・山口輝臣

⑩ **天皇と芸能**
渡部泰明・阿部泰郎・鈴木健一・松澤克行